| 博士生导师学术文库 |
A Library of Academics by
Ph.D.Supervisors

日语词汇文字论稿

潘钧 著

光明日报出版社

图书在版编目（CIP）数据

日语词汇文字论稿／潘钧著．--北京：光明日报出版社，2022.2
　ISBN 978-7-5194-6458-5

Ⅰ.①日… Ⅱ.①潘… Ⅲ.①汉语—同形词—对比研究—日语 Ⅳ.①H13②H363

中国版本图书馆 CIP 数据核字（2022）第 033225 号

日语词汇文字论稿
RIYU CIHUI WENZI LUNGAO

著　　　者：潘　钧	
责任编辑：宋　悦	责任校对：张月月
封面设计：一站出版网	责任印制：曹　诤

出版发行：光明日报出版社
地　　　址：北京市西城区永安路 106 号，100050
电　　　话：010-63169890（咨询），010-63131930（邮购）
传　　　真：010-63131930
网　　　址：http://book.gmw.cn
E - mail：gmrbcbs@gmw.cn
法律顾问：北京市兰台律师事务所龚柳方律师
印　　　刷：三河市华东印刷有限公司
装　　　订：三河市华东印刷有限公司
本书如有破损、缺页、装订错误，请与本社联系调换，电话：010-63131930
开　　　本：170mm×240mm
字　　　数：226 千字　　　　　　　　印　　张：16.5
版　　　次：2022 年 2 月第 1 版　　　印　　次：2022 年 2 月第 1 次印刷
书　　　号：ISBN 978-7-5194-6458-5
定　　　价：95.00 元

版权所有　　翻印必究

目 录
CONTENTS

中日同形词词义差异原因浅析 …………………………………… 1

关于中日同形词语法差异的一次考察 …………………………… 14

关于日语汉语词的和化问题
　　——课题与方法 …………………………………………… 28

重新认识中日两国语言中的"同形词"问题
　　——谈一下方法和问题之所在 …………………………… 50

日语中的"层次"现象及渊源 …………………………………… 66

浅谈汉字、汉语词汇对日语的再塑造作用 ……………………… 78

日语中"あて字"的定义和性质问题 …………………………… 97

中日两国文字体系的比较
　　——以文字的性质和功能为中心 ………………………… 113

日本人汉字观之流变
　　——从使用者、意识、内容和技术诸要素谈起 ………… 130

浅论日语文字系统之特殊性
　　——从文字系统与历史的角度看 ………………………… 145

试论日本汉字的独立性
　　——从历史和现实的角度考察 …………………………… 160

关于日语汉文训读的本质及定位……………………………… 175
训读的起源与汉文文化圈的形成
　　——评金文京著《汉文与东亚——训读文化圈》………… 187
汉文训读与日语词汇的形成…………………………………… 201
汉文训读与日语文体的形成…………………………………… 218
为什么是"汉文文化圈"？
　　——试论训读在东亚一体化进程中的作用 ………………… 228
试论汉文训读的性质和意义…………………………………… 239

刊登本书所收论文的期刊论集一览…………………………… 254

后　　记………………………………………………………… 256

中日同形词词义差异原因浅析

众所周知，中日两国语言当中皆有大量的同形词存在。随着近年来中日对比语言学的兴起，中日同形词研究也逐渐受到两国学界的重视。两国学者均进行了诸多有益的尝试和探索，并取得了一定的成果。尽管如此，仍难称完备，主要表现在：①至今未有一个为诸家所公认的、明确的关于同形词的定义；②对比研究大多仅仅停留在单纯的词义对比、辨析上，而较少从词的构成、统语论（句法规则）等深层次角度做进一步深入细致的考察；③在阐释词义差异原因时研究手段较为单一，未能充分、有效地利用诸如社会语言学、历史语言学、语用学等学科的方法、手段。

本文对迄今为止两国学者①的研究成果做了一番归纳、整理，并提出了自己的一些意见和看法，乞望前辈及学界同人批评指正。

一、关于同形词的定义及范围界定的问题

据《中国日本学年鉴1992》，国内同形词研究以1983年李进守《中日两国同形词的对比研究》一文为较早。此后，"中日同形词的比较一直成为众人极为关注的焦点之一。"② 就迄今已经发表的十多篇文章来看，各家角度不尽相同，方法有异，但均取得了可喜的进展。尽管

---

① 由于条件所限，日本学者的研究成果仅限于大河内康憲（1986，1992）。
② 北京日本学研究中心编．中国日本学年鉴1992［M］．北京：科学技术文献出版社，1992：292.

如此，我们却不能忽视这样一个事实：迄今还没有一个明确的、为大家普遍首肯的关于同形词的定义。

日本学者大河内康憲曾就同形词范围划定问题指出：

"同形語とは双方同じ漢字で表記される語"といってみてもこれらを同形語に数えることはあまり意味がない。日本語で使っている漢字は同じ意味の文字をあてたということにすぎないのであって、本来どこかで双方が関連のあった単語という痕跡はない。全く表記における借用ということにすぎないのである。①

虽然大河内康憲未给同形词下严格的定义，但给出了可供我们藉以思考的基准。他提议：

われわれが関心を寄せるのは、単純に表記が同じというだけでなく、歴史的に相互に関連があったと思われるもの、おそらくは出自を同じくすると思われるものである。つまり二字的字音語の一部ということになる。……主として明治以後盛んに行われるようになった漢語で、中国でも現在使われているものを取り上げたい。②

笔者对上述观点大致持赞同的态度，但以为仍需做些修正。因为大河内康憲所做的毕竟是粗线条的勾勒，不能网罗所有的"同形"词。例如，大河内康憲认为中日同形词必须是从属于"漢語"的范畴。对此，笔者不敢苟同，以为应该将那些本属"和語"、但如果将送假名等因素抛开不计的话，其字形（汉字）与汉语中的某个词构成同形对应关系的词也应被纳入同形词考察范围。例如：取（り）締（ま）り、手続（き）等。③ 并且，此类词在词源上往往具有借用、同源的关系。当然，它们在数量上极少。另外，大河内康宪认为，应将中日同形词范围限定为主要指明治以后开始频繁、大量地使用的"漢語"。倘若从数量比例上看，这么限定固然有其道理，但如果力求更全面、更准确地把

---

① 大河内康憲（1986：4）。
② 大河内康憲（1986：4）。
③ 从《新明解国語辞典》（第四版，1989）表记。

握同形词范围的话，那么这样限定恐怕是不允当的，特别是当我们追踪同形词起源问题以及深入挖掘词义差异原因时决不能受之所拘。中日同形词绝非迟至明治时期才出现，中日语言接触至晚可上溯至6世纪。笔者认为，平安、中世、江户是日语摄取汉语、形成同形词的三个重要时期，不容忽视。

综上所述，笔者以为在判定同形词时应该依据以下三个必要条件：①表记为相同的汉字（繁简字体差别及送假名、形容动词词尾等非汉字因素均忽略不计）；②具有共同的出处和历史上的关联；③现在中日两国语言中都在使用的词。其中，以双音节词（二字音語）为最多，另有三音节词、四音节词等。

最后，需要强调的是，中日同形词研究应立足于为中日两国语言的教学、对译服务，因此，从根本上讲应将其限定为共时性研究。为此，需将中日同形词研究与中日借词研究严格区分开来。此外，需作补充的是，另有一类词，虽然不符合上列条件，即不具借用、同源关系，但由于偶然的因素导致中日双方二者词形相同、即所谓的"殊途同归"型的词。尽管数量极有限，但假如本着上述立场似也应列入同形词考察范围里，姑且可算作"破格"。例如："手紙""洋行"等。

二、同形词研究的现状以及方法

一如前述，我国学者在同形词研究方面业已取得了许多可喜的成果，无论是词义对比抑或是在同形词的语法功能比较上均有较大的突破。然而，这绝不意味着在同形词研究方面我们已经没有余地可掘、没有潜力可挖了。例如，迄今为止的词义对比大多停留在单纯的词义排比、辨析上，而较少从词的构成、统语论、文体色彩上等深层次角度做进一步开掘。事实上，当我们在理解、特别是在使用同形词时最感棘手的恐怕是那些词义基本或大致相同，然而语感上却多少有些出入、让人把握不定的词。显然，若想揭示这些词的语感上的差异以及由来，仅仅靠从词义到词义是不够的。若想深化我们的研究，笔者认为应该注意以下三点：

①在立足于共时对比的同时，也不应忽视历时比较。共时对比可揭示差异，而历时比较则有助于找到联系以及促成这些差异的原因，并可进一步验证这些差异。②应尽可能将语义、语法、语用三者结合起来。这里所说的语法不仅仅是指应揭示同形词语法功能上的差异（例如词类不对应等）、并做出解释，而且，还指应对造成词义、语法功能上差异的潜在因素，准确地说是映射在词义平面上的句法规则也做出一番考察①。③多门学科、多种方法和手段的并用，不拘一格。如可引用社会语言学、历史语言学、语用学等。

三、同形词词义分类

在迄今已经发表的文章中，一般从词义角度出发将同形词分为三类的居多，即同形同义词（不包括语法功能）、同形异义词和同形类义词。在这一点上几乎不存异议。刘岸伟（1986）则又进一步对其中的类义词做下位分类，认为同形类义词又可分为两大类：词义相近但存在明显差别的一类和词义基本一致但语感上存有差异的一类。前者又可分作三种情况②，这里不再赘述。后者即语感上存有差异的那一类词往往受到忽视。笔者以刘岸伟的分类法为基础，并做了适当的修正：所谓同形词的语感上的差异具体可从以下六个方面进行考察：①基本义差异（如"事情""質量"）；②派生义差异，具体又可分为词义范围差异（如"道具""愛情"）和词义虚实差异（如"境界""柔軟"）；③文体色彩差异（如"抱負""補佐"）；④褒贬色彩差异（如"極端""単純"）；⑤语感强弱差异（如"質問""頑固"）；⑥词与词搭配关系上

---

① 参看中川正之（1992），作者试图证明这样一个事实："中国においては従来日本語の影響とされてきたものでさえ、多くは、中国語のシンタクスの原理にかなうものであること"。

② 若将中日同形词双方的词义范围分别设为 A 和 B 的话，那么可分为三种情况：i A 大于 B；ii A 小于 B；iii A 和 B 有重合的地方，又有各自独立的义项。

的差异，具体又可分为修饰对象上的差异（如"莫大""贵重"）和作用对象上的差异（如"圧迫""改良"）。笔者以为，对语感上存有差异的这一类同形类义词做下位分类是必要的和有效的。当然，这里所示的分类法妥当与否还可做进一步探讨。另外，必须指出的是，有些同形词语感上的差异并不仅限于上列诸方面中的一个方面，而是兼跨两个或多个方面。总之，具体词须做具体分析。

四、同形词词义差异原因之考察

如上所述，本文中所界定的同形词双方大多数具有借用、同源的关系，可是它们的词义在现代这一共时平面上却表现出这样或那样的差异、分歧，有的同形词中日之间词义甚至截然不同。究其原因，大河内康宪的下面这番话可谓切中肯綮：

同じ漢字で表記されるといっても、それぞれ全く異なる言語の語彙の中にあるわけで、違いがあって当然だが、多くの場合借用関係にある、出自を同じくする漢字語であり、本質には同じ語が異なる文化、言語の中で異なる運用をされてきた結果の差異といえる。①

换言之，我们在探究同形词词义差异原因时，不仅要充分考虑到两国语言系统差异的事实，同时也须对社会文化背景诸因素一并予以考察。加之，同形词本身亦非一成不变，也会各自随着时代、社会的变迁、发展而词义有所增删或改变。因此，在考察同形词词义差异原因时，我们必须援用各种方法手段，力求全面、客观和深入。笔者主要参考了翟东娜（1993）、谯燕（1993）、王秋生（1993）、沈国威（1988）的研究，将其分为两大类：Ⅰ. 由于词义本身发生变化导致词义分歧；Ⅱ. 由于词义变化以外的因素导致词义分歧。大致可分别看作历时原因和共时原因。

---

① 大河内康憲（1992：179）。

Ⅰ. 词义本身发生变化导致词义分歧

（1）词义的比喻性转用和俗用性转用

例如"市场"。"市場"一词原本是作为英语"market"的译词而由日本人首先开始使用的。不论是英语的"market"还是日语的"市場"，均指商品交易的场所乃至商品行销的区域。然而，在现代汉语中，"市场"一词除了其固有的与日语"市場"相同的词义外，又派生出一个新的词义，用来形容某种事物为人们所接受或者说是受人们所欢迎的程度。例如："悲观主义的论调越来越没～了。"[1] 属于该类的词此外还有"暖流""死角""細胞"等。再如"对象"。在日语中"对象"本是英语"object"的译词。可是，在现代汉语中除本义外，它又派生出"特指恋爱的对方"[2] 的意思，可将这一现象视作由于俗用导致歧义。

（2）借用导致词义的特定化

一般而言，当某个词作为外来词进入到另一国（种）语言当中时，其词义会由于种种因素而受到一定程度的限定乃至特定。例如"前线"。日语中的"前線"一词原本是作为英语"front"的译词而使用的。英语中的"front"作为名词使用至少有十个以上的义项。然而，在现代日语中，"前線"只剩下两个义项，其余若干义项（并非全部）被外来语"フロント"所吸收。换言之，"front"的词义由"フロント"和"前線"共同分担[3]。而在现代汉语中，"前线"只剩下一个义项，即"作战时双方军队接近的地带"[4]。

又如"道具"。日语的"道具"最先是由日本人用来意译英语"instrument, stage property, scenery"的词，词义范围较之汉语中的

---

[1] 该例取自《现代汉语词典》（第二版，1983）。
[2] 取自《现代汉语词典》（第二版，1983）的释义。
[3] 据《岩波国語辞典》（第三版，1985），"前線"：＜①戦場の最前列の敵と直接に接触する線。第一線。②寒、暖二つの気団が地表面で接触する線。＞"フロント"：＜①正面。前面。②ホテルなどの正面玄関にある帳場。＞
[4] 取自《现代汉语词典》（第二版，1983）的释义。

"道具"要远为广泛得多,几乎可作为一切器具的总称来使用,大致相当于现代汉语中的"器具""工具""用具""家伙"(傢伙)等的意思,当然包括用于戏剧电影的"道具"。而在现代汉语中,"道具"只剩下一个义项,即"演剧或摄制电影时表演用的器物"①,此即特定化,是我们在考察同形词词义分歧时不可忽视的一个重要方面。

(3) 词义分化及借用时间上的先后差导致词义发生变化

以"敷衍"为例②。"敷衍"一词原本是由中国传入日本的纯粹的汉语词,二者属同源关系。然而,在现代汉语和现代日语中,二者词义却截然不同。根据有关资料,汉语中的"敷衍"大体经历过四个演变的阶段。①原义"敷"原表散布、流播之意;"衍"形容水扩展开来的样子。②第一派生义——由原义派生出铺叙、引申之意。③第二派生义——继而派生出说话、做事不负责任、应付了事之。④第三派生义——继而又派生出对事情勉强维持、对付之意。日语中的"敷衍"的词义属上举②第一派生义,即汉语"敷衍"的最早的派生义。因此,在直至发生第一派生义之后、且还未发生第二派生义之前的一段时间里,两国的"敷衍"(敷衍)一词的词义还是相通的。到了后来,汉语一方又派生出③④两个派生义,而日语的"敷衍"还停留在②第一派生义上,遂造成歧义。顺便提及,在现代汉语中,"敷衍"的第二派生义最为常用,第三派生义也较为常用,而第一派生义除了极有限的书面语场合外已几乎不用了。

(4) 社会生活的变迁对词义的影响

以"检讨"③为例。在现代日语中,"検討"意为:"問題となる事柄について、いろいろな面からよく調べ、それで(が)いいかどうかを考えること"④,即研讨、审核之意。而在现代汉语中,"检讨"

---

① 取自《现代汉语词典》(第二版,1983)的释义。
② 参看王秋生(1993)。
③ 参看王秋生(1993)。
④ 取自《新明解国語辞典》(第四版,1989)的释义。

的词义则是:"找出本人或本单位的思想、工作或生活上的缺点和错误,并追究根源。"① 比较二者,不可谓毫无联系,但出入却很大。究其原因,恐怕须从近现代中国社会生活的变迁中去发掘。

据考,日语中的"検討"一词的确是继承了古代汉语中的"检讨"的基本语义的。唐宋时期,汉语中的"检讨"为查找、查考、整理之意,后来又派生出研究的义项来。然而,到了20世纪三四十年代,"检讨"的词义在解放区发生了转义,由研究义派生出剖析的意思。随后,继而又进一步派生出自我批评之意。1949年中华人民共和国成立以后,这一用法又扩大至全国,而"检讨"的本义逐渐被人遗忘。另一方面,解放区以外的地区,包括台港澳地区以及某些年长者的书面语中还仍然使用"检讨"的本义即研究之意。耐人寻味的是,改革开放以后,随着大陆与台港澳地区以及使用华语的其他地区的接触、交流的日益频繁,"检讨"的本义又有了复苏的趋势。

Ⅱ. 由于词义变化以外的因素导致词义分歧

(1) 词构成不同导致歧义

例如"人选"。日语中的"人選"意为:"多くの中から、その仕事をするのに適当な人を選ぶこと"②。而现代汉语中的"人选"词义则为:"为一定目的挑选出来的人"③。二者词义有关联,但本质上是不同的。前者为"事"(こと),后者为"人"(ひと)。究其原因,恐怕在于这两个词的词构成不同。日语中的"人選"为"宾谓结构"("人を選ぶ"),这与日语句法构造SOV是相一致的。而现代汉语中的"人选"则显然是"偏正结构"。所以,日语中的"人選"可用作"実績中心に~する""代表を~する",即可直接用作动词。而汉语的"人选"则无此用法,只能用作名词。又如"激动"。日语中的"激動"是"激

---

① 取自《现代汉语词典》(第二版,1983)的释义。
② 取自《新明解国語辞典》(第四版,1989)的释义。
③ 取自《现代汉语词典》(第二版,1983)的释义。

しく変動すること"① 之意，即"偏正结构"（副动）。现代汉语中的"激动"则为"并列结构"。本为及物动词（他动词），后转变为不及物动词（自动词），现在二者并存，以不及物动词用法为主，意为：①（感情）因受到刺激而冲动；②使感情冲动；③激荡。②

（2）古代汉语词义还保留在一国的词语里

可分为两种情况。

①明治以前融入日语中并成为日语词汇一部分的汉语词其词义原封不动地保留至今，而另一方面，与之对应的汉语里的这个词的词义随时代的变迁而发生了变化，由此导致歧义。例如"颜色"。在古代汉语中"颜色"一词与现代日语中的"颜色"的词义完全一致。然而，后来其词义发生了变化，即"颜"这个限定语的意思消失了，演变成为今天汉语里"颜色"的意思。当然，在类似"给他一点颜色看看"这样的组合当中，"颜色"的词义固然承袭了古代汉语"颜色"的词义，但这种用法毕竟有限，需要有固定的搭配条件和语境。

②与①相反，明治时期的日本人在用古代汉语意译西方新名词时，舍弃了旧意。而另一方面，在现代汉语中还保留了这一旧意，由此便产生了歧义。例如"分配"。在古代汉语中，"分配"一词有安排、分派人员之意，相当于现代日语中的"配置""配属"之意，在现代汉语中此意仍然还保留着。可是，在日语里，由于它被用来充作"distribution"的译词，故虽然仍含有配给、分配之意，但与现代汉语中的"分配"的词义已经有所不同了，因为它没有安排、分派人员之意和用法。

（3）读音不同词义也随之改变

这是指有些同形词，尽管中日双方词形相同，但一方（主要是日语一方）有两个或多个读音。读音不同，词义也随之不同，从而造成歧义，即读音成为区别词义的一个要素。例如"高潮"。日语中的"高

---

① 取自《新明解国语辞典》（第四版，1989）的释义。
② 取自《现代汉语词典》（第二版，1983）的释义。

潮",当读作"タカシオ"时,指由于台风的作用而涌起的大浪;而当读作"コウチョウ"时,则与汉语的"高潮"的意思基本相同。再如"作物"。日语的"作物"读"サクモツ"时意指农作物;而读"サクブツ"时指作品,尤指绘画、雕刻等艺术作品。而现代汉语中的"作物"只有前一个义项即农作物。此类词还有"大家""恶女"等。

(4) 同音汉字的转写导致歧义

20世纪,日本曾多次以法令的形式限制汉字的使用,特别是1981年颁布的常用汉字表将汉字使用个数限制为1945个。当某些词语中包含有该表中未列汉字时,则采取使用表中与之同音的某些特定的汉字(并非任意)转写的办法。例如"諒解"。由于"諒"字属表外汉字,故用发音相同的"了"字来代替,成为"了解"。因而,"諒解"所固有的原谅、体谅的义素自然而然地进入到"了解"这个词当中去。恰好现代汉语中有与之词形完全相当、而词义不尽相同的词"了解",于是便产生了歧义。

(5) 词素意义不同导致歧义

例如"老婆"。在现代汉语中"老婆"指妻子,而并非指上了年纪的妇人。而日语中的"老婆"意是后者。这里的"老"同"老师""老三""老虎""老玉米"中的"老"一样,皆属词缀。具体说来,"老"字在此为"前缀,用于称人、排行次序、某些动植物名"①,无实义。因此,它只作为构词成分,而不带有上年纪这样的实际意义②。又如"洋行"等。此类词多为前述"殊途同归"型词,中日双方词源上本无借用、同源关系,皆由巧合所致。

(6) 国情、制度、文化、社会诸背景不同导致词义不同

例如"正月"。两国语中的"正月"均指一年中的第一个月,在概念的内涵上没有什么不同。然而,在概念的外延上即指称对象上却有差

---

① 取自《现代汉语词典》(第二版,1983) 的释义。
② 据《现代汉语词典》(第二版,1983),"老婆"(lǎo po):(口) 妻子 (qī zi)。而"老婆"(lǎo pó):年老的妇女 (含亲热意)。后者与日语中的"老婆"词义相近。

异。现代汉语中的"正月"一般用来指阴历（农历）春节，而日语中的"正月"在第二次世界大战前曾同中国一样遵从阴历。二战后，日本改用阳历（公历），故而"正月"也随之改为用于指称阳历中的一年最初的一个月。又如"警官"。在日本，"警官"一词为"警察官"的缩略语，泛指一般警察职员，这里的"官"含有公务员之意。而在现代汉语里，"警官"则是指其中的干部。此类歧义只能归因于两国在社会制度（警察制度）上的种种差别所致，单纯从语言角度去追究是找不到答案的。

（7）字训（字义）不同导致歧义

需要在此强调的是，字训不同是导致同形词词义产生差异的根本原因。换言之，假如其他因素在某种意义上可视作具有一定的偶然性的话，那么，字训不同这一因素则具有一定的必然性，即只要这一因素存在，那么同形词之间则必然会有词义上的分歧。正如日本学者松井利彦所指出的那样："严格地讲，中日间的词汇交流绝不是词的借用关系，而是一种字的借用（熟字训借用）关系。"[①] 据沈国威（1988）的研究，日本在明清之际吸收中国的汉字词汇时，"由于日语中的汉字，'音''训'已经固定，日本人碰到陌生的汉字词汇时，一般是先把词中的汉字分解成'字训'，通过'字训'来理解词意。在使用中再将'训'还原成'音'并使汉字词以'音'的形式固定下来。当'字训'的意义与汉字传统字义有差异时，整个词义便发生变化。"[②] 这里包括两个过程：①用固定的训理解汉字词；②以"音"的形式还原、固定。下面简单做些说明。

①为何字训与传统字义会有偏差？[③] 我们知道，日本很早就输入了汉字。在长期的社会实践和语言实践中，随着对客观事物认识的不断深化以及对汉字本身认识、运用水平的不断提高，日语对汉语的同化过程

---

① 沈国威（1988：17）。
② 沈国威（1988：17）。
③ 参看成钢（1986）中相关论述。

也一直在不断地进行着。这种同化过程造成的结果是，有的字训继承、保留了古代汉语汉字的部分字义，而有的却发生了偏离，衍生出新的引申义或比喻义用法。另一方面，中国的汉字字义本身也有古今之别，也是一直处在不断发展、变化当中。总之，由于种种偶然必然的、逻辑非逻辑的因素，造成了日语汉字字训与现代汉语中相对应的那个字的字义上的种种偏差。字训有偏差，同形词词义自然就不会等同了。

②陌生的汉字词汇一旦作为日语词汇的一部分固定下来，便成为一个音义紧密结合的整体。在某种意义上，此时汉字的表意功能弱化，而只是作为一种表记手段的倾向加大。词素间联系较之现代汉语词汇要稍稍紧密些，它们浑然一体，共同构成一个封闭、紧凑且比较稳定的词义系统。而在现代汉语中，由于是音、形、义三位一体结构，加之词形因素（字义因素）的介在和干扰，使得其词义系统较为开放、松散而不甚稳定。因此，相对来说，汉语词汇的词义的伸缩性要稍稍大于日语汉字词，后者较稳定。这也是两国同形词发生歧义的一个重要原因①。

不过，以上所述并非绝对。如下例所示，有时由于字训意义发生微妙的变化，导致已经在日语中固定下来的汉字词的词义也发生改变。例如"快走"②。"快"字最初的字训以"こころよい"占主流，其后才有了"はやい"的意义。据《日本国语大辞典》（小学馆），"快走"意为："気持ちのよいほど速く走ること"。可见，结果是，"快"字的两个字训义被混入、吸收到同一个词的词义中去了。换言之，字训义的增加使得原已固定下来的词的词义发生了微妙的改变。这也是形成同形词词义差异的一个不容忽视的方面。

五、今后的课题

同形词研究在我国尚属起步阶段，笔者以为今后需学者同人共同努

---

① 参看大河内康憲（1992）。
② 参看陳力衛（1994）。

力的课题方向，主要有：①应加强明治以前同形词状态、词义差异以及其发展、衍变历程的定量定性研究；②加强语法对语义影响作用的研究；③适当引入语用学、篇章学等学科的原理、方法，将词义辨析研究引向深入；④中日两国语言中均有"化""型""性""度""点"等词缀（接尾語）。但不论是词义还是语法功能，二者都不尽相同，其差异有时是极微妙的，应加强研究。

【参考文献】

［1］成钢．论日语训读动词的表记文字［J］．日语学习与研究，1986（5）．

［2］谯燕．中国語と日本語における同形語について［J］．第5回日本学中日シンポジウム（青年シンポジウム）論文集（北京日本学研究中心），1993．

［3］沈国威．现代汉语中的日语借词研究・序说［J］．日语学习与研究，1988（4）．

［4］王秋生．日中同形語研究——意味記述を中心として［D］．1993．

［5］翟东娜．中日同形語の対照研究——日本製漢語について［J］．第4回日本学中日シンポジウム論文集（北京日本学研究中心），1993．

［6］大河内康憲．日本語と中国語の同形語（1）（形容動詞）［M］．神戸：神戸大学（日本語と中国語対照研究会），1986．

［7］大河内康憲．日本語と中国語の同形語［C］//日本語と中国語の対照研究論文集（下）．東京：くろしお出版，1992．

［8］陳力衛．近代における二字漢語の語構成の一問題——その出典例とのかかわりをめぐって［J］．文教大学国文，1994（23）．

［9］中川正之．漢語の語構成［C］//日本語と中国語の対照研究論文集（下）．東京：くろしお出版，1992．

［10］劉岸偉．中日の同形類義語について［J］．教学通訊（社団法人中国研究所中国語研修学校発行），1986（8）．

关于中日同形词语法差异的一次考察[①]

中日同形词研究发轫于20世纪80年代初，迄今已有十余年的历史，其中以词义对比者居多，词类（"品詞"）及其他语法差异上的对比则相对少一些。这恐怕因为一般人容易仅凭印象推断二者间存有差异的不多，即使有也无大碍。然而，正如笔者调查结果所显示的那样，仅就基本词汇来说，中日同形词之间词类上有差异的就占近三分之一之多，并且，在差异的性质和类型上也是较为复杂的。笔者以为，两国学界应给予词类及其他语法范畴的对比以更多的重视。因为，从对比中我们还可以获得诸多有益的启示，如超乎于词类差异之上的某些规律性的东西，包括语法、构词方面中日间差异上的某些信息，而不仅仅是词类差异之本身，这将有助于我们对中日两国语言的基本构造和特点作进一步深入的认识和理解。

一、可比性探讨

词类是普遍存在于世界任何一种语言当中的，因而具有普遍性，这一点已经为迄今各国及各种语言的研究所证实。但是，这里所说的"普遍性"并不意味着所有语言都像英语那样具备名词、代词、形容词、动词、介词、连词、副词、感叹词、分词、冠词等十几种词类，也

[①] 笔者于1996年6月29日在日本东京"語彙・辞書研究会　第9回研究発表会"上口头发表"中日同形語における品詞相違に関する一考察"。本文系在此基础之上经修改补充完成。

不意味着，同是名词、形容词、动词、副词、介词等常见基本词类，它们从形式到语法功能在每一种语言中都是一样的。每一种语言有每一种语言的情况，所以它又有特殊性，否则就没有语言间的差异了，更何况语法分类本来就是人为的，见仁见智，也不尽相同。

归根结底，词类是来自古代西方对印欧语语法的研究①。在印欧语中，每一个词类都有其形态标志，而这一形态标志与它在句子中的语法功能是基本一致的。反过来说，在词类划分时可根据形态，也可根据其语法功能，然而语法功能是最根本的依据。在日语中，大多数词类也都有形态标志，但划分词类时仍须以语法功能为主、形态标志为辅。而汉语缺乏形态标志，只能根据语法功能上的差异而划分词类。从某种意义上讲，汉语词类划分之可能性也证明了词类存在之普遍性②。

名词、形容词、动词为每一种语言皆有的基本词类。在汉语和日语中，至少这三类词的句法功能在大多数场合下可以说是基本一致的③。当然，在具体定义或分类上难免存在个别差异，并且，同一种语言的上述三类词的定义或分类也会因人而异，但这些都不妨碍我们在具有同一句法功能的名、形、动词等词类之间进行粗线条的对比考察。

二、所用资料

本次调查的目的旨在对中日两国语言常用词汇中的同形词语法差异有一个基本把握。故此，汉语词汇资料选用了《汉语水平词汇与汉字等级大纲》（简称HSK，国家汉办汉语水平考试部和北京语言学院汉语水平考试中心编，北京语言学院出版社，1992）。被收入这部大纲的词，

---

① 据《语言学百科词典》（上海辞书出版社，1993：277）："最早的词类划分可追溯到古印度波尼尼的分四类词（静词、动词、前置词和小词）和古希腊柏拉图的分两类词（名词和动词）、亚里士多德的分三类词（名词、动词，再加不变化词）。"

② 马建忠有"字无定类"之说，黎锦熙有"依句辨品"之说。现在学术界基本上认识达成统一：汉语的词类是可以划分的，主要依据功能。不过，在具体词的定义以及"一词多类"等方面没有达成一致。

③ 如名词表示人或事物的名称；动词表示人或事物的动作、存在、变化；而形容词则表示人或事物的性质或状态。

按照使用频率的高低分为甲级词、乙级词、丙级词、丁级词四个等级，分别包括1033、2018、2202、3569个词。此外，该大纲指出："如果所选择的常用词是合理的，那么经过验证……5000常用词可覆盖语料的91%。"

相应地，日语词汇资料选用了《日本語教育のための基本語彙調査》（日本国立国语研究所编，秀英出版，1984）。此书共收有两张表，分别是"基本語二千"和"基本語六千"。书中也提道："大雑把に「六千語」で85%～90%前後カバーできるといってよい"。

选用以上两个词汇表的理由在于：二者均属于专为外国人学习本国语言而制作的教学参考用词汇表，故它们所收录的均为日常生活中的基本词汇；并且，若将HSK中的甲、乙、丙三级词合起来，则总量达到5253个词，由此构成的集合便可覆盖日常性文章用语的90%以上。换言之，从覆盖率上看，这个词汇集合与日本国研编"基本語六千"词汇表大致相当。本次调查就是以HSK中由甲、乙、丙三级词构成的集合和"基本語六千"为同形词词类调查基本资料的。

此外，从词汇选定方式上看，HSK是以此前完成出版的七种辞典、词汇表[1]为基本资料做成词汇表，然后再请专家判定、干预而完成的。并且，这七种辞典、词汇表也均是采用频率统计[2]的方法得到的，这些均与日本国研编制词汇表时所采用的选定方式相同。

三、调查结果

先交代一下同行词抽出的基本步骤和标准。

①先根据词形是否相同这一标准，将同形的词抽出。

②然后再将虽同形但不属"字音語"[3] 范围的词筛掉，由此得到1017个词。再筛掉词义上全然没有联系的词，如"一同""工夫"

---

[1] 这七种词典、词汇表请参看该大纲。
[2] 具体筛选过程请参看该大纲。
[3] 日语中的音读汉字词，包括"和製漢語"等在内。

"合同""丈夫""电车"等约 20 个。因为词义上既然没有相同点，一般也就不存在词类误用问题了。

③接下来再找出那些无论是汉语还是日语，均只能当作名词使用的词。这些词词类单一，且是名词（多表事物或概念），使用上一般不会有问题。总共抽出 473 个这样的词。

经过以上三个步骤，最终得到了包含有 524 个词的集合，这一集合便是本次对比考察的对象。

在此需申明一点，词类及其他语法差异上的对比，毋庸说必然是以两国语言中的同形词在词义上相同或有相通（相近）的地方为前提的。在以往的同形词词义对比研究中，最常见的是将同形词分为三类：A. 词义相同或非常相近；B. 词义一部分重叠，另一部分不同；C. 只是标记用字即汉字相同，词义上完全不同①。如以上步骤所示，C 类词已经被筛掉，本次对比调查只是以那些符合 A 或 B 条件的词为对象。

另外，中日两国语言中的词类难以确定是公认的事实。幸好本次考察所用资料均为日常基本词汇，并且是以有助于两种语言的教学实用为最终目的，故为方便起见，大体上日语以《岩波国語辞典》和《三省堂国語辞典》这两本小型词典上所标词类为依据（如后面所示，有的词的词类判定因词典而异），汉语则以 HSK 中所标词类为基准。此外，日语中的形容动词与汉语中的形容词在性质、功能上基本一致，在这里将它们二者看作同一词类进行比较。另需指出的是，关于日语中所谓的"漢語"的词性研究，迄今日本学界多采用以池上祯造、森冈健二的研究为代表的"体言類、用言類、相言類"② 分类法。但这种分类属于"語基"级范畴，即关涉词构成方面的分类，这里暂不涉及。

关于中日同形词词类上的差异，根据其性质的不同，可分为如下三类，即以日语词类为基准，看一看当它们分别是名、形、动词中的一种

---

① 日本文化厅編. 中国語と対応する漢語 [M]. 東京：大蔵省印刷局，1978.
② 日本国立国語研究所編. 分類語彙表 [M]. 東京：秀英出版，1964.

或兼几种词类时,与之对应的汉语同形词词类又是怎样的(同或不同)。具体如下:

1. 在日语中只能用作名词,而在汉语中,除名词外还能用作形容词或动词。下面可进一步分为三小类。

  1.1 日语——名词   汉语——名词、形容词

  文明、正義、主観、重点、公共、典型、具体、根本、封建、標準、民主、古典、芸術、規則(14个词)

  上列14个词当中,近代由日本输入我国,或者虽为旧汉语词、但最先由日本用于现代词义的词居多。这些词在日语中原为名词,但进入汉语中之后,由于词义上的类推作用,除用作名词(单纯名词或复合词成分)外,还能用作形容词。但是,在日语中如果需要用于描写或修饰事物的性质或状态的定语、状语或谓语时,有些词可以采取添加一个后缀"的"的办法,使之成为形容动词,如"主観的""重点的""典型的""具体的""根本的""封建的""民主的""古典的""芸術的""規則的"。添加"的"这一用法是在明治时期伴随着西学东渐、翻译作品的盛行而出现,并随之开始大量使用的①。在某种意义上,它是对日语中的形容词、形容动词的补充(尽管当初曾遭到很多人的反对)。因为通过添加"的",使名词的词性发生变化,从而在一定程度上使它们摆脱了形态上的束缚。其实,古代大量汉语词汇进入日语,成了形容动词,这在一定意义上也是对日语形容词贫乏状况的一个补充。

  1.2 日语——名词   汉语——形容词

  臨時、初歩、初級、基本、合理、天然、自動(7个词)

  从词义上看,这些词皆属表事物的性质或程度的词。在用法上,不论是汉语还是日语都多用于复合词成分,这一点二者一致。但是在日语中,以上这些词若从形式上着眼可分为三种情况:①既有像"初歩的"

---

① 据《大辞林》(第二版,1995)中"的"条目,"的"的这一用法起源于明治以后翻译带有"‑tic"词尾的英语形容词。

"基本的""合理的""自动的"那样，在名词后添加后缀"的"（如1.1）就可使其词性发生变化的词；②也有像"天然の""初級の"那样，在修饰名词时后加连体助词"の"即可的词；③甚至还有像"臨時に"那样，在其后加"に"便可做所谓"連用修飾語"即状语的词。但是，在汉语中这些词或许是受日语影响（恐怕与这些词的词义关系更大），做定语时或做复合词成分时均无问题，但它们却很难单独做谓语（除"合理"① 外）。这些形容词即使在汉语中也是被当作一种特殊的形容词来处理，称作"非谓形容词"②。在日语中，像宫地裕、野村雅昭等学者也将这些词归入"相言類"，来与"体言類"作区别。另外，还有的学者将"合理"等看作是"結合専用語基"，意即它只能用作日语复合词成分，不能单用。

1.3　日语——名词　　汉语——名词、动词

傾向、起源、伝説、出身、需要、参考、習慣、感覚、根拠、損失、打撃、関心、垂直、障碍、運輸、迷信、革命、自治、犯罪（19个词）

在汉语中，当用作动词时前 16 个词（斜线前）是他动词，而后 3个词只能用作自动词。另外，在日语中"参考"这个词在明治时期可作サ变动词用，可现在一般却不用作动词了。汉语中的"参考"也许是受此影响，不过与其这样说，不如认为在汉语中，由于其孤立语的性质，词类转化上比较自由，含有动词概念的名词容易原封不动地用作动词。这一原因恐怕更重要，也更接近事物的本质吧，尤其对除"参考"之外的其他词来讲更是如此。

2. 在日语中用作サ变动词，而在汉语中可以用作名词、形容词或动词。可进一步分为三小类。

2.1　日语——名词、动词　汉语——名词

待遇、作文、位置、講義、差別、手術、筆記、結論、電話（9个

---

① 例如"这么办合情合理"。
② 参见朱德熙（1982）。

词）

在日语中，这些词均为サ变动词，因而，既可用作名词，又可用作动词。而在汉语中，它们只能用作名词，即只能作主语、宾语或复合词成分。在某些场合，像"手术""作文"也能用作动词，如"进行手术""作文当中"，但大多数情况下用作名词，如"整容手术""写作文"。它们的这种动词性的用法需要有特殊的句法格式相配合，可基本不计。另一方面，在日语中，サ变动词的"する"在大多数情况下是形式标志，但有时又具有实义，如"差別する""電話する"等。因为仅从"差別""電話"这两个词的字面上去理解，它们全然不含有动词性概念，但由于添加上"する"，使之成为サ变动词，在语义上分别等同于"差別をつける""電話をかける"。也就是说，"する"在此不仅是形式，也具有添加语义的功能（或者说是代替一部分语义的功能）。可见，同为"する"，有时具实义，有时又虚化为形式标志，只起语法作用。拿前述1.1和1.3与这里的词做比较，前者是由于汉语中语序、意合等特点因素，使词的语义外化为不拘泥于固有词类的东西，即意义冲破形式上的束缚，这是汉语的特点。而在这里，日语中形式添加了意义，或者说是形式对意义加以了补充。另外，在日语中像"結論""講義"这样的含有"V+O"结构的词，一般照常可以带宾语，做他动词。但在汉语中，这种结构的词不大容易带宾语，这恐怕也是来源于两国语言语义结构上的不同吧。以上所列9个词当中，近代由日本输入的词居多，它们进入汉语后停留在了名词词类的阶段。

2.2　日语——名词、动词　汉语——形容词

徹底、発達、一定、混乱、不足、緊張、乾燥、類似、平行、安心、疲労、成功、合格、沈黙、共同（15个词）

以上这些词在汉语中被称为"性质形容词"或"状态形容词"[①]，一般可以做谓语或定语等成分，这一点自不必说。也有像"彻底""共

---

① 参见朱德熙（1982）。

同""安心"这样的词常用作状语。而在日语中，如果要使用这些词做谓语或定语时，则它们中的有些词必须以"した"或"している"的形式出现，如"徹底""発達""一定""混乱"等词均如此。这种诸如"した"或"している"的形式从表面上看是属于动词时、体范畴的东西，倘若换一个角度，本质上即是前面所提到的形式对意义的补充。当然，这里的"意义"是指句法意义，如在这里"した"或"している"表状态。此外，以上这些词几乎都是自动词，由此也可以看出它们在语义上的表状态或性质的特征了吧。

2.3 日语——名词、动词 汉语——动词

提供、開会、乾杯、到達、超過、起床、進行、発生、復習、感謝、労働、歓迎、団結、左右、解決（15个词）

在现代汉语语法中，动词也能做主语或宾语，但什么样的词可看作是动名词？什么样的词不是？判定起来很难，这是其一。另外，即便是能够判定的可用作名词的动词，但由于缺乏形态标志，它们与那些不能成为名词的动词很难区别。应该说，这一小类词虽然在词类上中日两国语言略有分歧，但这种分歧主要来自两国语法学说的微妙差异，在实际使用时，一般不会给初学者带来障碍。因为它们语义相通，在语法功能上或者说在句子中所处的语法位置（如主、谓、宾语）也是基本相同的。

2.4 日语——名词、动词 汉语——形容词、动词

統一、確定、公開、活躍、集中、肯定、平均、繁栄、固定、安定、普及、自覚、緩和、充実、流行、進歩、矛盾、努力（18个词）

以上所列词可分为三种情况：①既有像"活躍""繁栄""安定""流行""充実""進歩""努力""矛盾"这样只用作自动词的词；②也有像"統一""公開""肯定""自覚"那样只用作他动词的词；③还有像"集中""確定""緩和""平均""固定""普及"那样自他两用的词。在日语中，这些词皆仅限于用作名词或动词。而在汉语中，由于这些词的词义中含有表状态的要素，所以除用作动词外，也可用作

形容词。不过在汉语中，前15个词（斜线前）只能用作他动词，此时意为使之成为某状态（"そうした状態にさせる"）。而在日语中，上述8个只用作自动词的词中，除"努力"一词外，如欲用作他动词时，必须使其变成使役形式，即加上"させる"。顺便提及，前述2.2中的词也能采取相同的办法使其带上宾语，如"徹底させる""緊張させる"等。总之，汉语不像日语那样受严格的语法形式所限制，由于词义中含有表状态的要素，故词类转化比较自由，这一特点我们由此亦可窥见一斑。

3. 在日语中只能用作名词（或形容动词），而在汉语中可用作形容词或动词。可分两类情况：

3.1　日语——形容动词、名词　汉语——形容词

緊急、単調、正確、不幸、誠実、清潔、簡単、忠実、高級、慎重、冷静、親切、正当、熱心、単純、愉快、完全、新鮮、優秀、安静、特別、主要、平凡、真実、正常、不利、特殊、正式（28个词）

以上这些词中有表性质的，也有表状态的。无论是在汉语中还是在日语中，都可作为典型的形容词（形容动词）来使用。然而，在日语中有一部分形容动词亦可做名词，属兼类，如"慎重を要する"等。因而，从词类表面上看同汉语似乎存有差异，其实不然。汉语中也有像"要诚实""保持清洁"这样的句子。这里，"诚实""清洁"都是动词所带的宾语。但在现代汉语语法学说里，这种情况一般不视为名词，仍属形容词，形容词也可做主语或宾语。换言之，如果照搬中日两国语法学说，这一小类的词在词类上二者有异，但在实际使用时并不容易出错。这也就是前面提到的，有的词的词类归属及语法功能在两国语言中未必都是一样的，需具体分析。

3.2　日语——形容动词　　　　汉语——形容词、动词

明白、健全、明確、豊富、便利（5个词）

作为形容词（或形容动词），这些词均可做谓语或定语或状语等成分，这一点二者一致。但在汉语中，这些词还可用作他动词，意为"～

という状態にする""そのようにさせる",使其拥有这种状态,等于"明白(豊富、明確……)にする"。其实,在古代汉语中,形容词用作他动词的例子屡见不鲜,即它们有使动用法。可见,这种对形容词的活用规则不唯独在古代,在今天也仍然在起作用。

以上所列均为中日同形词之间词类上的差异。除此之外,同为动词,是自动词还是他动词,这在中日两国语言间也是有分歧的。动词的自他用法构成其语法功能的一部分,故在这里也做一些对比。如下所示,这种差异大致可分为四类:

4.1　日语——自动词　　　汉语——他动词

参加、着手、抗議、加入、干渉、反撃、抵抗、賛成、違反、同情、解答、接近、接触、会見、注意、影響、反対、出席(18个词)

在日语中,这些词只能取"に格"为补语,即以"体言+に+参加(着手、抗議…)"的格式出现。而在汉语中,只要是有可接在动词之后的成分,均可看作是可带宾语的他动词,亦即汉语中没有像在日语中所见——由于动词及动词后所接宾语(位置在动词之前)性质上的差异而产生的"に格""を格"的区分。在语法功能上,"に格"也好,"を格"也好,笼统地讲,都是作为对动词所涉及内容的补充和说明而出现的。在这一点上,应该说与汉语中的他动词的功能是没有太大差异的。但是,对学习日语的中国人来说,是自动词还是他动词须一一牢记,千万不能用汉语思维来使用这些自动词。

4.2　日语——自动词　　　汉语——自、他动词

繁殖、感動、成立、発展、動揺、完成、満足(7个词)

这些词在汉语中是自、他两用动词,但在日语中只能用作自动词。不过,在明治时期,"感動""動揺"均即可做自动词,又可做他动词①。此外,即便到了现在,日语"完成""満足"二词的自他用法也还是不太稳定的,因辞典而异。这些自动词如需用作他动词,则必须取

---

① 参见池上禎造. 漢語の品詞性 [M] //漢語研究の構想. 東京:岩波書店,1984.

"を格",在动词词干后加"させる",即取其使役形,像前面所述及,如"発展(成立……)させる"等。

4.3　日语——他动词　　　汉语——自动词(名词)

録音、消毒、撮影、宣言、装置、実験、裁判(7个词)

这些词在日语中既是名词,也可做他动词。而在汉语中,它们只能用作名词或自动词(仅限于斜线前的词)。像"録音""消毒""撮影""宣言"这几个词,从结构上分析均属"V+O"构造。如上所述,在汉语中含有这种构造的词大多数后面很难再接宾语。反过来,它们多用作名词。另外,像属于"V+V"构造的"裁判"和属于"AD+V"构造的"実験"多用作名词,几乎不用作动词(除极个别的场合外)。

4.4　日语——他动词　　　汉语——自、他动词

形成、構成、発表(3个词)

属于这一小类的词数量不多。在汉语中,它们既可用作自动词,亦可用作他动词。而在日语中,则只能用作他动词。在汉语中,当它们做自动词使用时,如"(由)+N+形成(构成)",即前面须有介词结构作先导;或如"发表+(在)+N"那样,在其后加上结构补语。一般只有这两种格式。

那么,在本次调查中词类一致或基本一致的词有哪些呢?即词类的一致度如何?下面分三种情况。

5.1　形容动词(形容词)

偉大、有名、頑固、重要、容易、確実、重大、有効、有力、大胆、強烈、巨大、勇敢、有利、残酷、透明、独特、適宜、猛烈、幼稚(20个词)

一如前述,在汉语中,形容词有时也可做主语或宾语,但这种用法受句法格式限制(如用作主题等),属极少数。这里所列的形容词,在绝大多数场合被用作谓语或定语或状语等成分。

5.2　名词、形容动词(形容词)

不安、困難、経済、平等、秘密、異常、不平、安全、幸福、危

险、健康（11个词）

无论是日语还是汉语，这些词均可做名词。并且，在日语中，除"経済""健康"二词要添加表性质或状态的"的"之外，其余9个词均可直接用作形容动词。而在汉语中，它们均可做形容词。这恐怕是因为这些词本身词义中就包括了很强的状态性因素吧。

5.3 名词、动词

在日语中，一般标为サ变动词的词均可认为是既可做名词又可做动词。而在汉语中，如前所述，由于缺乏形态标志，判定一个词是否属于动名词，主要以它在句中的句法功能为基准，因此非常困难。再者，同样是可用作主语或宾语的动词，它们当中既有被当作名词用法的动名词，也有被当作是动词用法的词。在本次调查中，为方便起见，大致上将在汉语中被认定为动词的同形词全部看作是动名词，以此同日语中的サ变动词作比较。

调查结果，双方皆可用作自动词的有51个词，如"変化""出発""行動""反応"等；双方皆仅有他动词用法的有153个词，如"調査""比較""採用""観察"等；另外，双方皆具备自他用法的词有13个词，如"集合""開始""増加""反映""呼吸""回复""減少""拡大""停止""移動""展開""分解""分離"。

四、结论及其他

以上，笔者对中日同形词（主要是日常用词）的语法功能（以词类和动词的自他用法为主）上的异同做了粗浅的考察。结论如下：

词形相同，但在词类上存有差异的同形词数量上相当不少。如前所示，在这次考察的525个词当中，仅仅是名词、动词、形容词这三种基本词类上互有差异的就占到了165个词，即占到了被调查词总数的近三分之一。可以说，正是如此多的同形词词类上的差异构成了双方学习对方语言的主要障碍（当然还有语义上的障碍），更何况在动词的自他方面也存有诸多不同。

众所周知,所谓"同形词"是中日两国长期语言、文化交流的产物,特别是现代汉语的形成过程中接受了来自日语的巨大影响。中日两国语言原本系属不同,这些同形词被借入到另一国语言当中,由于语法体系不同,势必产生种种偏差,这正是本次考察得出的基本结论。

此外,从以上探讨中我们还可以看出,由于汉语缺乏形态标志,句子意义主要靠语序、虚词等成分有机地拼接组合而成,因而词类转化或兼类现象较为频繁,这样就使得一个词在词类上的自由度较大,一个词的词性必须放在具体的句子中视其所承担的句法功能而定。换言之,词类的独立性较差。而在日语中,由于有形态标志即形式上的束缚,为表达某种句法意义,必须在形式上做文章。如前举"差別する""電話する",或者是添加诸如表状态的"ている""した"或"させる"的形式,分别使它们附着上具有表状态、时态、使役功能的成分;或者是添加"的"这样的构词成分(形態素)使其词类发生转化,等等。反过来看,正是由于汉语无形态标志,词性判断很大程度上靠语序,或依从上下文语境的倾向明显,导致汉语有无词类成为20世纪50年代国内汉语语法学界讨论的一大焦点,甚而近年来有学者重新提倡以字为单位来重新建构汉语语法[1]。另有学者认为,汉语的特征之一为"意合",认为结构主义语法已经不能深刻揭示汉语语法的本质了。总之,来源于西方语法术语的"词"等语法单位未必适合描写和解释汉语语法,这已经成为一部分语法学者的共识。

尽管如此,旧有的结构主义语法仍然是主流。为此,特别是对于我国的日语初学者来说,在使用这些词时千万不能麻痹大意,应通过查阅词典等方式对这些词的形式上(以及词义上)的特征予以确认,然后再根据需要灵活运用某些语法形式来达到语义上准确表达的目的。

当然,同形词语法功能上的差异并不仅仅表现在上面所举词类和动

---

[1] 最早可追溯到赵元任先生,北京大学中文系徐通锵等学者正在这方面做可贵的探索。

词自他用法差异上，还表现在诸如动词的态、句子中词与词的呼应等语法范畴上。这里限于篇幅不一一举出，留待将来有机会再予以详细探讨。

【参考文献】

[1] 朱德熙. 语法讲义［M］. 北京：商务印书馆，1982.

[2] 見坊豪紀ほか編. 三省堂国語辞典（第四版）［M］. 東京. 三省堂，1992.

[3] 西尾実ほか編. 岩波国語辞典（第五版）［M］. 東京. 岩波書店，1994.

[4] 山田小枝. 品詞の普遍性と特殊性——ヨーロッパ言語の研究から［J］. 国文学解釈と鑑賞（至文堂），1996（1）.

关于日语汉语词的和化问题

——课题与方法

汉语传入日本，给日本带去了一种语言，更是一种由诸语言要素组成的综合体。反过来说，日语从汉语中借到的除了汉字之外，还有语音、词汇、语法等等。正是这些要素在与日语固有语言的有机融合的基础上，形成了今天日语的面貌①。汉语的这些要素如何被整合为日语中的有机成分，这一直是学者们所关心的问题。简言之，即要探讨汉语是如何被和化的。语音、语法问题姑且不谈，这里主要想谈一下词汇即汉语词的和化。

一、汉字的传入

1. 历史记录

（1）金文资料

日本本无文字。据808年《古语拾遗》记载：

蓋聞、上古之世、未有文字。貴賤老少、口口相傳、前言往行、存而不忘。書契以來不好談古。

对日本情况略有记载的3世纪《三国志魏志》中也未提及日本有文字。日本《古事记》里有如下记载：

又科賜百済国、若有賢人貢上。故、受命以貢上人、名和爾吉師。

---

① 参看潘钧（1998）。

即論語十卷、千字文一卷、並十一卷、付是人即貢進。

在《日本书纪》里也有相似的记录：

十六年春二月、王仁来之。則太子菟道稚郎子師之。習諸典籍於王仁、莫不通達。

二者均证明了最早的汉籍是通过朝鲜半岛的人传来，汉字是随着汉籍的传入而流入的。近年，日本就汉字传入的年代又有了新的发现。1990年，在三重县安浓町大城遗址中发现了据推测是2世纪前半期的最早汉字——"奉"。

关于汉字传入日本的历史，现公认的主要有如下几个主要证据：

①隅田八幡镜铭文

癸葵未年八月日十大王年男弟王在意柴沙加宫時斯麻念長泰遣開中費直穢人今州利二人等取白上同二百旱作此竟。

②稻荷山古坟出土铁剑铭文

（表）辛亥年七月中記乎獲居臣上祖名意富比垝其兒多加利足尼其兒名弖已加利獲居其兒名多加披次獲居其兒名多沙鬼獲居其兒名半弖比。

③法隆寺药师佛像造像记佛像铭文

池辺大宮治天下天皇<u>大御身劳</u>賜時歳次丙午年召於大王天皇与太子而誓願賜我大御病<u>太平欲坐</u>故将造寺<u>薬師</u>像作仕奉詔然。

这是一个非常著名的和化要素较浓、可视为汉字和化典型的事例。与前二者的区别在于，它是一种受某种意识支配的产物，甚至被视为古代日本特殊的一种文体①——"变体汉文"之滥觞。

文字的传来与文字实际的认读并不相等，更毋庸说运用文字了。因此，这里所说的文字的传入实际包含了三个阶段。文字传入可以是随着书籍或者由朝鲜半岛的人传来，也可以是刻在器皿等器物上的文字

---

① 日语中"文体"和语言学上所说的"文体（style）"不同，往往是表记加上文体的混合物。

（如"奉"）。但不管怎么说，传来是一个阶段，对文字进行认读则又是一个阶段。但知道了意思，不等于会使用，就好比我们对古文献大致能把意思串起来理解是一个阶段，但运用则又不一样了。材料①②大致反映了第一、二阶段（5、6世纪），材料③恐怕反映了第三阶段（7世纪）。

在汉语中，汉字是表语文字，字即词。在训的构成中，汉字与和语词对应，其实就是汉语词（单音节词）与日语词之间的对应（对译）。因此，在对汉字进行识读、研究的过程中，产生了大量的和训。但据推测，最早在日本上层社会（能够接触文字的人群）中，在一定程度上是使用汉语本身来进行交流的，就如同寺庙僧侣们用汉字音诵读经文一般。

"训"在汉语中为多义词（教也。告也。导也。道也。理也，谓字有意义也。释也。中国传统小学中的训诂学就是释字义的学问），而日语的"训"则与之大相径庭，是指日语中的汉字的读法。日本人最初对汉字（汉语词）的理解是从汉文训读，即对汉文进行读解开始的。在汉语中，提及汉字时常举形、音、义三要素，但正如中田祝夫（1982）所指出的，日本人与中国人略有差异，所关心的是：（1）"形"（字形）和（2）"読み"（字音読みと和訓読みを併せて）。他进而推测，在日本人的意识里面，汉字是由"形"（字形）、"音"（字音）、"训"（和訓読み）、"解"（解義）四个要素构成的。

最初的训读（可上溯到推古朝）恐怕是所谓渡来人或者在渡来人的帮助下进行的吧。随着时间的推移，逐渐地超越个人、集团的范围，带有了一定的社会普遍性之后，汉文训读的形式以及和训开始成立。据研究，诞生于8世纪的《古事记》就是利用此前成立的训读法及其产物"和训"来撰述的日本第一部史书。其历史、文学价值姑且不论，它还是今人了解上代奈良初期汉字用法的重要资料。

（2）圣德太子和《十七条宪法》

随着对汉字、汉语词认识、理解的深入，原本由渡来人写的汉文逐渐变成日本人自己用来表达思想的一种文体。据《日本书纪》记载，圣德太子本人就撰写了《十七条宪法》，尽管是在汉籍如《论语》《千字文》等的影响下写就的。太子本人还对《胜蔓经》《法华经》《维摩经》做注疏，即撰成著名的《三经注疏》。特别是由于圣德太子标榜大陆中国文化，所以连日本历史的正式史书《日本书纪》也都采用汉文体撰写。其中，引经据典，多采用骈体文格式，模仿上可谓苦心孤诣。

汉诗的流行也是肇始于这个时期，著名的《怀风藻》《文华秀丽集》《凌云集》相继问世，这即是被日本人称为"国风暗黑时代"的理由，即这是一个全面引进以汉字、汉语词为媒介的大陆汉文学、汉文化兴盛的时代。进入平安时期之后，汉文作为一种文体其地位丝毫没有动摇。当时贵族教养是由所谓的"三史五经"以及《文选》《白氏文集》等构成的，汉文体史书的编撰继奈良时期的《日本书纪》《续日本记》以外，还有《六国史》等。尽管随着日本民族意识的萌发、固有民族文化的展开（对汉文化的排斥），以及假名文字的成熟，汉文体之外的文体逐次出现，但在书面语中即所谓的"晴れ"世界的场合，汉文体以及在此基础上形成的汉文训读体始终没有褪色。上代以降，直至明治时期，日本正式的公文都是汉文，如在序文、敕诏书等场合皆为汉文体。

2. 汉字、汉语词的展开

伴随着汉文化在日本的引进、消化乃至模仿，产生了日本独特的汉文学，但其前提是对汉字、汉语知识的活用，这必然是以训读的发达和汉语词的融入为前提的。

包括和汉复合词在内的汉语词在奈良时期就已出现，进入平安时期后急剧增加。据研究，上代词汇中数和语词为多，和语词占到了99.6%，汉语词只有佛教词汇（宣命体中至少有130个汉语词）原本引进，很多停留在了所谓理解词汇的阶段[①]。总之，起初是源于佛教文化

---

① 像佛教词汇如菩萨等只能音读，没有合适的训。

的勃兴，之后是平安时代随着汉文训读的兴盛，根本原因在于对汉字字训的认识、整理水平的提高，汉语词迅速融入固有语言中，在整个日语词汇中的占有比率迅速提升，甚至在物语文学中也很多见。如在《源氏物语》中就有12.66%（1888词），在说话文学《今昔物语集》卷31中竟然达到了21.9%（530词）。到了中世纪，随着识字层的扩大，汉语词流行普及，其对日语的渗透也更加深入，这一点从当时大量出现的语文辞书的词目登录情况便能看出（以"节用集"为名的一系列辞典其实就是为解释汉字、汉语词而编纂的）。此外，大量汉语副词的涌现也是中世日语词汇变化上的一大特征，如"一向""始终""次第に"等。江户时期随着儒学的兴起以及白话小说的舶来，汉语词进一步渗透，特别显著的是町人、农民成了使用汉语词的主角。有很多词因不用汉字表记，所以在普通人的意识中已不再被看作是汉语词了。

一如前述，"训"是汉语词（字）同和语词之间的对应。两国语言之间的对应（对译）最容易的，从语义上说恐怕是日常生活用词，即最基本的词汇，最难的是所谓的诸如人名、地名的专有名词。从词类上说，对应最容易的可能是名词，最难的恐怕是接续词、副词等虚词（附属词）了，当然还有活用词词尾等，这就必然引出如何使用汉字表记日语的问题。于是，便产生了谋求两者（作为表记的汉字和作为表记内容的和语）折中的文体——记录体。《古事记》是最早的记录体，也是变体汉文的一个下位分类。

二、和化的开始

1. 关于和臭

汉语和日语有着系属上的很大区别，而汉字又是产生于汉语。仅从语法上讲，就有诸般不契合的地方，如材料③就直接地向我们凸显了这一点。当然，此外还有很多不一致的地方，如词义上的差异等。因此，接受汉字乃至汉语词，就必然要进行和化，不论有意还是无意，适应日语特点的改造是不可避免的。站在日本、日语一方看，就是要"和化"，或叫"变容"。但同样是指与中国固有的用法有异，日语中还有一个专门的词语，叫"和臭"（或"和習"）。这个词原本用于指日本人创作的汉诗、汉文里可见到的和化倾向。材料③就反映出这一倾向（带下画线部分），可视为最初的和化材料，《古事记》亦然。

（1）古事记文体

《古事记》的上表文（俗称序文）中说：

然上古之時、言意並朴、敷文構句、於字即難。已因訓述者、詞不逮心。全以音連者、事趣更長。是以今或一句之中、交用音訓、或一事之內、全以訓錄。

作者太安万侶道出了用汉文书写日语的困难之所在。特别是"已因訓述者、詞不逮心。全以音連者、事趣更長"充分说明了单以训、或单以音（真假名即万叶假名）表记日语的尴尬处境。可见，此时日本先民已初步意识到汉文在表达日语上的困难，试图有限地摆脱这种限制——通过音训互用来充分发挥汉字的优势，克服其短处。这其实就是和化的开始。

（2）"和臭"的定义

所谓和臭，据日本的《国语学大辞典》，"和臭とは日本人が漢詩文を作成する際に犯しやすい誤りのことで、日本語文独特の用字・用語・文法などの混入を指すのである。"主要指，特别是平安时代汉诗文中可见到的一些带有日本特点的用法，涉及字、词和语法各个方面。这是否算是一个定义严格的术语，恐怕还有待进一步论证。对日本早期上代文学与中国文学的关系以及其中的和臭现象，小岛宪之（1965，1987）有过详细深入的考察。

2. 和化、和臭与借用

（1）和臭与和化、借用

谈到和化，就必然要涉及和化的标准，有广义和窄义两种。

广义看，日语中汉字、汉语词的用法都是和化，这就如同认定所有汉字都是假借字一样，意义不大。最窄的判定标准，无非就是需要就每一个字或词或其他具体语言现象来论。可作为汉语来说，也不是一成不变的，所以历时的判断不可靠，应该与同时代的汉语文献进行比照，将历时和共时结合起来。然而，又有一个让我们感到两难处境的问题，就是日语是借助汉字、汉语词，发展形成了自己的语言①。例如，假名就是在万叶假名的基础上产生的，那么这算不算和化？这是日语本身走的道路，是形成日语文字之基础，应该不能算。所以，是否和化还不能完全从汉语的角度进行评判，这样便形成了一个怪圈。其实，这里面既有现象的问题，也有意识的问题。

  在最开始，汉文学世界首先是一个外语的世界，或者说是一个只用于书面语或小圈子的世界，其发展一直带有两面性。一方面是，直至明治之前，日本国家政令乃至一切公文都是以汉文体为正式文体；另一方面，在某种意义上，这又是一个以书面语为主的世界，有鉴赏，也有创作。为此，它只是一部分人语言生活的一个组成部分。所以，和臭到底是一个纯汉文学领域的术语，还是国语学界也能用之，这个问题比较暧昧。也正因为如此，日本国语学界也有人在使用和臭这个概念，从侧面反映出这一尴尬而又微妙的处境。这是现象。

  这里面还有一个参照物的问题。在最开始接触汉文的时候，由于日本人在汉字、汉语词汇知识方面的阙如，很容易出现使用上的偏误，这种偏误其实就是和臭。随着定训的成立、假名的产生以及更多的汉语词进入到日语，那么同样是汉字、汉语词，在不同的语言领域，使用的情况就发生了分歧，不能再等量齐观，因为标准发生了变化。于是，便自然地形成这么一种观念：好像国语学领域里，发生偏差是当然的，而在汉文学领域则就是和臭（偏误）。这其实是背地里有规范意识使然。前者是有机、灵活地应用，而后者则是一种维护规范的运用。不过，二者尽管有区别，但不是毫无联系的。同样一个事实，往往随着语境的不同，得出的结论也不同。

----

① 参看潘钧（1998）。

比如，日语中有不少像"不条理""不義理"这样的由"不＋名词"构成的汉语词。说它是"和臭"，完全可以成立。因为在汉语中，"不"后面一般不直接跟名词构成词；说它是"和化"，那么从结果上看，这种形式已定型为一种构词模式，并据此已经产出了大量的汉语词；甚至换个角度，还可以把它们看作是"和制"，因为这是汉语中表否定的所谓助字"不"到了日语中被作为接头词使用的结果，在一定程度上可看作是一种创造。

以下想略微涉及一下和臭、和化与借用三者概念上的区别。日语接受汉字，在漫长的历史过程中逐渐形成音、训，将汉字演变成日本汉字，这一过程即是汉字日本化的过程。日本汉字中的诸如音、训使用现象，按照日本人的说法是"借用"，但这里的"借"是一个非常笼统的概念，定训是"借"，假借也是"借"，更毋庸说是"国训"了。借用是一种手段，而其他两者是从结果上着眼，所以与和臭、和化不是一个层次上的概念。和化恐怕可以看作是借用下的一个下位分类。如"山"和"やま"之间的对应就是纯借用，而"咲"和"さく"之间的对应的概念就是和化（国训），至于和臭则是站在正统汉文的立场上来看待日语中汉字的用法。故此，这三个概念有彼此相通甚至相同的地方，只不过基于参照系的不同而出现术语上的偏差。由此可知，在日本，就汉字的使用至少存在两个并行的领域。它们有相辅相成的一面，也有相互矛盾冲突的一面。现在，汉文汉诗基本上属于极少一部分人的个人修养或兴趣，已很少有人会作汉文汉诗了。可是，在从前的日本，如明治时代就有很多文人汉诗作得很漂亮，如森鸥外等。

（2）和臭与和制

"和制"，就是"和製漢語"中的和制，即日本造（汉语词）的意思。但所谓"和制"到底是仅仅指词形呢？还是兼指词义、形态等方面呢？这个问题十分复杂。

据陈力卫（2000），和臭与和制的区别在于一个是句子，一个是词。作者认为，和训的发达导致对汉语词字面理解上的变化，这是和

35

臭。如果把这种现象也看作是和制的话，那么两者就没有区别了。故此，作者提出前者属于语法层次（如语序、虚字用法等），后者属于词语层次，但实际情况要复杂得多。学界也有人在探讨词语层次的词义变化时使用和臭的概念，这方面还有待于今后进一步梳理和辨别。这里要指出的是，本文讨论的所谓汉语词和化暂不包括一般意义上的"和制汉语词"。

（3）和化与和制

和化与和制有重合的地方，在一定意义上，和制也是和化的一部分，是和化的产物，但又稍有不同。和制汉语词概念的外延有很大的伸缩性，包含了各种来由的汉语词，甚至学界有人把意义上发生变化的也归入和制的类型中。日语中有个别汉语词在形态、意义上基本没有发生改变，堪称纯汉语词。笔者所关心的焦点主要集中在形态上基本没有改变的词之外的汉语词上。当然，前提是这个词首先是诞生在汉语中（见于汉籍）。但是，形态和意义上的改变并不总是那么能够简单地区分开。所以，有些词在读音、词构成等方面发生改变，这似乎也应纳入和化汉语词考察范围内。

3. 和化的标准

（1）形态上

据柏谷嘉弘（1982），从形态上着眼，平安时代的和汉复合词（就是汉语词对和语词的渗透，即和化的产物）主要有以下几种形式。

首先，汉语词在形态上最常见的就是サ变动词，在带有动词概念的汉语词（甚至非此类词亦可）后面加上形式动词"す"，便完成了和化（活用只需在"す"上完成）；还有一种比较深度的和化，如"気色ばむ""懸想"，即加接尾词以构成复合动词。此外，数量虽少但有的汉语词通过引出四段动词词尾"く"，从而形成新的动词，如"装束く""彩色く"。这是一种融合程度比较深的代表例子。此外，还有的将汉语词变成了接头词、接尾词，如"故おとど""あり様"等等，不胜枚举。

以上这些形式都是外在的，较容易察觉。此外，除了第一类サ变动词化以外，其他的数量毕竟有限，有的只是昙花一现，真正不易察觉的是那些堪称隐性的汉语词和化现象。这些词有的词构成上发生了改变（如"安置"），有的在词义上与原来汉语词发生较大的分歧（如"結構"），总之构成了数量庞大、词义存在不同程度差异的中日同形异义词的主要部分。

（2）意义上

汉语词和化的最主要的指标应该是在词义上。词义可粗分为词汇义和语法义（词类等）。其中，词汇义认定是最难的，这里面既有位相的问题（尤其在日语中表现比较明显），也有语感上及搭配等方面的差异。若从共时的角度看，这就是同形词的词义差异问题。

如同在训的成立过程中所能见到的那样，最难完全对应的是表达人的主观精神层面的词，如副词、接续词，还有就是形容词（学校语法中的形容动词）。但即便是普通的动词，有很多意思上也发生了改变，导致与汉语中的对应词之间产生或大或小的词义分歧，面目全非者有之，带有一些联系但多少有些差异的有之，且后者居多，如"勉強""遠慮"等等。这些词很早就输入了日本，在长期的使用过程中发生了变化，我们更应瞩目这类词的词义变迁等和化现象，探寻隐藏在语言现象背后的规律。

三、研究和化问题

1. 材料

（1）词语调查

迄今为止，关于汉语词的研究还主要是以个别词的语史、语志调查为主。当然，没有大量广泛的词语调查不行，这是基础之基础。在材料的选择上，有不少以训点资料为调查对象。训点资料与下面将要提到的变体汉文、抄物是有很大区别的。训点材料是"读"的文献，变体汉文是"写"的文献，而抄物是"听"的、也是"说"的文献资料，三者性格特征互有差异。"读"和"写"可以与实际语言有一段距离。"写"较之"读"的程度还要高一些。柏谷嘉弘的《日本漢語の系譜》通过研究训读资料，摸索出可用于探明汉语词是如何从理解词汇发展到表达词汇的轨迹模型，不失为一种有益的尝试。但显而易见的是，搞个别词语的调查的缺点在于，具体性有余，系统性不足。

（2）和文材料

在文献的选择上，利用和文资料自然有其道理，因为和文材料是最能够体现汉语词如何融入日常生活中的有力材料，但一味地凭借和文资料，也有不当之虞。因为如后面所述，语言、语汇是有"层"的区别的，仅凭和文材料不能充分凸显这种区别。诚然，汉文资料存在种种弊端，如读音无法确定（也就无法确定是否是汉语词），文献里的词语是否与当时实际使用的词语有一定隔阂，等等，但所谓的"理解词汇"是否能真正和"表达词汇"严格区分开，还有待于进一步的证明。有的看上去如理解词汇一般，但实际生活是否真的不使用，还不得而知。笔者总以为，研究日语中的汉字意识，包括古代日本人对汉字的认知、使用方面都有很大的开拓空间。汉字和读法到底是怎样的关系，这也是亟待探明的一个课题。生活中，我们的口头语和写出来的文章书面语肯定有差别，这并不矛盾。一个是词形，一个是词语本身（ことば）。两者的关系从今天日本人读汉诗等就能看出来。较之理解词汇和表达词汇，使用"位相"的概念似乎更妥当一些。

（3）变体汉文的两面性

在研究汉字的和化问题时，我们一般把目光注视在变体汉文之外的文体上，通过对定训的成立等问题的追踪和剖析，来梳理日语汉字的变异及其特点。这固然不错，可是在研究汉语词的和化问题时，其难度就要超过汉字了。

首先，汉籍流入日本，为历代日本人、在古代是有文化的贵族、僧侣等特权阶级所阅读和掌握。但是，如前所述，理解和运用是两个层次的问题，汉语词带有层次性，如何去将这种层次性挖掘出来，有很多方法和视角。其中，变体汉文就是一种可资利用的材料。

"変体の漢文"，最早是日本国语学家桥本进吉提出来的分类，另一国语学大家春日政治称之为"和化漢文"，它包含了所谓"記録体"在内的多个文体，有人认为，例③就是最早的例子。从原理上本不为错，但毕竟是个别的行为。在中古即平安时代，就已经有了变体汉文，又称为"東鑑体"。到了中世，变体汉文进一步发展成为包括公卿日记在内的使用范围较广的一种文体，这和当时汉语词流行的背景是密不可分的。中世的语言发生了很大变化，首当其冲的研究材料当然就是变体汉文以及所谓的"真名文"。

变体汉文之于国语史研究的意义可详见峰岸明（1986）。简言之，古训读材料中所能见到的基本上是所谓的"理解词汇"。也就是说，随着汉文典籍的流入，日本人对其进行训读。在训读过程中，必然会碰到之前没有见到的词汇，通过上下文或其他手段，或披读其他文献进行解读。据峰岸明（1986），出现于古记录体中的汉语词，特别是其中出现频率较高的词，其渗透于日语中的程度要深一些，可理解为所谓的"表达词汇"。当然，纯假名文学里出现的汉语词则是最普及、和化程度最高的汉语词。由此可见，通过对几种并行文献的对照，我们就能对中世日语的把握有一个更可靠的依据，即通过对这些包括记录体在内的各种变体汉文文献里的汉语词的研究，可进一步对表达词汇有比较可靠的了解。

此外，从体裁上看，中世的变体汉文中有一些重要的类别，如公卿日记。这一方面是学养所致，另一方面是当时公文皆用汉文体，但在私人场合有时完全有可能不受其约束，特别是在日记等相对隐秘的体裁里可适当随意一些。也正因为如此，我们可以找到一些线索来探明当时口语世界的语言情况，这就要涉及对文本本身的探究了。

用汉文来写国语，其前提是有定训，而定训是日语在与汉字词接触、引进过程中的必然结果。有的和汉语相近，有的则有一段距离。为此，用日语思维，以定训为媒介，同时在诸如附属词等训字阙如的情况下，偶尔也使用一些破格的汉字用法（包括夹杂有很多假借字），这就是日本变体汉文的实态。当然，研究变体汉文的终极目的不是为了找出破格，而在于探明日语汉语词和化的过程以及对后世的影响。

据陈力卫（2000），像"弁済""返済""完済"等词皆出现于变体汉文和记录体中，并沿用至今。这说明，为了以汉文体这种文体形式一以贯之，必然会出现这种所谓的破格或叫和化的词语。这些词虽然属于和制汉语词范畴，但考虑到中世大量汉语词的涌现，汉语词在意义上发生改变也不是没有可能的。也就是说，破格既可以是形式上的，也可以是词义上的，后者往往更隐蔽。前述汉语副词在中世大量涌现，这也可以在记录体文献找到很多例子，如"いっさい""ずいぶん"。

（4）对"抄物"的利用

中世日语的研究因为口语资料不足，仍然停留在对室町时期的语言研究上，资料是所谓的"抄物"。所谓抄物是指大量出现于中古、中世的用来解释汉籍（包括如《日本书纪》这样使用汉文体编撰的史书）的文本，因多带有"抄"这个字，所以被通称为抄物。其最大的特点是用与生活较为贴近的语言解释、诠释文献，因其含有较强的口语性，故受到重视。它与变体汉文材料有相通之处，又有所不同。二者文本里皆含有一定程度的生活用语，但前者是用浅近的语言解释，后者是在用汉文体表达时偶尔出现偏离汉文规范之产物。迄今为止，学界对抄物的研究已经做了很多，但余地还非常大，特别是在展现汉语词和化过程方面的研究上，似乎还有可充分利用的空间。例如，据研究，"弁当"这个词来自"便当"这个汉语词，这可以通过抄物的研究得到。

镰仓时期口语资料缺乏，所以迄今的研究往往不得已跨过这一阶段，拿抄物等中的语言现象同中古时期的语言作比较，这样得出的结论可能会随着将来更多的口语资料的发掘而有所改变。另外。抄物的作者集中在僧侣当中，他们的语言（抄物里的）的代表性、定位都是值得探讨的问题。

(5) 其他材料

对汉语词的研究还可以从其他材料和角度去开掘。在池上祯造（1984）中，举出了像江户时代的方言集《かたこと》《志不可起》等中的汉语词，它们就是渗透最深的汉语词，有很大的利用价值。方言、童话等当中的语汇都是面向普通人的，所以作为了解庶民对汉语词的理解、认识及使用，不啻是一种很有参考价值的资料（如前述不用汉字表记的汉语词）。但是，显然这与以林罗山为代表的儒学者所使用的汉语词在层次上堪称是两个极端，故此才有了层的概念和视点。

另外，就是中世以后出现的大量国语辞书。随着出版文化的勃兴，众多汉和辞书开始涌现。辞书具有反映普通人语言生活实际的特质，也有很大的参考价值，但较之文本材料，辞书的编纂有时在收词、释义上带有较大的主观性，因此其可靠性要打折扣，不宜作为唯一的根据。

2. 方法

(1) 词汇、语义学

汉字、汉语词在和化过程中不是一蹴而就的，经过了很长时间的融合、演变的过程。就其和化过程和原理，我们可以通过不同的途径、侧面去了解。比如，训的成立可以通过对和歌里的和训、训点材料等进行探究；汉语词的变迁可通过对变体汉文、辞书等材料中的语义推移进行梳理。

在浅野敏彦（1998）中，提到了汉语词词义发生偏移的两个现象。一个是"漢語の受容"，另一个是"漢語の変容"。二者考察的均为汉语词在日语中词义上或表记上发生的变化，故可看作是汉语词和化的研究范畴。词汇是语义表达的主要因素。词义在分布上并不是无规律可寻的，在研究语义时，我们可以利用语义场的概念方法。比如，为何有诸如"美麗""綺麗""夫婦""夫妻"之类的位相差别？浅野在考虑时，把类义词放在一起考察，这样便于揭开位相发生偏差之谜，不失为一个有效的方法。在共时平面上，由于词汇的系统性、语义的分担等要素必然会作用于词汇的留存以及词义的变化。由此得到启发，词语随着传入时间的早晚等因素，有其消长、变迁的过程。一时流行的词可能会被淘汰；或者词形尚存，但词义发生了改变等。所以，研究一下这些被淘汰的词及其词义，恐怕也能为我们提供良好的素材或线索。

（2）表记上的替换

由于读音上的相近性，导致表记发生改变，从而带动词义也发生改变，这方面例子有很多。近代汉语词特别是和制汉语词方面的例子，可参看田岛优（1998）。这主要是因为，日语中音素较少，较容易遇到读音相同或相近的情况，从而造成词义表达上的不稳定。还有一点，笔者个人认为，日语中表记和词义间的纽带不太紧密，汉语词也不例外，特别是一些融入已久的词汇更是如此，加之诸如词源诠释等其他要素的参与，从而使得很多词的表记被改变得面目全非，词义也有很大改变。

这方面的例子不胜枚举，著名的有"卑怯"和"比興""笑止"和"勝事"等。浅野敏彦（1998）也以"領掌"和"領状"为例，进行了详细的考证。表记上的替换现象进而促成了不少和制汉语词的产出。这恐怕是日语语言上（包括音韵、表记）的一个显著的特点。现代日语国语政策为减少或限制汉字使用，将一些意义相近的汉字合并，如"編輯"中的"輯"被用"集"来代替。这种做法与之一脉相承，只不过后者是人为的产物。

（3）语法的干涉

个别词语的历史追踪调查固然重要，但有时我们可以通过对其词的构成方面的探讨，来探明词义差别上的原因或原理。比如，日语中的"完備する"这个词可以做带宾语的サ变动词，如"施設を完備する"。日语中还有诸如"～を完訳する""～を完売する"这样的可带宾语的和制汉语词，而汉语却很难产生这种词形，至少在带"完"字的词语中（现在有"完形"填空，但不能单用）。

又如，在汉语中，状中结构的汉字组合（连用）很难构成一个单独使用的词，但在日语中却有很多，如"必着""皆無"等。这两个词形（日语中）在汉语中不算一个词。由于这种语法模式的潜在作用，中日之间有的词就算同形，但在意义上也产生了一些差异。如"早期"在"早期解放"的时候，等于汉语的"早日释放"，此时的"早期～"为副词性结构。而在"早期発見"中，则同汉语的"早期发现"是完全一样了。而在汉语中，相当于"早期～"的是"早日"。日语的"初期"往往等于汉语的"早期"。前述"完訳""完売"等也是连用结构，这是其大量产出的主要原因。

此外，比较中日汉语词，有一个现象就是，像"天気""名声"等词其本身就带上了褒义或者说是积极的意思，包括像"評価"这样的动名词。笔者认为，这是否也与中日两国语言语法上的差异有关？语言有行为语言和状态变化语言之分，日语属于状态语言序列。比如，在日语中常常依托连体修饰的形式进行表达，如"良い論文を書くように"。这句话用汉语说则是"把论文写好"或"写好论文"，即采取动补结构与动词发生关系。在日语中，采用名词形时，如果这个词常常用作褒义时，这个词就较容易转化为带有褒义的词。因为选择的可能只有两个："是"或"不是"。在"是"的场合多时，就自然会形成省略。即一个是"有标"词，而"无标"的那个词的词义范围更普遍，因为语言运用有一个原则，就是经济性，但须在不妨碍理解的前提下。

(4) 语感上的差异

关于语感到底如何定义，包含有哪些要素，现在似乎还没有定论。这里姑且看作是在词语的使用上让人感到存有差异的某种感觉。这在中日涉及感情、心理的同形词（形容词）中表现尤为明显，涉及词语的文体、褒贬色彩以及搭配等诸方面。

当然，还不完全仅限于形容词。例如，在汉语中，"死去"到底算不算一个词？可能多数人倾向于看成是"死"加上一个补语成分。也就是说，这里"去"充当了类似于"语气"的作用。类似的还有"撤去"等。如果说这个例子还不典型的话，那么"殺害"这个词在汉语中一般被认定为是一个独立的词。日语中可以说"私は、こどもを殺害した"，但汉语里"杀害"一般用于与己不相干的场合（"敌人把他杀害了")。也就是说,这里的"害"字也带上了评价的语气,也是一种接近"语气"的功能。语感上的差异往往还和词语的搭配(如动词时带什么样的宾语,形容词时带什么样的被修饰语等)直接挂钩,从而使词义辨别更加复杂。

四、和化的理由和条件

1. 理由

(1) 语系不同

汉语是孤立语,日语是黏着语。语言体系的不同必然决定了语法等诸方面的不同。如前所述,词的构成也是其中的一个方面。汉语词组在很大程度上是句法的延续。以词构成为尺度,对汉语词进行考量不失为是一种有效的方法。但如陈力卫(2000)所述,有其局限性,包括前述表达情感、心理方面的形容词以及"殺害"等都说明了这一点。

(2) 国情不同

国情不同,泛言之就是两国社会、历史文化的不同。词汇是现实的反映,特别是专有名词以及一些普通名词,细究起来几乎都有差异。就拿字来说,同样是"川(河)",在两国语言中有微妙的语感上的差异,更何况是那些国俗语言学[①]所考察的对象,则更是难以避免。日语中表达感情、主观等细腻的和制汉语词很多,这从一个侧面反映了日语不满足于现有的汉语词与和语词汇,而是创造新的汉语词,以扩大表达空间,这必然也会给汉语词的词义变化带来影响。包括佛教词汇,由于佛教在日常生活中的渗透,也有很多词的词义转为了俗用,故而造成了诸多偏差。

(3) 观念、概念不同

观念、概念上的差异也是导致汉字、汉语词发生词义偏差的重要原因。特别是副词类词语很难找到合适的汉字作训(包括汉语副词在现

[①] 国内俄语学界在探讨语言和国情、文化的关系,提倡"国俗语言学"。

代日语中都倾向于不用汉字表记），因为表达主观、心理的词最具民族个性。在对概念的把握方式上，不同民族间也会有很大差异，表现在字训上就是字和词无法完全对应。如日语的"かう"和汉字"買"对应，但也只是部分对应，日语中此外还有"恨みを買う"之类的用法，即概念的分化在方式、程度上两种语言是不尽相同的。

这种概念把握方式上的差异，存在于任何两种语言中。以日语中"やめる"这个词为例，这是日语中表示停止意、属于否定义范畴的动词，用途很广，可以接动作性词语（包括サ变动词在内）。而汉语中不是没有这样的词，但在与宾语搭配时没有日语那么随意。现代汉语中，常常是采用表示否定的"不"加上动词，即采取副词状语的形式表达。

2. 条件（方式）

在考察和化问题时，我们要考虑和化为什么在日语中是可能的、社会文化等作为外在要素，不纳入讨论范围。这里拟就语言内部机制略发管见。

（1）字义的改变

也就是在汉字与和语词对应、产生训的时候，由于上述理由，会发生微妙的语义差异。另外，还要考虑到的一个因素是，和训后来变成了定训，这既是一个对汉字字义的认识理解加深的过程，也是一个与其他和训在语义分担上的整理过程。在最初，往往是一个汉字可以和20多个和训对应。和训都有这么多的分歧，更毋庸说借训、国训了。字与训二者关系往往是互动的。

（2）和训的干扰

如前所述，训是对应，或叫对译，但最初的和训是对文本中的汉字根据上下文语境推断出来的意思采用和语词表达出来的结果。但在整理、形成定训的过程中，必然是以牺牲一部分不能完全对应的词义为前提的。另外，定训的形成会转移一部分词固有的词义，给原有的汉语词带来一些新的意思，如"安置"这个词原本是动词+动词结构，但进入日语后发生了变化，成了"安らかに置く"，这也是因为和训发达导致的。

(3) 词义的转变

在词一级单位上，也会发生语义上的很大改变，如"恰好""結構"等。据佐藤喜代治（1979），"恰好"一词经历了一个从汉语中的副词到日语中的动词"恰好"以及名词"恰好がいい"的演变过程。最终随着词义的转变，连表记都成了"恰合""格好"。前述"便当"变为"弁当"也是如此。这些词由于比喻等因素发生转用的很多，特殊的文本和特殊的需要促成了词义的转变，当然包括前述表记上的改换也会引起整个词义上发生改变。辨明个中原理、经纬只能靠个别词语史的翔实考证。

(4) 佛教词汇

词义的改变涉及多种要素，其中佛教词汇意义的俗用和转用引人瞩目。日语汉语词中有不少源于佛教词汇。佛教词汇本来出自佛经，除个别外在汉语中也基本停留在了理解词汇的阶段上。这些词汇词义玄妙，一旦出现在日常生活中，就很容易造成词义上的改变。由于用字较偏，词义的改变基本上不影响其他词汇的表达，从而更加助长了词义的和化，如"機嫌""退屈"等等。换言之，这是由日本自古以来尊崇佛教的风土所致。这些词的和化、词义改变很难仅仅从语义、词构成的角度进行分析考察。

3. 遗留问题

(1) 汉语词的"层"

既是指文体的"层"，也是指所谓的理解词汇和表达词汇的区别。统起来说，就是属于位相层次的问题。如浅野敏彦（1998）所说，即是汉语词渗透程度的问题。由于历史及认识上的局限性，日本对汉语词的研究还远远不够。山田孝雄著的《国語の中における漢語の研究》被奉为开山之作，池上祯造则是汉语词研究问题的提出者和方法论的确立者，所著《漢語研究の構想》至今权威性不减。浅野本人也不讳言，他的研究受到了池上祯造研究的启发，即要探明汉语词的"层"，也就是历史上汉语词在实际语言生活中究竟担当什么角色，在多大程度上融入日语中的问题。

峰岸明（1974）把《今昔物语集》里的汉语词分为三个层次，分别是："仏典系漢語""漢籍系漢語""日常系漢語"。山口佳记（1966）甚至提出了另外的分类法，分成了："出典に左右される漢語""編者固有の漢語"两类。据浅野敏彦（1998）考证，"奇怪""奇特"分别属于"漢籍系""仏典系"汉语词。而原本属于"仏典系"汉语词的"不思議"得以普及推广，成为至今仍广泛使用的基本词汇。

（2）汉语词意识

与（1）相关，就是一个对汉语词类别上的把握问题，很多时候是出于一种潜意识。近代日本第一部国语辞典《言海》中，标"和の通用字"的词有些出于汉籍，但仍然被归入"和の通用字"，说明该词在日语中沿用已久，已不被当作是汉语词，这也是一种汉语词意识的流露，由此也能看出汉语词的层次性。

日本古代有所谓的"文選読"，此时的汉语词堪称名副其实的"汉"语（外来词汇）。另外，就是像佛教词汇那样无法训读只能音读的个别汉语词。这些词除了有一些转为俗用外，其余的可能仍停留在外来语汇的层次上。此外，在平安时代和文体文章中，由于受汉文训读的影响，特别是在副词、接续词的使用上存在位相差别的可能性很大，这说明了当时人对来自汉语的词汇与固有和语词汇之间的文体等诸方面的差异抱有明显的区别意识[①]（尽管这些词是训读词，而不是所谓的汉语词）。中世汉语词普及，迅速向百姓的日常生活用语中渗透。时至江户，汉语词的渗透则更甚，很多汉语词演变成了口头语。例如，当时像"涅槃""道者"这样的词甚至还渗透到了儿童词汇中。此外，江户时代很多汉语词已经不用汉字表记了，这些事实也从一个侧面佐证了汉语

[①] 参看築島裕（1963）。

词的口语化和俗语化①的程度。这种意识一直被带到了近代甚至现代。

(3) 汉语词的定位

汉语词在日语中的定位一直是一个看似简单却又十分复杂的问题。仁者见仁，智者见智。总地来说，存在着一个大的趋向，就是往往只重视所谓和歌、物语、日记体裁中的语言现象，或只重视假名文学，以此作为研究"国语"的基本素材。这种态度有失于以偏概全。如松下贞三（1987）所考察，汉语词的和化绝非仅仅是语言本身的对应乃至和化，而是涉及思想、文化层面的和化。换言之，由于日语借用汉字、引进汉语词，反过来大大地影响了所谓的"国语"，二者构成了一种难以割舍的关系。汉语词绝非像是日语中外来语那样、同固有日语的关系仅仅是浮在表面上的关系，而是水乳交融、互为依托的关系。汉语词的定位有赖于今后对汉语词和化史研究的深入展开。

(4) 关于同形词问题

对于中日两国来说，由于有着相互影响、借鉴的历史，所以同形词问题很容易引起广泛兴趣。但迄今为止，在我国同形词研究进展不大，有一个重要原因，就是没有采用历时与共时相结合的办法。历史的演变看清楚，很多问题便可以更容易地找到线索，因为和化牵涉到各个方面、各个层面的问题。同形词问题的复杂性在一定意义上凸显了词汇研究的复杂性——很难用一个视点、一种方法去探究和概括。

在日本国语学界，有学者提出应该使用"同表記語"的概念来予以定名，这是为了理清作为表记的汉字与词一级语言单位之间的区别。但在我国，似乎还无必要去改换"同形词"名称。同形问题虽然看起来只是"词"的问题，但两国国情、语言不同，甚至对词的定义也都不同，因此难以奢望词义的完全对等了。中日同形词的差异是中日两国语言（特别是词汇）交流、融合的产物，也是两国语言难以摆脱固有语言影响、循着各自轨迹发展这一历史过程在共时平面上的呈现。

----

① 参看池上禎造（1984）。

【参考文献】

[1] 潘钧. 浅谈汉字、汉语词对日语的再塑造作用 [J]. 日语学习与研究, 1998 (4).

[2] 潘钧. 日语中「あて字」的定义和性质问题 [J]. 日语学习与研究, 2000 (4).

[3] 浅野敏彦. 国語史のなかの漢語 [M]. 大阪: 和泉書院, 1998.

[4] 池上禎造. 漢語研究の構想 [M]. 東京: 岩波書店, 1984.

[5] 柏谷嘉弘. 漢語の変遷 [M] // 講座日本語学 4 語彙史. 東京: 明治書院, 1982.

[6] 小島憲之. 上代日本文学と中国文学 [M]. 東京: 塙書房, 1965.

[7] 小島憲之. 日本文学における中国文学 [M]. 東京: 岩波書店, 1987.

[8] 佐藤喜代治. 日本の漢語——角川小辞典 28 [M]. 東京: 角川書店, 1979.

[9] 田島優. 近代漢字表記語の研究 [M]. 大阪: 和泉書院, 1998.

[10] 陳力衛. 和製漢語の形成とその展開 [M]. 東京: 汲古書院, 2001.

[11] 築島裕. 平安時代の漢文訓読語につきての研究 [M]. 東京: 東京大学出版会, 1963.

[12] 中田祝夫. 日本語の世界 4 日本の漢字 [M]. 東京: 中央公論社, 1982.

[13] 中山緑朗. 平安・鎌倉時代古記録の語彙 [M]. 東京: 東宛社, 1995.

[14] 松下貞三. 漢語受容史の研究 [M]. 大阪: 和泉書院, 1987.

[15] 峰岸明. 和漢混交文の語彙 [M] // 日本の説話 7. 東京: 東京美術, 1974.

[16] 峰岸明. 変体漢文 [M]. 東京: 東京堂出版, 1986.

[17] 山口佳紀. 今昔物語集の文体基調について——「由（ヨシ）」の用法を通して—— [J]. 国語学, 1966 (67).

重新认识中日两国语言中的"同形词"问题

——谈一下方法和问题之所在

中日同形词问题一直是我国日语学界比较关心的一个焦点，但进展不大，主要原因在于：（1）词汇的系统性本身就一直受到很多学者的怀疑，更毋庸说其中的一部分词汇；（2）中日同形词的来源复杂，标准不一，很多词语难以从纯粹的语言学角度进行有效的分析；（3）词义的开放性决定了其与两国的社会、文化密切相关。这也是同形词研究的一大难点。笔者不揣浅陋，试图在本文中对既往的研究做一下回顾和探讨，提出一些自己的看法。在这里需强调的是，同形词问题是两国语言的一个客观存在，也是涉及语言习得和语言教学的一个无法回避的障碍，值得我们去深入研究和探讨。

一、何谓"同形词"？

1. 对"同表記語"概念的检讨

查一下日本权威的《国語学研究事典》，没有出现"同形語"这个术语。这表明，在日本传统的所谓"国語学"领域，这个概念是不存在的。由此可以推测，"同形词"恐怕是日语教学（日本語教育）领域的专有概念。

先要剖析一下"同形词"中的"形"为何物？在汉语中，很多情况下字就是词，也就是词形，这种等式基本可以成立。为此，"同形词"的称呼理应包含了"词形相同的词"的意思。但在日语中却不尽然。如日语中有"大家（オオヤ）"和"大家（タイカ）"这两个词。虽然标记形式一致，但显然是两个词形（语音形式）不同的词。如果说这个例子还不太典型的话，还有如"高潮"这个词。在日语中，可写成"高潮"的词至少有两个，它们分别读成"タカシオ""コウチョウ"。也即，它们的词形不同，可是标记形式却是一致的。所以，我们在进行对比时，一定要分清究竟是将哪一个"高潮"去和汉语的"高潮"作比较。

换言之，在日语中，汉字兼有标记和词形两个方面，甚至有的词的标记汉字与汉语的完全一致，但二者之间却毫无联系，如"手纸"（尽管它们属于少数）。为此，鉴于日语中词形与词的标记形式可以脱钩，所以有日本学者提出了"同表記語"的概念。

2. 同形词的定义

（1）同形词的概念

据中川正之的定义，"同形語とは、日本語における漢語で、現代中国語でも同じ形で通用している"。这是对同形词范围所做的比较狭窄的界定。反之，也有中国学者拘泥于词的外形特征，将同形词的外延做无限扩大。例如，鲁宝元（2000）就提出了以下三分类法。他认为："汉日同形词指汉语和日语中所使用汉字相同的词。"具体包括：

①汉日都用汉字表示，所用汉字相同的词。

例：山/山　水/水　政治/政治　革命/革命　完成/完成
　　研究/研究

②汉语只用汉字，而日语词干用汉字，词尾有假名，但词干所用汉字相同的词。

例：大/大きい　小/小さい　来/来る　教/教える　静/静かだ
　　正确/正確だ

③汉语或日语中的汉字因简化造成字形不同，但还原为原来的汉字、字形相同的词仍视为同形词。

例：意见/意見　经济/経済　感谢/感謝　认识/認識

51

(2) 应将同形词的范围限定在"字音语"之内的观点

大河内康宪（1986）提出了他对同形词的定义，其特点在于：如此定义可以保证二者的起源是一致的（也即，这样可把狭义的所谓"和製漢語"和"字訓語"等剔出在外）。他说："同形語とは'双方同じ漢字で表記される語'といってみてもこれらを同形語に数えることはあまり意味がない。日本語で使っている漢字は同じ意味の文字をあてたということにすぎないのであって、本来どこかで双方が関連のあった単語という痕跡はない。全く表記における借用ということにすぎないのである。"如此一来，像"手紙"等词就等于被划出了同形词范围，此时若使用"同形語"的称呼就没有什么不妥了，因为只有在"字音语"的前提之下，词形和词汇的标记形式才是统一的。在此意义上的同形词还可以说成是"同起源词"，也就是"借词"。不过，虽然是少数，日语中也有像"場合""手続き"这样的来自"字訓語"的词，近代中国从日语中借来这些词，所以仍属于同源词，使用频率也很高，有进行对比的意义和价值。所以，我们也可以考虑将它们拿出来单独处理。

(3) 标记和词的混淆

从汉语的角度看，如果日语词的标记（书写文字）和汉语的词是一样的话，均可看作是"同形語"，就像前面所举的最宽泛的定义那样。可是，在日本由于和训成立的年代久远，加之汉语本身也发生了很大变化，如此不作严格限定的话，比较或对比起来就没有很大意义①。如前所述，有日本学者主张"同表记语"的提法，理由是"同形语"中的"形"容易让人连联想到"字形"。可是，在汉语中，就文字而言本来就没有什么"表记"的概念，所以笔者认为，不妨就称之为"同形词"，因为两国语言的具体情况不同。

---

① 事实上，迄今为止的很多研究都是这样，不严格限定范围就进行对比，系统性、科学性不强。

另外，关于同形词，还有人将其定义为："日中双方で発音は異なるものの、字形を同じくする語"。这恐怕是源自中国人固有的思维习惯："字＝词"。最近日本出版的讲谈社《中日辞典》（第二版）对同形词就是这样描述的。

二、意义分类

1. 早稻田分类

早在中日语言对比研究发轫的 20 世纪 70 年代，同形词问题就已引起两国学人的注意了。在日本，很快就有代表性的成果如《中国語と対応する漢語》（文化庁，1978）、《漢字音読語の日中対照》（文化庁，1983）等相继问世。值得注意的是，《现代汉语词典》的出版也是在 1978 年。也就是说，在当时中国最具权威的有关现代汉语的语文词典还未问世之前，这方面的工具书在日本就已经出版。正因为如此，这两部对照型工具书功不可没，尽管后人发现存有很多问题，但常常被引用或提到，可见其对后来的同形词研究产生了很大影响。在《中国語と対応する漢語》中，所涉及的同形词（1305 词）被分为以下四类。若将原著拿来对比可发现，"講演"和"裁判"在该书中被划为 S 类。而在《漢字音読語の日中対照》中，却被划入了 N 类，而没有划入 D 类，个中缘由不明。不过，这两部书是从对译的角度进行归类，这同从语义学的角度出发归类略有不同，有些地方值得商榷。如"講演"被译成"演講"，"裁判"被译成"訴訟"。在汉语里，"裁判"是体育裁判的意思。所以，此处涉及的是对译的问题，不是词形的问题，特别是归入 N 类的词语，其问题尤其多。

S（same）	華僑	革命	文盲	文化	科学	普通	58%
N（nothing）	平和	講演	苦労	裁判	紹介	残念	32%
O（overlap）	保守	単位	分配	休養	妖精	思想	5.6%
D（different）	工夫	工作	検討	迷惑	写真	勉強	5.4%

2. 其他分类

（1）着眼意义上的差异，一般将同形词粗分为三类。这是目前十分通行的办法，尽管每一个人多少会有些个性化的思考，但仍是一种十分笼统的分类法。

①一致或几乎一致　　名词　　　　例：教育　選手　図書　地理
②相差很大　　动词或形容词　　　例：工夫　怪我　結構　一向
③一部分重叠　形容词或动词　　　例：貴重　莫大　是非　用意

（2）远藤绍德（1989）参考了刘岸伟（1986），着眼于词语细微的语义层面，做了进一步的下位分类。

Ⅰ語義　　（1）語構成の相違　　　（2）語義の虚実
　　　　　（3）ニュアンスの違い　（4）語義の範囲
Ⅱ用法　　（1）修飾の対象　　　　（2）作用の対象
　　　　　（3）品詞の違い　　　　（4）言語習慣
Ⅲ色彩　　（1）文体色彩　　　　　（2）褒貶色彩
　　　　　（3）語感の強弱

例：Ⅰ　（1）事情　改正　（2）保持　把握
　　　　（3）単純　高度　（4）語法　新鮮
　　Ⅱ　（1）莫大　厳格　（2）保養　改良
　　　　（3）危害　　　　（4）水　警察
　　Ⅲ　（1）補佐　抱負　（2）自愛　深刻
　　　　（3）頑固

不过，如此分类归根结底是一种大而划之的权宜之计，无助于对同形词的意义差别做出根本的解释。这是因为，虽说是词义差异，但细分析下来，其实它牵涉到词义的各个方面、各个层次的问题，只从一个角度切入，很多情况说不清楚。

此外，三分法给人的基本印象是，①词义一致或基本一致的词在名词中占有很大的比例，这恐怕是名词的性质使然。②和③主要是动词或形容词一类的词，比较麻烦，有很多属于语感上或搭配方式等微妙处的差异，同形词的误用往往发生在这类词身上，大河内康宪等学者对此有过比较深入的研究。

3. 褒贬色彩带来的意义差异

褒贬色彩是词的附加色彩的一部分，承担着词义的重要方面。可是，要想阐明这些差异的原因极难。在褒贬色彩上存有差异的同形词有很多，如据翟东娜（2000），至少有以下这些情况。

中+、日-：　群衆、作為、策略、通俗、頑強、執着、謹慎
中+、日△：　経験、深刻、深遠
中△、日-：　差別、単純
日+、中-：　鼓吹、円滑
日+、中△：　名声、恩恵、得意、風流
日△、中-：　検討、教訓、拡張、排斥、保守

（褒义是"+"、贬义是"-"、中性是"△"）

4. 意义分类的局限性

（1）"词"单位的认定

汉语和日语是两种谱系不同的语言，在词类的认定上及其他具体语法观点上存有诸多分歧。就日语而言，一般情况是："漢字表記という外見上の装いと、それを音読さえすれば、どんなものでも一応漢語になりうる"①。而在汉语中，词类的划分标准主要是根据词在句中的语法功能而定。例如，日语中"皆無"这个词的构造显然是"副"+"形"，"提起"也应该看作是"動"+"補"，更何况是像"怪我"这样的词，从起源上看是"あて字"，但与汉语中表示"我を咎める"意的构造为"谓语"+"宾语"的"怪我"恰好字面相同。把这些词也列为同形词进行对比，意义不大，也难以比较出什么。

（2）意义构造

日语汉字既然借自汉语（尤其是词一级单位），对事物的思考方式

---

① 引自陳力衛（2001B）。

55

和方法也会随着词语的借入而融入日语中去。从和训的成立过程中我们可以发现，汉字与和训之间在对应上往往不平衡，由此在二者之间就会有词义上的拉锯战，双方互相影响，其结果是对汉字（字训）词义进行调整和再分配，这样就不可避免地造成字训的意思和原来那个汉字的字义发生分歧，这种差别当然也会影响到汉语词的词义了。

（3）语法的干涉

词类上的差异姑且不论，还有其他与词相关的因素，如语法要素有时也会发生作用，从而导致词的意思发生分歧。也就是说，两国词汇的语法意义有所不同，有时隐藏在词汇之下的语法性质会浮现出来，如像助词这样的功能词有时也会分担一部分词义。

（4）社会文化要素

在同形词中，形容词（形容动词）中存有差异的有很多，而且大多十分微妙。但是，思考其成因，最难的还要数语言要素之外的原因。就名词而言，比如同样是"政府""学生"，所指对象却不尽相同，意思也不同。再如，特定的历史条件也会给词汇带来特殊的语义内涵。如"南方"一词与汉语的"南方"在概念内涵上几乎没有差别，可是外延上却有所不同。特别是二次世界大战期间，"南方"很多时候是作为日本军队侵略掠夺目标的"南洋"地区[①]的指称。形容词中差异多的主要集中在与人的心理、感情相关的词语。另外，汉语词对日语的渗透程度也各不相同，这些也会给词语的文体差带来影响。就褒贬色彩而言，被认为是所谓"変容漢語"词的，如"我慢""根性""勉強"这些词都是从消极意转变为积极意的例子。尤其是"我慢""根性"均来自佛经。佛教用语和其他汉语词不同，由于它们对日常生活深入渗透的结果，词义会发生很大的变化。并且，对这些词词义的把握往往是从整体上进行的，字义和词义的关联不大。

---

① 高宁. 新编汉译日教程［M］. 上海：上海外语教育出版社，2003.

5. 意义差异的由来

（1）词的构成

据陈力卫（2001B），先看一下"和製漢語"词。

〈和製漢語のパターン〉

連用修飾　　副詞・動詞　　　即答、全廃、予算
　　　　　　形容詞・動詞　　　熱演、好演、辛勝

〈日语特有的词构成〉

省略による造語

圧勝、特派、公表、天覧

〈词构成发生了变化〉

連用への傾斜

安置、具申、激動

据陈力卫（2001B），由副词构成结构为连用修饰型的同形词，其构词潜力很大。其结果便导致了像"即答""全廃""予算"这样的构造为"副"+"动"的"和製漢語"词的大量产生。同时，由于连带影响，甚至会给某些原有词语的意义或词类带来变化，如"安置""具申""激動"中所见，这种构词法的差异促使它们向"连用构造"方向转变。

（2）词义的系统性

一般来说，把日语文本译成汉语，遇到同形词时，很多时候是原封不动地挪用；反之，把汉语文本译成日语时，这样的情况就少。这是因为，汉语中只有汉字这一种语言文字，汉语词到了日语中后，自然就会和既有的词语（和语词）在词义上做一番争斗，这样自然就有了意义分担、意义缩小之类的情况出现。比如，"温暖"这个词在日语中作为比较生硬的汉语词，一般只用于书面语。而在日语中，此外还使用比较贴近生活的和语词，如"温かい""暖かい""温もり""あたたかさ""熱い"等。在日语中，汉语词和与之对应的和语词之间存在着所谓的"位相差・文体差"，它们等于把汉语中"温暖"这个词的各个附加意

57

义给分担出去了。词汇的体系性不明显，但词义的系统性则是确定无疑的。

(3) 语法的干涉

①有时候，尽管二者都是名词，但它们的语法性质却存在分歧，这就会影响到词义。如下例中，均是由于词语的语法性质不同，导致意义不同。

△学校（火事、地震）がある（名詞のあり方）；

△提出（する）、提起（する）（名詞の認定）；

△感動（する）、注意（する）、陶酔（する）（格助詞の使い方）。

又如，"に"这个格助词具有诸多功能。在下例中，由于它的存在，使得在汉语中需要使用其他词语表达的意义［如"不（勿）要"］，在这里只需采用助词"に"这一简洁的形式就可以充分准确地表达出来了。

△食中毒に注意してください。［请注意<u>不要</u>（防止）食品中毒］

△タバコの吸い過ぎに注意しましょう。（注意<u>不要</u>吸烟过多）

②在汉语中，与"名声""天気""評判"对应的同形词都是中性词，一般作为普通名词使用，但在日语中，很多时候用于积极的意思。例如：

△（良い）名声を博する；

△（良い）天気になる；

△（良い）評判になる。

这恐怕是因为，像"名声""天気""評判"多用于积极的场合。因连带作用的结果，久而久之，没有限定的时候也能表示同样的意思，特别是日本人喜欢用诸如"～になる"这样的句式。这时候，选择项只有两个，没有中间过渡阶段。"人格者"在日语中用于褒义恐怕是出自同样的道理。

（4）风土等要素

①从宏观上看，汉语词在融入日语的过程中，开始时多作为书面语，于是在既有的词语中间，逐渐产生了词义分担，这样就有了意义分歧，例如"美麗"（浅野1998）等。

②除了前面举到的"我慢""根性"以外，属于难懂的佛教用语的词，此外还有如"機嫌""退屈"等。随着佛教在日本的普及和渗透，遂发生词义上的俗用和比喻性转用，导致词义发生很大的变化。这种变化只能从语言使用的大环境中去寻找，不全是语言自身的问题。

（5）"和製漢語"的启示

①"和製漢語"在某种意义上，可以看作是原本来自中国的汉语词向日语渗透的结果。日语及日语的使用者日本人的某些特质会透过这些"和製漢語"反映出来（特别是决定其文化特质的部分）。

②关于词的构成，前面已经涉及。着眼于"和製漢語"的意义内容考察的话，其中不乏与日本人的心理、感情相关的词，特别是在近代之前出现的词尤其多。这些词的产生是因为，"これらのことばの意味は、字からではなく、日本人の生活のなかから出てきている。あるいは、意味は日本人の日々の生活のなかにある"①。这证明了日本人试图用具体的语词来将人的心理上的微妙差异做一番区别的苦心。例如有"立腹、平気、本気、大丈夫、未練、存分、存外、案外、大儀、懸命、勘弁、得心、納得、承知、用心、料簡、辛抱、遠慮、覚悟、頓着"（金田一春彦《日本語》）。

6. 词类差异的由来

（1）词类差异很大

据笔者的调查②，在日常生活用语（525词）当中，仅就名词、动词、形容词这三个基本词类而言，存有差异的就有165词之多，占到了

---

① 高島俊男. 漢字と日本人［M］. 東京：文芸春秋，2001：110.
② 参看潘钧（2000）。

所有被调查词的三分之一。结果如下所示。这是以日语词类为标准进行的分类。

①日——N

1.1 日——N　　　　中——N、A　　　例：主観、民主

1.2 日——N　　　　中——A　　　　例：天然、初級

1.3 日——N　　　　中——N、V　　　例：関心、打撃

②日——N、V（サ変）

2.1 日——N、V　　　中——N　　　　例：結論、電話

2.2 日——N、V　　　中——A　　　　例：発達、緊張

2.3 日——N、V　　　中——V　　　　例：進行、発生

2.4 日——N、V　　　中——A、V　　　例：活躍、矛盾

③日——A（N）

3.1 日——A、N　　　中——A　　　　例：誠実、簡単

3.2 日——A　　　　中——A、V　　　例：明白、抱負

此外，对动词的自他性上的差异也做了考察。

①日——自　　　　中——他　　　　例：参加、影響

②日——自　　　　中——自、他　　　例：感動、発展

③日——他　　　　中——自　　　　例：録音、消毒

④日——他　　　　中——自、他　　　例：構成、発表

（2）词的构成与词类

例如，"安置"这个词原本构造是"動"+"動"，但由于"安"这个字的"安らかに"意思（和训）的影响，遂使之变成了"连用构造"，其意思也成了"安らかに置く"。又如，"人選"这个词也是，其构造是"名"+"動"，即"人を選ぶ"。并且，它前面还可以带宾语。在汉语中，"人选"则变成了"连体构造"（偏正结构），只能作为名词使用了。

不过，运用词构成的原理进行分析也有其局限性。例如，具有动词性的词不一定就能当动词用。为此，对同形词的词类也要做系统的考

察。例如"参考"（名）和"参照"（サ動）这两个词，在教学生的时候，一般都要提醒学生注意词类上的区别，如前者只能当名词，后者可以做动词用。可是，接触日本明治时期的语料就会发现，"参考"用作动词的例子当时有很多。又如"残念"（動）、"動摇"（動）、"確定"（形）。池上祯造（1984）中举到了像"残念し""（心を）動摇す"以及像"確定なる"的例子。也就是说，这恐怕是来自当时汉语词流行，加上与其他类义词在意义分担和词类分担上尚不稳定的缘故。所以，这给予我们一个启示：词类上也有不拘泥于词构成因素独自发挥作用的一面，这同词义的分析是一样的。

三、可否活用同形词的知识

1. 词汇教学

（1）减轻学习负担

中日两国语言之间同形词占比多，这对学日语的中国人来说很多时候并不是优势，甚至往往成为陷阱，但有时候也不能否认有其方便之处。这就给我们提出了一个课题：如何利用优势，提高日语教学的效率。

（2）对既有语文知识的活用

中国人学习日语，特别是中学生程度以上的学习者一般总是在与母语的比较之中掌握日语的。据笔者调查，例如以中国初中阶段的日语课上所学词汇为例，同形词占到了基础阶段的所有词汇（1000词以内）的大约三分之一，词频7的大概有40个，词频3、4、5、6的有100个以上。其中，最多的是词频3，其次是词频6。由此便知，虽说是基础阶段，汉语词的重要性以及同形词研究的重要性也是十分显而易见的。

着眼于它们的词形，可粗分为以下几类。

a. 最典型的同形词

例：海外（海外）、機会（机会）、科目（科目）等

〇最多，且词义几乎相同。

b. 稍有些破格，可以分为以下两类

①缺字

例：不思議（不可思议）

②倒置

例：平和（和平）、制限（限制）、紹介（介绍）

○这些词在词义上十分接近，且都互有关联。

c. 训读词

①来自日语

例：手続（き）（手续）

②偶然的一致（暗合）

例：手紙（手纸）

③熟字训

例：田舎（田舍）、大人（大人）、今朝（今朝）

如何将同形词的知识导入到日语教学，现尚处于摸索的阶段。特别是有不少日本留学生希望在这方面有系统的研究成果出现。现在，国内日语界对此持否定意见的居多，但也不是全然不行。重要的是方法得当，而不是该不该的问题。

2. 辞书编纂

辞书自不待言，是学习者学习外语的主要工具书。可是，现在国内出版的辞书在这方面有不少不尽如人意之处，特别是对同形词的处理，其释义和例句的翻译往往不能起到辨别同形词的作用。

(1) 词义差别

例如"表情"这个词，在中日两国语言之间词义上似乎没有太大的差别，但在实际使用中却存在明显的差异。如"町の表情"这种用法在日语中十分常见，但在汉语中一般不用（除非是诗歌等特殊场合）。又如"風景"这个词，在汉语中只能指自然的风景，但日语中"風景"这个词的外延扩展到了人的活动姿态等，这样就有了很大的分歧。可是，这些并不是在所有的词典中都标示清楚的，有的至多是举出例子而已，缺少说明。

（2）词与词的组合

在词与词的组合或叫搭配方面表现出来的差异，常常可以在形容词中见到，这与形容词的性质相关。如"莫大"一词，在日语中主要修饰和金钱有关的词语；可在汉语中，只修饰与人的精神心情相关的词语，例子有：

（日）～な金額、～な借金、～な利益、～な損害、～な費用、～な寄金；

（中）～的关怀、～的关心、～的安慰、～的鼓舞、～的幸福、～的光荣。①

再如"厳密"。在日语中，只用于极为有限的词语的场合；而在汉语中，则可以修饰各种各样的词。

（日）～な意味、～な解釈、～な規定；

（中）～的消毒、～的推理、～地监视、～注视、～控制。②

另外，动词和宾语的组合也表现出了很大差异。如"利用"。△公共施設を～する/使用公共设施；△新幹線を～する/搭乘新干线；臨時窓口をご～ください/请到临时窗口办理。又如"発表"。△成績～/公布成绩；△合格者～/合格者揭晓；△新作～会/新产品发布会。换言之，动词与其后的宾语之间的相互关系以及动词本身对宾语的支配能力不尽相同。也就是说，必须在与动词性状的关系中去把握这个问题。

四、方法与问题所在

以上对中日同形词问题进行了粗浅的扫描与分析，对造成二者在词义词类等方面出现分歧差异的原因也进行了一些探讨，但在实际的词语分析中，有很多时候不知道该如何分类分析。如上所示，影响词义的因

---

① 参看遠藤紹德（1989）。
② 参看遠藤紹德（1989）。

素有很多，情况复杂。为此，不能或者说很难用一个观点或方法分析探究，必须综合考察。进一步说，有学者建议，应该将词的语义成分抽出，把握其构造上的特点，并引入语言学理论进行分析。这固然是我们的努力方向，但不能全依赖于语言学的考察。另外，从词义和词类上说，就按现有的语法体系很难取得成果，必须有一个基于两国语言实际的共通语法概念的设定和理论框架作基础，如此才有可能。

前面提到"一般来说，把日语文本译成汉语，遇到同形词时，很多时候是原封不动地挪用；反之，把汉语文本译成日语时，这样的情况就少"。在汉语中，由于是孤立语，缺乏形态标志，一个字是词还是语素很多时候界限并不清晰。鉴于此，现在国内汉语学界出现了重视汉字视觉特点的"意合语法"（在汉语学界，字即是词，即以一个汉字为语法单位进行研究的动向已经显现，有学者在尝试重视语义的新汉语语法体系的构筑）。在汉语中，句子和短语、短语和词组的构造是一样的。正因为如此，字和短语、短语和词组之间的辨别很难。另一方面，在现代汉语中，双音节词很多，单音节词较少，且使用上也有诸多限制，所以使用这种有着微妙差异的同形词，有时反而会给人带来一种异样的感觉（特别是对于不懂日语的人来说），这恐怕是字词界限不分明的副产品。

最后一点，现在国内有识之士在利用翻译语料库进行对比研究，可以说在同形词研究上开辟了一条新路，其优点是在尽量排除主观性方面迈出了有益的一步，但其局限性也是明显的。由于先入为主的关系，翻译者本人可能不曾意识到，但从结果上看，其译文往往明显地带上了人工语言的痕迹。这样的例子不胜枚举。从早期的白话文学开始，到现在的很多译作，有的人甚至还打着丰富汉语词汇的旗号，肆意使用这些词汇，在很大程度上等于漠视乃至回避了两国词汇的差别。这种翻译影响了日语作品的译文质量。用这样的语料做对比研究，其结果的信服力让人怀疑。因此，笔者认为，在做此类研究时要选材得当，注意鉴别，但决不否定其有效性。

【参考文献】

[1] 鲁宝元. 汉日同形词对比研究与对日汉语教学［J］. 汉日语言研究文集3. 北京：北京出版社，2000.

[2] 潘钧. 中日同形词词义差异原因浅析［J］. 日语学习与研究，1995（3）.

[3] 潘钧. 关于中日同形词语法差异的一次考察［J］. 日本语言文化论集2. 北京：北京出版社，2000.

[4] 翟东娜. 汉日同形词褒贬色彩刍议［J］. 汉日语言研究文集3. 北京：北京出版社，2000.

[5] 浅野敏彦. 国語史のなかの漢語［M］. 大阪：和泉書院，1998.

[6] 池上禎造. 漢語研究の構想［M］. 東京：岩波書店，1984.

[7] 遠藤紹徳. 中日翻訳表現文法［M］. 東京：バベルプレス，1989.

[8] 大河内康憲. 日本語と中国語の同形語（1）（形容動詞）［M］. 神戸：神戸大学（日本語と中国語対照研究会），1986.

[9] 陳力衛. 和製漢語の形成とその展開［M］. 東京：汲古書院，2001A.

[10] 陳力衛. 和製漢語と語構成［J］. 日本語学，2001B（8）.

[11] 劉岸偉. 中日の同形類義語について［J］. 教学通訊（社団法人中国研究所中国語研修学校発行），1986（8）.

日语中的"层次"现象及渊源

日本语言学家金田一春彦先生在《日语概说》（潘钧译，北京大学出版社，2002）① 一书中的"第一章 从世界范围看日语"中，专门辟出一节阐述了"日语的多样性"，足见熟知世界众多语言的作者对此问题的瞩目。关于产生日语多样性的原因，作者举出了方言、阶层、职业、官厅、男女、情景等要素。而另一方面，学习过日语的人一般都会发现，日语中同样一个意思往往可以有许多种表达方式，其丰富程度远远超出了其他语言。换言之，日语内部客观上存在着很多层次。笔者以为，对日语中的层次现象的理解和认识，是我们把握日语特殊性的一个重要方面。

一、日语中的层

1. "位相语"的概念

日语中的词汇量是异常丰富的，这种丰富性可从很多方面表现出来，如词汇总量、相同词汇数量对特定文本的覆盖率等等②。可另一方面，中国学生在做汉译日练习时一般都有这种体会——词典、特别是汉日词典对于我们的参考作用非常有限，很多词只会认读但不会使用，甚至是不敢使用。其原因主要是因为学习者对这些日语词的具体语义、特

---

① 原著金田一春彦. 日本語（上下）[M]. 東京：岩波書店，1988.
② 据统计，汉语若掌握词频最靠前的 2000 个词，就能理解内容的 80%，而日语只能理解 70%。

别是使用语境上的限制没有把握。因为意思相近的词语如近义词、同义词①在日语中有很多，不知如何选择，这在一定程度上说明了日语词汇对语境的依赖性，同时从一个侧面印证了日语词汇的层次现象和它的丰富性。金田一认为，日语词汇丰富的最大理由是日本人"生活文化十分复杂"，当然还有其他的诸如日语的语言结构便于产生新词、日本人感官比较细腻等等②，但原因还不止如此，问题的答案恐怕还要从日本的社会、语言及其历史发展变化的进程中去寻找。

在日语学中有一个比较特殊的概念叫"位相"，这个概念最早是由菊泽季生于1933年提议使用的③，这是日本学者独创的一个语言学术语。据《大辞林》（第2版）的解释：

（1）〔数〕〔topology〕極限や連続の概念が定義できるように、集合に導入される数学的構造。トポロジー。

（2）〔物〕〔phase〕振動や波動のような周期的現象において、ある時刻・ある場所で、振動の過程がどの段階にあるかを示す変数。

（3）〔言〕性別・年齢・職業など、社会集団の違いや場面の相違に応じて言葉の違いが現れる現象。この違いが現れた語を位相語という。忌み詞・女房詞・女性語・幼児語・学生語・商人語など。

可见，"位相"原是数学、物理学领域的一个术语，其转用的基础如物理学概念中所述："ある時刻・ある場所で、振動の過程がどの段階にあるかを示す変数"，转用到日语学上就是"性別・年齢・職業など、社会集団の違いや場面の相違に応じて言葉の違いが現れる現象"。日语位相上的差别涉及词汇、音韵、语法、文字等诸方面，但在词汇上表现得最明显，也就是日语学中常常提到的"位相语"。关于位相以及位相语的确切含义，日本学界还有不同的定义，笼统讲现代日语中的位相语主要指的就是金田一著作中所指出的所谓"日语的多样性"

---

① 日语中统称为"類義語"，关于"類義語"的各种词典也十分丰富。
② 比如，日本人对于颜色尤其敏感，日语中关于颜色的名称词有很多。
③ 出自菊沢季生. 国語位相論［M］//国語科学講座2. 東京：明治書院，1933.

这一命题所覆盖下的诸般语言现象，用更加通俗的话说，可把它们看作是日语的诸种变体，如社会变体（年龄、性别、职业），口语体和书面体是形式变体，而方言就是地域变体①。一般定义多根据使用者的不同或根据表达方式的不同对这两个标准做具体分类，还有学者将位相的范围扩大，除前述两大标准外，另增加了使用场面（如"公的·私的、改まり·くだけ、対目上·対目下等"）和使用者的心理意识（如"忌避·美化·敬意·軽侮·揶揄·体面保持等"）等参照系②，这样就等于把位相语的概念同"文体""待遇表現"挂上了钩，只不过三者的角度和侧重有所不同。仔细探究，位相这个术语恐怕可看作是凌驾于"文体""待遇表現"之上的一个概念范畴。

提到典型的位相语，日语史上的例子一般多举日本中世时期产生的"女房詞"③和江户时期的"遊里語"④。现代日本社会较之从前，其等值化程度虽在加快，但位相语仍拥有很大势力，如学生语、职业语、专门语等。不仅如此，即便跨出位相语范畴，我们仍然会深感日语作为一种个别语言的层次性和丰富性，因为仅从词汇的来源、构成等方面来看，日语也是异常丰富的，更何况在文体、标记等方面也呈现出多样性。

2. 位相语与文体

在词汇学中，关于词义的诸种区别中有一种叫文体区别，即所谓的"文体差"，笔者认为也不妨将其看作是一种位相。这里试区别一下文体和位相概念的差别。除了口语体和书面体之外，文体一般多是就成文的语言素材而言，也就是多指落实到书面上的语言。词汇在使用时具有文体差别，也即在不同的文体中所使用的词汇有所区别，这在其他语言

---

① 也有学者不同意把方言纳入位相语范围里，如田中章夫对位相语的定义。
② 参见半沢幹一（2002）。
③ 日本中世肇始于宫廷女官们使用，因优雅故现已渗透到普通人的语言当中，如"ゆもじ""おひや""おあし""しゃもじ""ひもじい"等。
④ 江户时代烟花巷中的妓女们专门使用的词汇，也叫"廓言葉"。

中亦然，但在日语词语中的文体差表现得尤为明显。而位相语则多出现在现实生活中，反映在口语当中的位相尤为典型和具体。另外一点，文体与著者所要表达的内容有很大的相关性，也即内容在很大程度上决定了文体，其所指在于内容本身。而位相则与性别、年龄、职业等要素相关，与其是说由内容所决定，它更关心的是听者或读者的感受，或者说是情景、场合要素起到了决定性的作用。可见，文体和位相的概念虽有区别，但其实是相关又相融的，位相的概念更宽泛些，在很大程度上它包括了文体差。不妨把文体差看作是广义上的位相。反之，在重视听者、场面的特性等方面，位相又好像是广义上的待遇表现。它们交织在一起共同形成语言表达的网络，也就是日语词汇中的层次。

在日语学中，文体的概念比较特殊，相关因素包括了文字标记、单词、活用方式、表达方法等，具有很大的伸缩性和包容力。有学者粗分为两类：①语法、修辞意义上的文体，如文语体、口语体、散文体、韵文体等；②记载形式（书写），如汉文体、宣命体、东鉴体、拟古文体、汉混淆文、候文体等。还有更具体的文体划分，如《徒然草》文体、西鹤文体等，这是着眼于作品或作家的个性化分类。就②而言，标记形式是主要依据，但一定的内容需以一定的形式相配。使用某一种文体的语言，必然会在一定程度上体现出该文体语言的包括位相差方面在内的语义特征。《平家物语》中在描写战争场面时使用了接近汉文文体的语言表达手段就充分说明了这一点。

词语的位相差从平安时代起就已出现，如著名的"训读词"与"和文词"的区别。一般日语学著作把它们作为文体意义的概念处理，但在实际运用中往往是起到了位相语的作用。古代日本人在与汉文的接触和对比中产生了差别认识，起初是书面语和口语的差别，也即翻译语与日语固有语言的差别。随后，他们在使用汉文训读文时吸收了很多汉语词，这样就势必形成与其文体相适应的语义特征。再比如，古代日语中有一类词语叫"歌语"，原则上它和散文中的词语不能混用。比如，歌语"たづ"的意思是"鹤"，但它仅仅用于和歌。在《万叶集》里也

有这个字，但是用来标记完了助动词"つ"的。其他的类似对应还有：うま-こま（馬）、かへる-かはづ（蛙）、ふみ-たまづさ（手紙）等。有充分理由证明，当时人在使用这些词语时有着清醒的区别意识。《源氏物语》（帚木）里著名的"雨夜の品定め"中有这么一段描述，说的是女主人公不想见情人，故意吃大蒜用气味来回绝，说了下面这番话。在当时的男人看来，这个女人非常"むくつけき"（恐怖）。主人公是博士家女儿，汉学素养高，却因有卖弄学问之嫌的言行遭到当时男人的反感，理由是当时人的观念是：女人素养再高也不能炫耀。

○月ごろ、風病重きに堪へかねて、極熱の草薬を服して、いと臭きによりなむ、え対面賜らぬ。目のあたりならずとも、さるべからむ雑事等は承らむ。

这一段叙述可看作是平安时代性别位相的反映，也反衬出使用汉语词在当时人的心目当中是拥有高深学问的具体体现。正是由于这种文体差别，才使得当时人对女性学问的定位更加具体化。

3. 位相语的成因

从共时的角度看，构成位相语特征的最主要原因是来自日本社会的特殊结构——纵式社会，即语言的使用要受到社会内部的身份等级以及由此形成的上下尊卑等各种社会关系的制约。相对来说，日本社会横向之间的渗透和融合较少，日本近世方言现象之所以复杂，也是同当时幕藩体制下的封建社会的高度封闭性有很大关系。总之，以反映上下尊卑等各种关系为特征的位相特色在日语中表现得非常明显，这和日本社会自古敬语发达现象是一致的。日本著名文化史家和辻哲郎曾谈到过日本文化的层次性，其实语言也不例外，因为语言是一切文化现象的基础和载体。他认为，进入中世武家社会后，传统的贵族文化并没有消失，贵族和武士的文化并行不悖，表现在语言、文学等方面未尝不是如此。即便到了今天，仔细观察日本人的行为方式，也常常是随着不同的场合、不同的状况而定，日本人从小就已习惯了这种"量体裁衣"的表达方式，也就是适应了这种广义上的位相上的差别。

另一方面，日语本身的结构和历史演变也为位相语的生成提供了条件。仅以文字、词汇为例，如日语中的标记（汉字）和语言之间可保持一种松散、灵活的对应，不拘一格，很多时候语言和标记甚至还相互作用，构成相辅相成的关系。这是日语不同于其他语言的本质特点之一。至于词汇，除了固有的和语词以外，还有汉语词、外来词等等。它们来自不同的话语背景，用于描写不同的主客观世界，构成了日语中词汇表义系统中最基本的层次。宏观上看，汉语、汉字这种带有不同文化背景的语言符号对日语层次现象的产生起到了很大作用[1]，由此才会有和语词、汉语词和外来词这三类词在语义表达上的具体分工，其差异有时候非常细微，初学者甚难感知。

二、从语言历史看——以汉语词为例

1. 从来源上看

以词汇为例。在日语历史上，汉语词汇具有特殊的作用和地位，它同日语固有词语在词义乃至语感上都有着很大的不同。古代日本人对汉文进行所谓的"汉文训读"，也就是日本式的读解，于是便开始了对汉字、汉语词的吸收。在方法上，简言之如果是日语中已有的词语，就将其找来与母语进行对应，这样便有了和训；没有的则拿来引进，这样便促使汉语词产生。问题的关键是，引进来的并非都是日语中原本没有的词，引进它们有着特殊的需要，因为汉文训读文被视为正统，里面使用的词语也自然也披上了一层神秘的外衣，这就等于加上了一层符号意义。在后来该文体的具体应用中，这种符号特征不断得到强化和固定，循环往复，使得和汉两类词在日语的词语系统中各得其所、各司其职。不仅如此，同样是引进的汉语词，里面也存在层次性，最典型的莫如《今昔物语集》，其中的卷1到卷5为"天竺"卷，卷6到卷10为"震旦"卷，卷11到卷31为"本朝"卷（日本）。蜂岸明把《今昔物语

---

[1] 潘钧. 浅谈汉字、汉语词对日语的再塑造作用[J]. 日语学习与研究, 1998 (4).

71

集》中的汉语词分为"仏典系漢語、漢籍系漢語、日常系漢語"。山口佳纪则提出了另外的分类，即"出典に左右される漢語"和"編者固有の漢語"。于是乎，其中的汉语词就有了非常明显的层次，不同的出处带上了不同的符号功能，在最初的使用中自然也会呈现出不同的表达效果，这种层次性对现代日语中的这些汉语词词义语感的最终形成有很大影响。平安时代以后，"训读词"与"和文词"的区别逐渐暖昧起来，中世由于诞生了和汉混淆文，汉语词的融合和渗透更加深入，但汉语词与和语词之间的文体差异并没有因此消失，只不过表现形式有所不同，对此问题要有动态的眼光。

2. 从使用者上看

在日语历史上，从中世即镰仓室町时期开始走入了言文二途的道路。罗德里戈斯①在《日本大文典》说："日本語は，'こゑ'の混じない本来の純粋な'よみ'であるが，'よみ'に少しく'こゑ'の混じたもので，すべての人に通用するものであるが，'こゑ'の多量に混じたもので，やや荘重であり，日本人が普通には文書に用ゐ，重々しい身分の者とか学者とが談話に用ゐるところのものであるが，純粋の'こゑ'のみのもので，最も晦渋であり，坊主が仏典の上で使ふところのものであるが，そのいづれかである。"这里的"こゑ"指汉字音，即汉语词。"よみ"就是和训，也就是和语词。在中世，光是男子的身份就有诸如公家、僧侣、武士、庶民等区分，他们的语言措辞是不一样的。不同身份的人在语言使用上有严格的规定，如上所示，就有"本来の純粋"的词、有"すべての人に通用"的词以及"普通には文書に用ゐ"的词等，体现出丰富的位相特征和层级关系。罗德里戈斯作为一个外来人，其观察记录势必十分敏感，这段叙述为后人留下了宝贵的证言。江户时代的位相语达到顶峰，因为当时身份制度严格，根据身份等级的不同，必须使用相应的不同的措辞。武士的语言与町人

---

① 葡萄牙人，1557 年来日本从事翻译和传教活动。

的语言大不一样。并且，同样是町人，上层町人和下层町人语言不同，有时候甚至有上、中、下三种区别。武士语言的特征不十分清楚，但大致上说，根据场面而变化，夹杂着关西方言、文语调，连元音的音讹现象较少见。上层的旗本和下层的御家人①的语言也不同。

3. 从表达效果看

在词汇学中，有所谓的"理解词汇"和"表达词汇"之分。日本古代辞书的发展系统主要是汉和词典，就是以汉字为主线，附上音义解释以及日语的读法（和训）。但这些带上和训的汉语标记在当时到底如何使用，这对于今天的研究者来说往往是不解之谜。由于古代日本人具有汉文正统意识，在某些文体中，凡是和语词都设法寻找相匹配的汉语汉字与之对应，有时候不惜破坏既有的对应原则，最后甚至发展到了仅仅用汉语词的标记形式装饰语言的地步。中世趋于发达的变体汉文②就是一种极致，很大程度上它是一种追求视觉性的语言。在日语中，标记往往也参与到表达中来，如近世井原西鹤的作品当中的标记堪称丰富绚烂。近世的读本、白话翻译小说等由于文本来源的关系，将口语和带有视觉冲击力的汉字组合同时呈现给读者，即如"夥計"（なかま）所示，用振假名连接读音和标记，从而形成一种特殊的假借字。换一个角度看，就是将两种层级、位相不同的词语统一起来，通过对其文体差的利用来谋求某种特定的表达效果。如《南总里八犬传》里就充斥着诸如"その夥計（なかま）なる""うたてや媳婦（よめ）さへ"之类的表记。其中的"夥計""媳婦"堪称是用于装饰语言的标记，均来自中国白话小说文本中的俗语，对当时汉学修养稍好的日本人来说属于理解词汇的层次，它们是一种临时性的组合，充分反映了日语中的体现在标记方面的层次性。

---

① 均为江户幕府将军直属武士，"旗本"是具有参见将军资格的武士，"御家人"没有这种资格，地位较低。
② 例如"従夜雨下、未時許有晴気、殿上装束了"（夜より雨下る、未の時許り、晴気有り、殿上の装束了んぬ）（出自《御堂関白記》）。

三、位相特征的渗透

日语从很早起就已带上了明显的位相特征。在历史上以及现代日语中，位相上的差别渗透到日语的各个环节，包括了文字、标记、词汇、音韵等等。下面仅举一些例子说明。

1. 文字位相

在日语中，同样是汉字或汉语词汇，在不同的语境中使用方式也不一样。比如，"危難の秋（とき）"中的"秋"就是日本人在进行汉文训读时整体"切割"下来的固定用法，是一种特殊的训，这与普通的和训不同，常用汉字的音训中也没有这种训。再如"拘束"这个汉语词在明治时期之前仅限于抄物、汉文直译体中使用，词义和汉语本意相近，但到了近代，作为一个对应新概念的词被重新启用（日本1890年颁布的"刑事诉讼法"），成为一个日常使用频率很高的普通词，当"拘捕人"的意思。所以，汉文学领域中的汉字使用与国语学之间也构成一种层的关系，两者间的文体位相特征十分明显。清末外交官之所以能和日本外交官进行笔谈，也是建立在这种层的基础之上的。也就是说，在当时言文二途，字体亦相近，更重要的是当时的日本外交官大多具备一定的汉学修养，在某种意义上过着双重语言生活。

2. 标记位相

日语发展演变的历史就是和汉两种语言要素相互融合的历史。然而，在很多时候，出于对汉文汉文化尊崇的心理，在原本没有合适的对应词语时却要想尽办法，甚至不惜创造假借字。在所谓的真名本[①]、变体汉文中，这种旨在起到装饰作用的假借字其实就体现出一种位相特征，因为很大程度上表达了作者对汉字符号意义的倚重，体现出一种直接或间接的表达意图。当然，古代日本人在创造假借字时往往还顾及汉字的表意特性，使其尽量体现出汉字本来具有的表词性（如见之于上

[①] 一种全部使用汉字表记的文体。

代的"孤悲"等汉字用法）。再如，据说日本战前职员向公司请假时，所递上的假条都要写成诸如"私議、某月某日、風邪之為欠勤仕候間、此段及御届候也"①之类的候文形式。这充分表现了书面语和口语之间的位相差别，这种效果的取得很大程度上是通过标记手段来实现的。前述江户时代的诸如"夥計""媳婦"这样的假借字则更是体现"标记位相"的生动实例。

3. 词汇位相

词汇中表现出来的位相最典型，也最充分。金田一著作中对此有精当的说明和分析。这里再举典型的江户后期洒落本的一段文章。如太田南亩②《道中粋語録》序中有这么一段。

○学者の足下、藩中の貴殿、侠者のおみさん、通のぬし、何れもきさまはきさまなり。その返報に不佞といひ、身どもといひ、おれがといひ、わっちといふ。いづれも拙者は拙者

这段文字清楚地表明，在江户时代末期，学者、武士、侠士以及花柳界通等各种不同类型的人所使用的对称代词和自称代词各不相同，折射出当时的人随身份的不同所用语言也不相同的历史事实。现代日语当中仍然不同程度地保留了这种位相特征，尤其体现在了称谓的选择及敬语的使用上。

4. 音韵位相

在近现代日语中，体现在音韵上的位相差不甚明显，但并非没有。这里仍以近世著名的滑稽本作品《浮世風呂》为例。

○女房膏盲の次第を御覧じろかッ。あれもあの女に入いれ上げて、漸々内へ引っ込みの、昼も箪笥の環が鳴るといふ世界さ。
○病犬のやうな喧嘩だナ。

这里引用的是一个叫"むだ助"的人，他分别对一个叫"甘次"

---

① 金田一春彦. 日语概说［M］. 潘钧, 译. 北京: 北京大学出版社, 2002: 30.

② 江户后期的狂歌师、戏作家。

75

的人和一个叫"鉄砲作"的人说的话。对前者，因为对方处于上位，故使用了合拗音（育〔くゎう〕，璟〔くゎん〕）；对后者，因为是玩在一起的朋友，语言则比较随便，使用了直音（嗹〔か〕）。因为江户时代的日语正处于由合拗音向直音过渡的阶段，对上位人物一般使用比较保守的合拗音，而对平辈则用比较随意的直音，反映在发音方法上的这种一张一弛正是当时的人等级意识的流露，也透射出作者本人所捕捉到的位相差别。现代日语在正式场合不能说"ん（です）"，只能说"の（です）"，道理也是一样的。

四、语言生活

古代日本人实际生活中如何运用语言，很多时候我们不得而知。这些语言大多不落实在纸面上，有的甚至不登大雅之堂。反过来，人和人之间的交流、意思传达以及感情抒发等都需要语言。日本的国语史其实就是一部文献国语史，对各个时代语言真实情况的描述十分有限，因其过分依赖文学作品中的语言素材。究其原因，主要是一般经典文学作品才有可能保留下来，而大量表现当时位相差的生活语言却受资料的限制发现不多，或开掘不深，迄今没有足够重视也是原因之一。这种情况在日本战后有所改变，因为引进了"语言生活"的视点和方法。"语言生活"也是日本人创造的一个术语，有两种解释：语言与生活，或叫生活中的语言。"语言生活"这个词在战前也用过，但在国语学和国语教育中广泛使用是在战后，特别是日本筑摩书房出版的《言語生活》杂志在当时影响很大。引进"语言生活"的观点和方法对于日语这样一种层次性、位相特征显著的语言来说尤为必要。在当今日本出版的各种日语史的著作中一般都专门设置章节，介绍各个时代人们的语言生活。

五、结语

综上所述，日语词汇丰富，层级分明，对于初学者来说尤难掌握，这一现象来源于日本社会的特殊结构、日语历史的发展以及其语言本身的多元机制。"位相""语言生活"是我们了解日语历史和现实的两个十分关键的词语，也是日语学独特的术语，其产生是建立在日语本身的特点基础之上的。此外，语言现象的产生与社会历史文化等各方面要素有着千丝万缕的联系。对此，我们需要从多个角度，特别是从历史发展的角度去探究。

【参考文献】

［1］田中章夫. 日本語の位相と位相差［M］. 東京：明治書院，1999.

［2］半沢幹一ほか編. ケーススタデイ 日本語の歴史［M］. 東京：おうふう，2002.

［3］松村明. 近代の国語——江戸から現代へ［M］. 東京：桜楓社，1977.

［4］米川明彦. 現代日本語の位相［M］//現代日本語講座4. 東京：明治書院，2002.

浅谈汉字、汉语词汇对日语的再塑造作用

汉字约于 4 世纪前后传入日本，迄今已有一千五百余年的历史。在此漫长而又短暂的岁月里，汉字由一个专门用来记录汉语语汇的外来文字系统，逐渐衍变成为标记、表达日语，甚至成为创造日语的一个积极有效的手段和因素，这不能不说是一个奇迹。日语从汉语中借去的不仅仅是汉字，还有汉语词汇。没有汉字、汉语词汇便没有现在的日语。一部日语的发展史便是一部日语（日本固有语言）不断吸收汉字、汉语词汇，将它们有效并且有机地纳入日语系统（这种纳入毋宁说是融入，涉及汉字、标记、音韵和语言表达等各个方面）的历史，同时也是一部利用汉字、汉语词汇中的有效因素积极创造日语的历史。这是从日语史的角度看，如若从现时即共时角度考察的话，那么我们依然可以说，今天的日语同样也须臾离不开汉字与汉语词汇[①]。当然，文字和词汇二者概念性质不同，但汉字是表词文字，汉字对日语的影响有时表现在文字上，有时又是表现在词汇上，二者既相联系又有所区别。所以，在考察汉字对日语的影响时应两者兼顾，当然重点宜放在文字上。

本文拟从历时和共时两个平面对汉字、汉语词汇在日语的形成和发展过程中所起的作用，以及它们在现代日语中的功能等问题做一个初步的探讨，以求证明这样一个事实：汉字和汉语词汇无论是在深度上抑或

[①] 日语中的"漢語"概念不完全等同于汉语中的汉语词汇，但为了行文、表述上的方便，本文不做严格区别，一律作"汉语词汇"或"汉语词"。

是在广度上都积极地参与了日语的形成和发展，它们对日语乃至日本文化具有再塑造作用；并且汉字、汉语词汇已经成为现代日语构词、造词以及语言表达等诸方面不可缺少的重要因素。这里之所以用"再塑造"一词旨在说明，汉字进入日语之前，日本有自己固有的语言和文化。而后来，由于汉字及汉语词汇的融入和吸收，日本的语言乃至文化均发生了巨大的，可以说是质的变化。汉字、汉语词汇对日语和日本文化的这种影响，笔者以为堪称"再塑造"作用。本文将把重点放在对历时平面的考察上。

一

众所周知，日本本无文字（所谓的神代文字之说不成立），日语中的平、片假名皆起源于汉字，汉字是日本文字之母。因此，汉字对日语的再塑造作用首先就表现在：汉字以及由其衍生的假名为标记日语（音声语言）提供了物质外壳——文字。具体来说，平假名源自早期对万叶假名的草写化，即经草假名的阶段发展而来；片假名则是取汉字楷书的偏旁部首逐渐演化而来。不论是平假名还是片假名，其性质同汉字在根本上是不同的。假名属音节文字，一个假名即代表一个音节，但一般不单纯表意[1]。汉字则属表词文字（或叫"语素文字"），一个字即是一个音节（为此又被称为"语素音节文字"），同时又独立表达一个确定的语义（占汉语词汇少数的联绵词中的汉字等除外，如"彷""徨"等字）。此外，很多汉字的字形中还包含有表音（通过声符）、表意（通过意符）等信息。在此特别应该强调的是汉字的表词性的特点，

---

[1] "を、へ、は"等假名本身不表意，但作为格助词或提示助词在句子中担当一个句法成分时则表意，但此时表达的是句法意义。

它决定了汉语中的词多以字为单位①，决定了汉字作为一种特殊的文字符号（以区别于音位文字和音节文字）所独具的视觉性、集约性等特点。这也正是汉字之所以能够在日语形成和发展过程中起到再塑造作用的根本条件和理由。正因为汉字具备表词、表意的特点，所以纵观日语发展史，日语从汉字、汉语词汇中所借到的决非仅仅是标记音声语言的手段——文字和汉语词汇，而且还有源自汉字表词、表意性质的其他更深层次的语言要素，后者才是构成这种再塑造作用的最主要的理由和方式。具体说，这种再塑造作用主要表现在以下三个方面：①由于大量汉语词汇（包括单音节词）以音读的形式进入日语，形成"漢語"（或叫"字音語"）词，大大丰富了日语的词汇和概念，增强了日语的表现和表达能力；②由于和语对汉语的同化，由于和语同汉语间语义上的对应产生训，继而在构词上由于音训混用、音训的互相补充和渗透，使得日语的构词能力和造词潜力大为拓宽，这是现代日语词汇丰富的根本原因；③同时，由于汉字的表词、表意性，加之日语中的汉语词所具有的那种不同于和语词的语义语感，所以，日本人经过长期对汉字和汉语词汇的学习和运用，在一定程度上也培养塑造了他们建立在汉字、汉语词汇符号系统基础之上的对宏观世界的感知认知的能力和方法。因此，在某种意义上，我们可以说汉字、汉语词汇塑造了日本人的语言，同时也塑造了他们认识客观、表达思想的语言精神世界。当然，这里的"塑造"依然是"再塑造"。

"训"是古代日本人训读汉文的产物，是日语的一大特点。在同样深受汉文化影响的朝鲜语中却不存在，这是颇耐人寻味的。假如没有训，汉字、汉语词汇对日语的影响则要单纯得多，恐怕就像朝鲜语那样，对汉字、汉语词汇的纳入只停留在词汇的借入这一平面上。为阐明汉字、汉语词汇之于日语的再塑造作用，我们必须充分估价训产生的意

---

① 近年来北京大学中文系徐通锵先生反省《马氏文通》以来的汉语语法研究史，认为应从汉语的语言事实出发重新构建汉语语法体系，提出应以"字"为汉语语法基本单位。这一思想可上溯到赵元任先生。

义和作用。所谓训就是指：古人在解读汉文时用和语将这个字（或词）的语义（或词义）翻译、表达出来，这时这个和语词便是这个字（或词）的训。由于这种对应多以字为单位（熟字训除外），所以又称字训。字训与字音不同。在日语中，二者皆是对汉字的读法（字形与读音间的对应），但字音的产生是由于日语直接从汉语中引进汉字、汉语词汇。在进行音读时，由于日语音韵条件上的限制，不得不在尽量模仿汉字原读音的前提下，对汉字音进行适当的改造，由此而形成的与汉字对应的字的读音便是字音。从结果上看，字音是一种对汉字原读音的模仿，而训则是拿和语词同汉字（严格说应该是汉语词汇）相对应的产物。这种对应始终与汉字固有的读音无涉，实质上是日本人凭借语义上的关联对汉字、汉语词汇进行语义诠释的结果。这里之所以用"关联"一词意在表明：两者之间语义上不完全，也不可能完全对等，只是相近或相关（更毋庸说词的附加色彩等方面了），这就决定了日语中的一字多训和异字同训现象产生的必然性。特别是在早期（上代），由于日本人对汉字、汉语词汇理解水平不高，加之受所接触材料方面的种种限制，所以最初的训，更确切地说，训同汉字、汉语词汇之间的关系是十分纷繁芜杂的。例如，在成书于10世纪的古辞书《倭名类聚抄》中，光"方"一个字下面就罗列了近40个和训。早期的和训中有不少取的是这个汉字的引申义、派生义或者是更偏离的语义，甚至是谬误。其后，随着日本人对汉字、汉语词汇理解水平的提高，随着训本身的体系化，和训逐渐走向统一、固定和自律，形成了所谓的定训。在某种意义上，定训形成的过程就是一个日本人对汉字、汉语词汇认识、理解水平逐步得到提高、走向归一的过程，同时，也是日本人建立在汉字、汉语词汇基础之上的概念以及概念表达方式逐渐形成和不断得到整理的过程。

在训读词中，汉字担负起标记和表意的功能，而训则是"コトバ"（音声语言），即这个词之本身，这是训在日语中的基本存在方式。除了前面提及的由于训在构词、造词上的介入拓宽了日语的构词能力和造词潜力外，训至少还有以下两个重要的功能。第一，正如"异字同训"现象所显示的那样，由于两国历史、文化之不同，语言和概念分化的时间早晚及程度上均存有差异。一般来说，汉语语义分化较早较细，每一个字（或词）的语义（或词义）大多较明确、具体；而和语词较笼统、模糊，所以在某种程度上，"异字同训"从标记上亦即从视觉上弥补了和语词的这一欠缺。因为这几个语义相近的汉字能起到对这个和语词词义上的分割、限定或者说是明确的作用。例如"はかる"这个词至少可以用以下6个字做它的标记字："測、量、計、図、謀、諮"。当然，这种分割明确的功能直接来自汉字的表词性。反过来，"异字同训"现象本身实际上也在时刻潜移默化地影响着日本人对客观世界的观察和把握（例如使他们的思维更趋精确、细密等）。第二，由于有训的存在，所以每当日本人遇到一个陌生的汉语词时，为解读该词词义，他们总是有意无意地先将组成这个词的两个（或三个）字拆开，分别进行训读，然后再将这两个字的训读义拼加在一起，以此来理解词义。当然，拼加在一起的语义不一定就等同于这个汉语词的本义，即便词义大致吻合，语感等词的附加色彩方面也不可能完全对等，但至少可以为日本人理解、把握词义提供一个门径，甚至可以说是一条捷径。在大多数情况下，这种方法是可以收到预期效果的。况且，有许多汉字的训不是一对一的关系，而是一字多训。因此，语义的拼加便有了多种组合之可能性，在具体把握语义时，可根据上下文或语境选择最佳组合，择善而从。这也是幕末明治时期产生大量新汉语译词①并能在短期内得到迅速普及的一个重要原因。当然，前提是必须使用汉字标记。

总之，日语中引进汉字、汉语词汇的结果产生了音训，日语中的音训并存绝不仅仅是两种读音的并存和相混，而是两类词（汉语词和和语词）以及两种构词方式（如在"和漢混種語"中所体现的那样）的

---

① 这里所说的"新汉语译词"是指幕末、明治时期日本人创造或利用旧有的汉语词而赋予新义，或者通过照搬早期汉译洋书、英华字典中的词汇来译对西洋传来的新事物、新思想。在日本学界，一般将它们称为"新漢語"。

并存和相混，更是这两类词、两种构词方式所带来的两种语义、语感的杂糅并存，更确切地说，是两种语言符号系统的交织并存。音训的互为补充、互相渗透是汉字、汉语词汇对日语的再塑造作用中虽比较间接但却又是非常重要的一个方面。构词上自不必说，像前举拆词为字以达到解读新的汉语词词义的目的，这也是在认知上利用音训互补优势的结果。与此类似的例子另外还有，如在区别诸如"市立""私立"或"化学""科学"这一类发音相同的汉语词时，我们可以利用汉字"市"和"私"、"化"和"科"的训读音的不同将它们区分开。这同样也是利用音训互补的结果。此外，滥觞于中世的"和製漢語"词的诞生则更是音训互补、渗透到一定程度而导致的结果。可见，音训的互补渗透还参与了造词。没有训便没有"和製漢語"。这里所说的"和製漢語"指"返事（かえりごと）"一类的词，不包括明治时期产生的新汉语译词。

二

如前所述，汉字具有表词性，一个字常常就是一个词（特别是在古代单音节词居多），因此，日语对汉字的借入有的是采取训的形式，如"花（はな）"，这时"花"是一个词；有的是采取音的形式，如"花瓶（かびん）"，这时的"花（か）"则又是一个构词成分即语素。从汉字本身来讲，前一个"花（はな）"是以字（同时又是词）的形式被借入，后一个"花（か）"则是同其他汉字语素一道以词的形式被借入，二者性质有所不同，这是我们在考察汉字对日语的影响时为什么必须将字和词这两个看似不同却又紧密相关的要素一并予以考虑的根本原因。

由于大量音读汉语词汇进入日语，它们对日语的再塑造作用也十分明显。中日两国语言系属不同，这些词进入日语后，除了在发音上须经过一定程度的改造（形成所谓的"字音"）外，大多数词还要在语法、构词上经过和化即日本化的过程，这便是所谓和汉混合词（"和漢混種語"）的开始，也就是构词上音训相互渗透的开始。因为所谓和汉混合

83

词就是和语语素同汉语语素的相混，从形式上看便是训和音的相混。由于日语多数词类具有形式标志，所以有些汉语词只需加上这些形式标志便可完成和化，如"念ず""供養す"等；有些词（其实是大多数词）则需要经过更大更深程度的改造。从词的构成来看，和汉混合词中词的复合形式同和语复合词的复合形式一样，这就提示我们，所谓和化从本质上说即是和语对汉语的同化。这种同化过程一直持续到近现代乃至当代，也不仅限于汉语词（从现代日语对外来语的同化中可见一斑），可以说贯穿日语发展历史的始终。和汉混合词发端于奈良时代，至平安时代已呈现出丰富多彩的样态，正如我们在《枕草子》《源氏物语》中所见到的。也就在这个时期出现了汉语词被和化、改造，以至到了非常极端地步的例子。即无视汉语词本身词义词性上的特点，仅仅因为语义上的某种关联，便利用这个词最后一个字尾音形式上的特征来进行符合用言活用规则的类推，这样便形成了诸如"装束く""彩色く""うち騒動く"等一类词。这些汉语词本不属动词，但都具有音读后词的尾音都落在了"う段"上的特征。由于语义上的关联和使用者有意及无意的类推作用，最终都被当作四段动词来活用。这一类词的产生固然是由于类推导致，数量上也不多，但已经足以证明，早在平安时代汉语词同和语词之间的融合已经达到了非常密切、深入的程度了。另外，和汉混合词的大量产出从一个侧面也说明了和语对于汉语词汇以及汉语词构词成分即所谓的"字音形态素"的需要程度（到了幕末、明治时期，"字音形态素"在造词中发挥了重要作用）。至中世，汉语词和化的趋势有了进一步发展。另一方面，由于中世汉语词汇的普及，并向生活各个层面渗透的结果，以及由于当事人对汉语词的特殊的尊崇、敬畏的心理，这时候出现了前面提到的所谓日本式汉语词（"和製漢語"）。具体说，将本来用于和语词标记的汉字（训）转而改用音读的方式读出，由此便形成了由日本人独自创造的新形式汉语词。例如："ひのこと→火事""おおね→大根""ものさわがし→物騒"等。这种新形式汉语词的生成恐怕同样也是来自类推，但它为日语汉语词的产生暗示了另一种可能性。它的形成客观上是以汉字标记为中介的，没有训、没有字音便没有日本式汉语词的产生，这个道理是显而易见的。由此我们亦可窥见在中世音训的互补和渗透已经到了一种怎样的程度。

总之，汉语词大量融入日语从根本上改变了日语词汇的构成（从量到质），丰富了日语词汇的表现力。另一方面，恐怕正因为汉语词如此深入、广泛地融入日语中去，成为日语中不可或缺的构词、造词和语言表达要素，所以在现代日本人的语言意识里，汉语词已经不再是外来语了，而是介于外来语同和语词之间的某种东西。这一方面固然同汉语词进入日语时间很早有关，但更重要的原因恐怕在于，经过千百年的融合，汉语词同和语词之间实质上早已结成了互相依赖、难以割舍并且水乳交融、互为补充的关系。在现代日语的基本词汇里，包括日本式汉语词在内的汉语词在种类上即区别词数（"異なり語数"）上已经超过了和语词，成为种类最多的一类词，更毋庸说和汉混合词了。当然，在近代语成立之前情况却并非如此。今天这种汉语词占主流局面（指种类，若从总计词数即"延べ語数"上看，实际生活中和语词使用的频率为最高）的形成，其主要原因当首推近代大量新汉语译词（以二字、三字汉语词为主）的涌现和普及，它们直接促成了汉语词汇在数量上的迅速增长。

汉字和汉语词汇自上代起历经千余年的和化融合，至中世、近世已经在日本人的日常语言生活中深深地扎下了根。特别是到了江户时期，汉语词已经不再是贵族、知识人的专有物。这一时期汉语词得到迅速普及，"飞入寻常百姓家"。尽管普通百姓大多不识字，不曾意识到他们平时所说的话中有不少是汉语词。及至幕末、明治时期，由于汉语词的流行于世，也由于千余年和语对汉字、汉语词汇的同化及汉字汉语文化在日本获得长期发展和积累的结果，这个时期出现了大批以汉语词中的汉字为语素即"字音形態素"的新汉语译词（主要用来译对荷兰语和英语词汇）。例如"地球""科学""工業""雑誌"等词便是这时候出现的。这表明：到了幕末、明治时期，汉字、汉语词汇对日语的再塑造已经超越了被借用、融合的阶段，发生了进一步的质的变化。汉语词中的许多汉字已经作为一个个构词能力很强的语素（音义结合的单位），在创造新汉语译词的过程中独立并且积极、有效地发挥了作用。到了明治后期，三字、四字汉语译词陡增，这在很大程度上也是由于像"不、非、的、性、化、員、械"等这一类所谓词缀性词干（"接辞的語基"）积极参与造词的结果。这些新成立的汉语译词以及上面举出的"不、非、的"等构词成分后来又随着中日文化交流反过来输入我国，对我国近现代词汇的形成和发展产生了深远的影响。另外，这些汉字语素一般具有概括力强（汉字的表词性和集约性使然）和音韵构造简单等特点，这也正是它们之所以能够成为构词能力很强的语素的一个重要原因。但是，正因为它们音韵构造简单（这些语素多为专门用于与其他语素相结合的词干即"結合專用語基"，不能作为词单独使用），从语音形态上讲具有不稳定的潜在特质，所以对汉字标记依赖的程度和倾向比较明显。这也正是现代日语不能脱离汉字的一个强有力的佐证。

　　古代日本人引进汉字，同时正像他们创造日本式汉语词和新汉语译词一样，他们也创造汉字，确切地说，是按照汉字"六书"原理来创造新的汉字——"国字"即日本式汉字。这种创造在某种意义上是模仿，较之创造汉语词要容易和便捷得多。据考，造"国字"早在汉字传入日本不久后便已经开始了。在成立于9世纪初的古辞书《新撰字镜》中共收有约400个"国字"，从数量上讲已颇可观，实际创造的字则更多。在沿用至今的"国字"当中，采用会意法创造的字最多，例如"樫""筆"等。此外，还有一部分形声字，例如"腺""鋲"等。不仅如此，他们还大胆地将两个现有的汉字合二为一，创造了诸如"粂""麿"这样的字。假借和转注是六书中另外两个事关文字运用的原则。

三

　　一如前述，汉字具有表词性的这一特点，为训的产生、异字同训

（对和语词词义上的分割作用）、汉字语素的形成等提供了基本前提。另一方面，我们也应该看到，正如前面反复强调的那样，汉字、汉语词汇积极地参与日语的标记和表达、定训的成立、汉语词汇的和化融合过程以及构词、造词上乃至认知上的音训互补、渗透等等，这一切反过来亦会影响到日本人对汉字、汉语词汇这种特殊符号系统的感知和认识理解的方式和能力，尽管这种作用是潜移默化的，但不容否认。

正如很多日本学者所指出的那样，汉字具有视觉性（"視覚性"或"映像性"）、集约性（"集約性"或"縮約性"）等特点。这些特点正是汉字符号系统所独具的。它通过视觉刺激传导给人的大脑，以唤起人的某种联想或想象，给予人某种启发或提示。这是一种不同于假名的刺激，后者给予人的只是一种诉诸音声的刺激。另外，倘若是音读汉语词的话，那么，这种音读形式本身即代表一种不同于训读和语词的符号，它会给人带来一种超越一般词义差别之上的语感或者其他方面的附加色彩等。由于汉语词最初是由中国大量借入到日语的，由于汉语词本身语义上的特征以及与和语词在使用、表达上的分工不同，加之长期历史文化在语言上的积淀（对汉语词尊崇的心理等），一般说来，汉语词语感上比较凝重，有厚度和力度。所以，同为日语词汇，汉语词和和语词各自的符号系统是不同的①。这与汉字同假名间的关系相仿。能够解开编织这些符号的代码的人非深受中国汉文化影响的日本人莫属。如果是初学日语且又没有受到日本文化（受中国影响至深的日本文化）熏陶的西洋人，那么，在他眼里恐怕汉字和假名都是一样的吧。经过一段时间的学习，即使他已经能够粗略领悟到汉字的表意特征，但距他深刻体悟到音读汉语词同和语词在语感上有何差别恐怕还有一段距离吧。

---

① 关于两种符号系统的差别和联系，我们姑且可以参考日本学者白川静先生下面这段话："固有的国語には感性語や状態語が多く、助詞などの用法も微妙であり、そのため主観的、主情的な表現に適する反面に、客観性、論理性を欠く欠陥がある。漢字のもつ明確な視覚的印象性や語彙構成、また孤立語の単純にして肯定的な語法構造は、膠着語としての国語の欠陥を補うものとして、有効に作用する。…略。"（引自白川静．文字逍遥 [M]．東京：平凡社，1987）

事实上，从成立于8世纪的《万叶集》诞生的时代起，日本人在用万叶假名标记他们的语言时就已经意识到汉字的表意性，并尝试用汉字的组合从语义上来对应和语（其实是对和语词词义进行诠释，在方向上同前述词的产生正相反），即不囿于仅将汉字用作表音文字（如音假名和训假名）。这便是见于《万叶集》中的义训（"義訓"，如"丸雪"（あられ））和戏书（"戲書"，如"山上復有山"（いで））。它们被认为是日语"あて字"的源头①。戏书中属文字游戏性质者居多，另当别论，义训及江户时期以前的许多"あて字"之所以产生，主要是因为这些和语词在汉语中找不到相应的字或词来对应，所以，只好利用汉字的表意性创造新的文字序列；或者就创造新的文字，如前面述及的"国字"。当然，最根本原因在于前述汉字是一种特殊的符号，是日本人尊崇的对象，这一潜在原因促成了他们尽量使用汉字标记的倾向。

　　关于"あて字"的定义，日本学界至今仍众说纷纭，莫衷一是。最宽泛的定义认为，日语中的所有汉字都应看作是"あて字"②。因为汉字是从中国借来的，汉字、汉语词同与它们相对应的和语词在语义、语感上不可能做到完全一致。最狭窄的定义则是将"あて字"看作是日语中借字标记的一种。所谓"借字"是指不符合汉字正用规则（音或训）的用字。具体分类是将"あて字"分为：①借音；②借训；③熟字训这样三大类型。现行日本主要的国语学辞典都大致照此分类③。①相当于万叶假名中的音假名的用法；②相当于万叶假名中的训假名的用法。二者的共同点在于：均取音舍义，不论这个"音"是取

---

① 这里所用的判定"あて字"的标准是后面将要提到的杉本つとむ先生下的比较宽泛的定义：凡不符合汉字正用规则的汉字用法或这个汉字都属"あて字"范围之内。
② 山田忠雄．"あて字"项目［M］// 国語学会編．国語学辞典．東京：東京堂，1955．
③ 主要有以下5种（以出版时间先后为序）：国語学会編．国語学辞典［M］．東京：東京堂，1955. 佐藤喜代治編．国語学研究事典［M］．東京：明治書院，1977. 林巨樹、池上秋彦編．国語史辞典［M］．東京：東京堂，1979. 国語学会編．国語学大辞典［M］．東京：東京堂，1980. 金田一春彦、林大、柴田武編．日本語百科大事典［M］．東京：大修館書店，1988.

自汉字的字音还是字训，为此也有人将①②归为一类，统称为"借音"①。前者如"目六(もくろく)""素敵(すてき)"；后者如"矢張(やはり)""呉呉(くれぐれ)"等。但重要的是，这些标记汉字均与它们所标记的词的词义无关，否则就不成其为"あて字"了。而③熟字训则相反，它的产生从原理上讲同一般的训并无二致，是语义上的关联将该汉字序列和与之对应的和语词连接在一起。但由于是用二字以上的汉字序列来对应，所以，在现代人看来自然觉得有些异样，似乎这种对应不合汉字的正用规则。因为在今天，汉字的训已经被整理、统一规定成一个汉字对应一个或多个和训。此外，也有人将见诸《万叶集》中的义训（又被称为"解釈訓"）也包括在熟字训里面。从原理上看，①②属于六书中的假借。所谓"本无其字，依声托事"。假借的手法在中国古代使用十分频繁，特别值得一提的是，古代中土迻译佛经时许多外来词的翻译采用的即是"音译"，也就是假借的手法，如"身毒（印度）""釈迦"等。这些译词随佛经一起传入日本，给当时的日本人以不少启迪。当然，客观上日语的音韵构造比较单纯，从条件上讲很多汉字都有音、训两套读法，这些恐怕也是造成日语中假借现象普遍、多见的重要原因吧。

追溯历史，"あて字"一词最早见于日本中世，但创造"あて字"的意欲和意识却恐怕可以追溯到上代（如义训等）。到平安时代，以汉字、汉语词汇为代表的大陆汉文化进一步获得发展和普及，尊重汉字汉文化的世风使得当时的公卿贵族等极力使用所谓"擬漢文"的文体写日记，即极力用汉字或汉字序列来标记语言。这种风气为中世所继承，这就势必造成出现许多既非汉语词亦不属正训正用，然而却用汉字做标记的和语词。这些词主要是那些无法以训的形式用汉字标记固定成形的词，如副词、用言、助动词等。其中，既有借音或借训或既借音又借训的词，又有在借音、借训或者在借音借训的同时又兼顾到语义上的关联即借义的非正用汉字标记词。中古的所谓"変体漢文"和中世的所谓

---

① 参见杉本つとむ.《あて字》概説［M］//あて字用例辞典. 東京：雄山閣，1984.

"真名本"中"あて字"最为多见。另外，在这些"あて字"中有不少之所以兼顾到汉字表意的特点，目的在于欲借此汉字（或汉字序列）对这个和语词的词源做一下解释，即起到一种"語源俗解"的作用。还有一类词从原理上讲有点类似于万叶假名中的义训，即利用汉字（或汉字序列）的视觉性、促人联想的特点，对某一词语进行语义上的诠释或说明。如源于我国《世说新语》中的"枕流漱石"故事的"流石"（さすが），又如来自《论语》中的"富贵于吾如浮云"的"浮雲"（あぶなし）。就这一类词而言，音训上对应与否并不重要，数量上讲也不很多，却是最带有文化色彩的一类"あて字"，是汉字汉语文化对日语乃至日本文化影响的一个有力证据，是古代中日文化交流的一个"化石"般的存在。

正是因为中世纪大量不符合汉字正用规则的汉字标记词的涌现，所以，大约在15世纪后半期出现了"あて字"的名称。当然，这里所说的"あて字"包含有与正用规则不符的汉字用法这样一种语感，而非像前面所引的现行国语学辞典对其做严格的定义和分类。中世纪以来，"あて字"的使用和创造逐渐向民间渗透，这时候出现了一类仅在民间流通的被称作"世話字"的"あて字"。"世話字"主要指那些用来标记包括拟声词、拟态词在内的俗语、口语等日常生活用语的汉字标记词。它发端于中世，趋于鼎盛则是在江户时期，其中也有不少属于"語源俗解"类的"あて字"，一方面也是由于《下学集》《节用集》等中世、近世通俗辞书大量收载，从而助推了其发展的缘故。"世話字"文化构成了近世汉字文化的重要一环，它的流行表明"あて字"在近世使用的广泛性和对日本人语言生活渗透的深入程度。"世話字"的兴盛为近世另一类"あて字"的兴隆打下了一个坚实的基础。

一如前述，从万叶假名中的义训直到中世"語源俗解"类"あて字""世話字"及其他借义型"あて字"的大量出现，日本人创造使用"あて字"的历史表明：他们从来不满足于仅仅将汉字作为标记（表音）的手段，在很多情况下，他们是积极地利用汉字的表意性选取文字序列（其中既有汉语中现有的，也有他们独自创造的），使"あて字"在标记语言的同时也为他们表达思想服务。借义或者借音的同时又兼顾到借义,这种创造"あて字"的方式和倾向贯穿于日本汉字文化发展史的始终,直到近代仍然在积极发挥作用(如外来语译词"俱<ruby>楽部<rt>ラブ</rt></ruby>""<ruby>型録<rt>カタログ</rt></ruby>""<ruby>莫大小<rt>メリヤス</rt></ruby>"等)。正是基于以上认识,日本早稻田大学教授杉本つとむ近年来提出了关于"あて字"的新的定义和分类法。他从日语发展史的角度出发,认为日语中的汉字在功能和性质上有其独立性,不同于汉语中的汉字,这是认识"あて字"现象的根本。杉本先生继而提出"漢字語"的概念。这一概念有别于"漢語"(日语中的汉语词汇),同时又能包容所有采用汉字做标记的词(包括非正用的"あて字")。"漢字語"概念提出的意义并不在于它的包容性,而在于它能昭示出日语汉字的独立性。杉本先生强调,日本人从很早起就已经在有意识地、积极主动地利用汉字创造日本文字的世界和"あて字"文化的世界,特别是到了江户时代"あて字"文化达到了顶峰。在井原西鹤的作品中,作者对"あて字"的使用可谓得心应手、运用自如,完全不受汉字汉语使用规则上的羁绊。从一定意义上讲,正如井原西鹤作品中所显示的那样,江户时期对"あて字"的使用和创造表明它们同中国的汉字汉语词汇世界已经彻底分道扬镳了。杉本先生将借义型"あて字"导入"あて字"的分类中,最大限度地扩大了"あて字"概念的包容范围(与国语学辞典的分类相比)。凡不符合正用规则的汉字用法和汉字皆被归入"あて字"里。这样一来,"あて字"概念除了涵盖前面所举最狭分类法的全部,还包括了义训等借义型"あて字"。在杉本先生的分类中,熟字训也被归入借义型"あて字"之下。此外,还有一种兴起并且盛行于近世近代、影响波及至今的借义型"あて字",它同熟字训的构造原理相仿,笔者姑且称之为注振假名型"あて字"。在杉本先生主编的《あて字用例辞典》(雄山閣,1993)中,收录了幕末、明治、大正时期的重要文学作品和几种主要报纸上以及部分教科书上的"あて字"。其中,这种注振假名型"あて字"数量上居多,从文字序列上看,有不少是源于我国宋元以来白话小说中的词汇,

如"眞個(ほんとう)""甚樣(どんな)"等。

　　给汉字序列加注振假名的办法在中古、中世就已经基本得到确立，至江户时期振假名的功能发生了质的变化。德川幕府尊朱子学为官学，加上同中国的贸易通商的关系，大量包括宋元小说在内的汉籍流入日本。其中的白话词汇对于当时普通的日本人来说不好解，故促成了盛极一时的所谓"唐话研究"。近世庶民文化发达，以"読本""人情本""洒落本"等为代表的戏作文学勃兴。这些作品多取材或模仿舶来的中国白话小说。因此，在他们的作品中不可避免地包含有不少白话词汇。特别是在白话翻译本中，为忠实原文原意，或为达成某种特殊的文学效果，行文中尽量保留那些富有表现力的词汇，然后在一旁加注振假名，示以俗训。因为戏作小说的读者主要是庶民，江户时期言文脱节现象仍很严重，故加注振假名有作为权宜之计而不得不为之的一面，但另一方面，正因为它们是文学作品，施以这种形式的振假名，往往旨在刻意模仿白话小说，或者是试图追求某种文学趣味，或者是欲借此来促进白话词汇的普及，等等。所以，江户时期的这种给难解汉语词加注振假名的办法又有它积极的、适应时代发展需要的一面，因而流行一时。有的汉语词汇早在中古或更早就已融入日语，在日语中深深地扎下了根，然而作者却在行文中故意在其一旁注上和语俗训，如"暫時(しばらく)""落胆(がっかり)"。这么做，有的是为了照顾识字水平较低的读者，有的则是追求双重标记的效果。另外，必须指出的是，近世、近代为汉字标记词加注振假名的做法十分普遍，但振假名在不同的场合其功能是不同的。有的是标其读法，有的则是释义。振假名有时为主，有时为辅，等等，花样繁多，不一而足。而戏作文学中的这种加注振假名的汉字标记词，则都是先有音声语言即"コトバ"，然后再有文字序列的选择，即是以"ルビ为主、文字为从"为基本前提，这是保证其为"あて字"的最根本条件。反之，振假名则成了注解了，因为所谓"あて字"都是作者或使用者在一定的语言、用字意识支配下对汉字或汉字序列做出选择的结果。前述振假名的功能到了江户时期发生了质的变化。具体说，在江户时期之前，振假名主要用于那些生僻、难读的汉字标记词上，而见于戏作文学中的振假名的功能归纳起来无非有二：①便于通读（从振假名一侧）；②用什么汉字标记来与和语（振假名所标的词）相对应，体现了作者的用字意识和表达意愿。换言之，戏作文学中的振假名同作者或使用者的主观世界是紧密相关的。

至明治时期，戏作文学式微，但这种注振假名型"あて字"并没有一下子消失，在一定范围内，特别是在文学作品以及其他一些文学表现色彩较浓的体裁当中仍然使用。这固然同明治时期近代语尚未完全确立、教育未普及等因素有关，但同时我们也应该看到，汉字的表意特征在这些"あて字"中得到了充分发挥，对汉字表意性的依赖决定了它们的留存。例如在近代的"あて字"中，有不少是拟态词、情态副词、儿语、雅语等和语词。这些词本无汉字标记，但为了追求某种表达效果，作者（特别是汉学素养深的文学家）便选择了适当的汉字序列来应对，如"莞爾^{にっこり}"等。

总之，注振假名型"あて字"的形式在明治时期尤其得到作家们的偏爱。这种形式沿用到战后直至今天。尽管20世纪30年代以山本有三为代表的一部分人曾极力反对这类"あて字"，并且在1946年公布的"当用汉字表"中明确限定了振假名的使用范围。但是在今天，在很多文学作品以及文学性很强的外国电影字幕、卡拉OK字幕、诗歌等体裁当中，这种"あて字"仍屡见不鲜。在现代日语中，词汇量不可谓不丰富，表现方法和手段也足以敷用，可是为什么这种"あて字"却仍然保持着长久的生命力呢？究其原因，除了汉字本身的表意性以外，这种形式本身所具有的表达上的潜力也是我们应该注意的一个方面，它与日语乃至日本文化的最基本特点之一的多层次性是紧密相关的。日本文化是复合文化，具有多层次性，这早已成为人们考察日本文化时最常提起的几个特征之一，在语言上特别是在文字、标记、词汇上亦概莫能外。具体来说，本来假名同汉字、训同音、和语词同汉语词等这些分属不同符号系统的符号已经构成了一重混合。像"悲哀^{かなしみ}""運^{きだ}

命"这样的"あて字"标记客观上又为我们解读即认知过程中实现另一重混合提供了可能性。这种混合不仅仅是视觉上的,更是认知上即对词义的理解和把握层次上的。

  阅读过程恐怕是这样的,首先必须重申前述汉语词同和语词在语义上不同,语感上也不一样。另外,同是"悲哀"这样一个形式,在明治初期和现在已经有所不同了。当时教育不普及,采用这样的标记形式包含有提示、启蒙之义。当时的识字水平低的读者一般先读振假名,以此来理解汉字序列的意义即词义;而现在的人则既可先读振假名,也可先读汉字序列(对汉字词全然没有理解上的障碍),或者几乎在同时进行振假名和汉语词的阅读。比如,如果顺着"コトバ"往下读的话,那么首先应该读"かなしみ",这时候肉眼几乎同时看到了"悲哀"这个本属汉语词的标记。"悲哀"这个词按平常习惯理应读成语感上比较厚重的"ひあい"(当然语义上也有所区别),于是心中又默读"ひあい",这样便完成了认知上的又一重混合,即汉语词同和语词语义、语感上的混合。在实际阅读过程中,读振假名"かなしみ"和读"悲哀"几乎是在同一瞬间完成的。这种形式利用了汉语词同和语词之间语义语感上既相联系又有所区别的特点,通过视觉以及大脑的加工,阅读人在阅读过程中体味到的是一种不即不离却好像又即又离的语义上摆动的效果,在这种摆动中把握语义。它虽然打破了阅读上的线性习惯,但为日语的表达、表现增添了新的形式和物质手段,开拓了一条新路。它可以使读者获得仅仅使用汉语词,或仅仅使用和语词都无法充分表达和实现的文学效果。难怪反对通过国语政策来对振假名的使用加以限制的人大多是文学家,包括谷崎润一郎在内。限制振假名的使用,在一定程度上也就是限制了作家的创作、表达上的自由,从而削弱了作品和语言的表现力。

  其实,注振假名型"あて字"在造词原理上同熟字训相仿,即词与词之间语义上的对应,不拘泥于单个汉字同和语词的对应。只不过这些词大多产生于近世、近代,且一次性结合较多,任意性较强,并且源自作家个人的汉学修养和癖好导致的"あて字"也颇多，因此很难用一个比较客观、科学的标准对它们进行分类整理。日语的国语政策限制振假名的使用，排斥这些注振假名型"あて字"，其根本原因恐怕在于：站在正书法的立场上，如果这些"あて字"保留过多，势必造成定训上的混乱（因为它们另有正读），给学习和交流带来负担。但是，不管怎么样，一定的语言、用字意识支配之下才有一定的标记形式。如果承认这一点的话，那么，不拘囿于正书法的原则立场，承认并研究这些"あて字"可以帮助我们了解当时人的用字意识，对汉字、汉语词汇的习得程度等。当然，"あて字"的来源、性质复杂，具体考察时需要限定范围，在选择材料时特别需要慎重。总之，正如前面所举"あて字"最宽定义所昭示的那样，在某种意义上，"あて字"（无论是哪一类）是日语引进汉字、汉语词汇的必然产物。只要汉字不废除，汉字和假名、汉语词和和语词之间的差别不消除，只要表达的意欲和需求不消失的话，那么它将永远存在下去。

　　以上从日本文字的由来谈起，涉及训的产生及它的意义、作用、汉语词的和化、国字的创造以及"あて字"的分类、功能等诸方面问题，从多个角度对汉字、汉语词汇参与日语形成过程中所起的作用作了一下简单的梳理和探讨。当然，在音韵方面，由于汉字音的进入使得日语的音韵构造也发生了改变，如增加了拗音、促音、拨音等。另外，日语中所谓国训（"国訓"）的产生也是汉字对日语影响的一个方面，等等。限于篇幅，这里不一一述及。总之，汉字、汉语词汇对日语的形成和发展的影响表现在文字、音韵、造词、语言的表达和认知等各个方面。因此，完全可以说，汉字、汉语词汇对日语起到了再塑造的作用。

　　由于近代西方文明的引入，以及出于对本国语言文字的反省，百年来日本一再出现对本国的语言文字问题的论争，即所谓的"国語国字"的论争。需不需要汉字、怎样限制汉字和汉字的用法（包括音训整理）构成了这些论争的主要内容。作为以上论争的结论，1946年日本国语审议会公布了"当用汉字表"；1981年又公布了"常用汉字表"。"当用"在此意为现行通用，这张表的颁布目的在于严格限制汉字的使用，是一种硬性规定；后者的颁布则是为汉字的使用提供一个大致遵守的基准。两张表的颁布前后相距35年。在此35年的时间里，一方面由于文字处理机的普及，计算机技术水平得到迅猛发展，由于笔画繁多造成的书写负担基本上消除；另一方面，也是由于汉字的优越性（如信息量大、造词能力强）以及限制汉字带来的弊病越来越为人们所认识，1978年日本又公布了JIS汉字（全称为"情報交換用漢字符号系"），其中包括第一水准、第二水准汉字共计6353个，后来又追加公布了5801个辅助汉字，从一个侧面也说明了汉字为社会所需要的程度。

现代日语离不开汉字，这不仅表现在前述汉字既是标记手段，更是表达、造词、认知等方面的要素这一点上，同时，汉字还具有其他容易为人们所忽视的功能，如句法上的功能等。用早稻田大学教授野村雅昭的话来说，就是："文表記のレベルで、漢字の連続または不連続が語句のまとまりや意味のきれめと対応するはたらき[1]"。换言之，就是指适当地运用汉字标记（连续或不连续）可以起到对句子成分从形式到意义上的切分或整合的作用。当然，前述异字同训、"字音形態素"对汉字的依赖、"あて字"的功能等等，也决定了汉字对于日语的重要性。无论从何意义上说，现代日语都离不开汉字。当然，这里所说的汉字是指日语中的汉字。

---

[1] 野村雅昭．漢字の機能の歴史［M］//講座日本語学6，現代表記との史的対照．東京：明治書院，1982.

日语中"あて字"的定义和性质问题

"あて字"是日语中一种常见的现象，它涉及日语中汉字运用的问题，同汉语中的"假借字"或"通假字"有相通之处，又有与之迥然不同的地方。这种不同源自两国语言上特别是文字、标记等方面的差异，同时也是日本的历史文化，特别是独特的汉字文化发展使然。

"あて字"在我国一般多译作"假借字"或"借用字"等（另有"别字"之义，为"あて字"一种，性质上与前者稍有不同）。但事实上，日语中的"あて字"包罗范围甚广，构成、来源复杂，这就使得初学日语的人大多有这么一个印象：词典上标"あて字"（或"借字"）的词不少，但很多词的性质、来源却不尽相同，对它的定义、分类一般初学者更是难以得其要领。具体说，日语中除了最普通、最常见的明显属于"あて字"范畴的借音（例如"兎角"〔とかく〕）、借训（例如"矢鱈"〔たら〕）词之外，还有许多不属借音借训，但在标记上明显不符合汉字正用规则（正训）的汉字序列，如所谓的"熟字训"（例如"海苔"〔のり〕），它们算不算"あて字"？另外，像少数诸如"流石"〔さすが〕一类的词，其标记被看作是"あて字"，但既非借音借训又不属于熟字训，它们又是怎么来的？还有，我们在读文学作品，特别是读明治、大正时代作品时，常常会遇到像"悲哀"〔かなしみ〕这样的"漢語"（词形）加上"和語"（读音）的特殊标记词。"悲哀"这个词早在上代就已经连音带义被借入到日语中，成为所谓的"漢語"词，理应音读成"ひあい"。那么，为何会出现以上这种与汉字正用规则不符的读法呢？它们是否也算是"あて字"

的一种呢？或熟字训的一种呢？以上这些都是让初学者困惑、难以把握的地方，甚至连不谙语言学知识的普通日本人也不甚了了。本文拟从"あて字"的概念谈起，并通过追溯其产生、发展的历史渊源，对构成"あて字"性质特征的几个主要方面进行一下梳理和论证，进而通过这种梳理和论证来进一步探讨一下日语中汉字的性质、功能等问题。

一

"あて字"，又可写作"当（て）字"或"宛（て）字"。关于它的定义问题，日本学界至今仍众说纷纭，最宽泛的定义莫过于山田忠雄（1955）：

漢字のある種の用法をさすが、すこぶる多義である。最も広義に解すれば、国語を表記するに用いられるすべての漢字はあて字である。

山田下此定义恐怕是着眼于日语中汉字的由来以及汉字同它所标记乃至表达的语言（音声语言コトバ）之间语义上存在的差异。如此把握日语中汉字的根本属性，并将它等同于"あて字"的概念本身是有其道理的。因为追本溯源，汉字借自中国，经过长期融合，日语中的汉字既用于标记，更用于语言表达。汉字以及进入到日语中的汉语词汇和日语中与它们相对应的和语词（该汉字的训）以及音读的所谓"漢語"词在语义语感上不可能做到完全一致。但此定义宽泛有余，对我们进一步认识日语中不符正用规则的文字序列即狭义上的"あて字"帮助不大。

同山田忠雄（1955）相似的有酒井宪二（1977），他认为：

…基本的には漢語以外の語に対する漢字はすべて当て字といえる。そのうち、当てるべき漢字と和語との連合の固定したものがいわゆる訓であり、さらに、語とその漢字との間に何程かの不均衡ないし異常性の認められるものがいわゆる当て字である。

酒井对"あて字"概念的把握有两个层次：广义上的和狭义上的。拿酒井广义上的"あて字"定义与前面所举山田（1955）相比较，二者的不同之处在于，他将"漢語"（确切地说，"漢語"词连同它们的汉字标记）排除在外，把"あて字"的考察范围仅仅限定在"训"的范畴之内。其理由恐怕在于：从"漢語"词产生的历史看来，明治以前即近代语成立之前的"漢語"主要来自古代汉语（除少量的诸如"返事_{へんじ}"之类的"和製漢語"词之外），是词（音和义）连同汉字标记（形）一同被借来的。从汉字标记同词义的关系上看，这些汉字基本属于正用（虽经和化但词义变化不大）。包括所谓的"和製漢語"词，其生成之前字与词（和语词，即该字的训）之间的对应也属于正用。成词之后，读音有变化，但用于标记的汉字的字义同词义间的关系不变（例如"ひのこと→火事_{かじ}"），该字成为语素。明治以后，大量所谓"新漢語"（多为译词）的产生主要依赖于所谓"字音語形態素"及"接辞的語基"形成各种有机组合来积极参与造词的结果，从字（语素）义与词义的关系着眼亦属正用。因此，"漢語"中的绝大多数词在词义上同汉语中的汉语词间的差异不足以大（当然有个比例度的问题），如果以一个比较宽松的标准考察的话，它们基本上都属于正用。因此，不把它们归入"あて字"范围内也是说得过去的。

山田（1955）和酒井（1977）关于"あて字"的广义上的定义，同下面将要举出的现行多数国语学辞典中的定义相较，均属比较极端的例子。仔细探究可以发现，它们有一个共同点，即均是以汉字是借来的文字、汉字在日语发展过程中总是处在消极地被容纳于日语文字标记系统之中的地位这一认识为前提的。

事实上，汉字、汉语词汇进入日语后不久便开始了同化（和化），以适应日语本身语言结构上和表达上的需要。应该强调的是，在同化的过程中，汉字的表词性（表意性）的特点在很大程度上被得到充分的运用，这种运用毋宁说是活用。始自上代、见诸万叶假名的"義訓"（如"丸雪_{あられ}"）和"戯書"（如"山上復有山_{いで}"）便是其中最典型的例子，甚至所谓的"借訓"类万叶假名（音假名或训假名）中有的也是兼顾音和义的（如"孤悲(こひ)"）。当然，自不待言，训的产生亦是由于汉字所具有的表词性使然。从日语发展史看，日语的这种对汉字表词性（表意性）的依赖、倚重的倾向贯穿始终，绵绵不绝，并且常常不受所谓汉字正用规则之束缚，如"あて字"。

现行的关于"あて字"的定义和分类主要见于以下几部国语学辞典中关于"あて字"的词条：①国语学会编《国语学辞典》（1955）；②佐藤喜代治编《国语学研究事典》（1977）；③国语学会编《国语学大辞典》（1980）等。通观这几部辞典，尽管各自的立场、视角等不尽相同，因而对"あて字"的定义和分类也略有差异，但在主要方面是相同的，归纳起来则是：

所谓"あて字"属汉字标记的一种，具体指日语中运用汉字对日语所进行的借字标记，或者就指这个标记汉字。

关于"あて字"的分类，姑且以最具权威性的《国语学研究事典》为例。这部辞典将"あて字"分为两大类：（A）"表音的当て字"和（B）"表語的当て字"。（A）类下再细分为两小类：①"音訳"，原理上同汉字六书中的"假借"，即所谓"本无其字，依声托事"。主要指那些用于翻译外国地名、人名等专有名词及外来语的借字标记，在这些汉字标记中汉字只是用来表音。②"音借"，性质上同①无本质上的差别，但这一类"あて字"包括了不属于①类的所有借音型"あて字"，即所谓的日本所特有的文字用法，也就是通常认为的最狭义的"あて字"。此外，还有a"部分的借字"；b"代用漢字"等小类。另一大类（B）即是通常所说的熟字训。追本溯源，熟字训本属汉字正用范围之内，在原理上同普通的训本无二致，亦属所谓的汉字"正字表記"。但由于战后音训整理的结果，使得现代日语中的字训多以一字一训的形式固定下来，因而在不熟悉日语历史的普通现代人看来，自然会有一种异样的感觉，从而将熟字训也看成是"あて字"的一种。当然，如果再进一步细分的话，根据标记汉字同它所标记的词在词义上有无关联，我们还可将（A）类中的借音借训（均属借汉字的音）再细分为：a 借音借义；b 借训借义或 C 借音借训的同时又借义等。另外，几乎所有的国语学辞典都将万叶假名中的"義訓"以及其他原理上等同于"義訓"的一类"あて字"忽略掉，抑或只是归入熟字训。后面将要提到的杉本つとむ的分类却非常重视这一类"あて字"，并在充分考察它们的来源、性质的基础上，建立起自己的"あて字"论和日语汉字论。

此外，在多数国语学辞典中还提到了一种相当于我国汉语中"别字"概念的"あて字"。从性质上讲，这类"あて字"是本有其字而不用或误用。从来源和性质上看，至少有以下几类：①误用他字（所谓的"誤字""うそ字"），属个人的一时的误用。若在一定程度上被社会所接受，变成惯用的话，那么则成了前面所举的（A）类"あて字"（音借）了（如《三河物语》中所见）。②为省力（省刻板或书写之工）或者出于其他原因，总之是使用者有意识地使用他字。③由于整理"当用汉字"之故，原来的用字（正用汉字）被人为地用同音近义的汉字所替代，从而导致新一类"あて字"产生。前面所举《国语学辞典》中的"代用漢字"就是指这一类"あて字"。

以上是迄今最通行、最有权威同时又是最为保守的关于"あて字"的定义和分类。近年来比较引人注目的新的定义、分类有柳田征司（1987）和杉本つとむ的有关学说。柳田征司（1987）提出可将"あて字"分为四类，分别是：①"借字表記"；②"熟字表記"；③"振仮名不可欠表記"；④"借字誤用表記"。其中，①大体上等同于上述分类中的（A）；②等同于（B）熟字训；④则大致同前面提到的"别字"类"あて字"相当。颇具新意、引人注目的是③"振仮名不可欠表記"。柳田（1987）举出以下几个例子："亡母（ははとゆく）、遠航く、火星（マルス）、赤面（どぎまぎ）、極道関係者（そのほうめんのかたがた）"，指出这些词若离开振假名则无法成立。因为从这些标记汉字同它们的读法之间的对应关系上看，不符汉字正用规则（不符定训），所以也应看作是"あて字"的一种。同时，柳田又指出，也有像诸如"生命（いのち）""女（ひと）"等那样的、脱离振假名照样能够顺读下来的非正

101

用汉字标记。因此，二者的界限很难用一个客观的标准区分开（这里所举的"生命（いのち）""女（ひと）"等虽不为日本国语政策所承认，但在实际生活中却是常常可以见到的）。对此，柳田没有明确提出具体的解决办法，但他将"振仮名不可欠表记"词作为"あて字"的一个门类提出来，这至少帮助我们开阔了视野，将"あて字"的考察范围扩展到了这一类笔者称之为"准熟字训"的非正用汉字标记词上来。特别是在考察频繁使用这种注有振假名的汉字序列的、兴盛于江户时期的庶民文学即所谓的洒落本、人情本、读本等文学作品中的汉字使用状况时，将这类"あて字"也一并纳入"あて字"范围是非常有效的。当然，江户、明治时期振假名使用非常广泛，功能各不相同。因此，必须在明确先有音声语言（コトバ）、然后才有文字序列的前提下，才能认定它们是"あて字"。这一点应该是不言自明的，也是我们在具体考察当时"あて字"使用状况时需要加以注意的。有时候不易分辨，这时尤其需要我们审慎判断。江户时期庶民文学即所谓的戏作文学发达，这些作品当中夹杂有不少宋元白话词汇。然而，其时文字教育未能及时跟上，庶民识字率不高。当时的戏作小说流布虽广，但阅读主要靠假名或口授。出现带有振假名的"あて字"恐怕首先是一种折中的办法。当然，还有其他诸多原因，如对文学修辞效果的追求等，但启蒙、旨在普及汉语词（特别是宋元以来的白话词汇）恐怕也是一个原因吧。具体分析起来，原因还不止这么简单。总而言之，柳田（1987）的这一新设想的提出可以说是有它的积极意义的，是对过去国语学辞典的分类法的补充和超越，较之前者前进了一步。

一直致力于江户时代井原西鹤作品和近世近代语研究的日本早稻田大学教授杉本つとむ近年来也提出了关于"あて字"的新定义和新分类。不仅对于"あて字"，对于日语中的汉字本身，他也有系统、独到的见解。他从日语发展历史的角度出发，基于自己长年对日本文字史的考察，认为日语中的汉字有其独立性，这是认识日语中"あて字"性质的基础。杉本为此还提出了"漢字語"的概念。这一概念既包括了所有汉字标记词，同时又通过这一概念的提出和设定，赋予日语中的汉字具有独立性这样一个特征。按以往国语学标准，日语中的汉字标记词粗分起来，无非可分为正用和非正用两大类。杉本提出"漢字語"的概念，首先就意味着对此不做区别，因为正用与否客观上是以汉语中的汉字为基准，它暗含着所有汉字标记词都是日本人运用汉字来为日语、为日本人语言表达服务的结果这样一层意思。日本人不是或者说是不总是被动、消极地借用汉字标记自己的语言，而是从很早起就已经在自觉、有意识地积极、主动地利用汉字创造日本文字的世界和"あて字"文化的世界。这是汉字在日语发展历史中的主线。固然，汉字在日语中有时也被当作表音符号（汉语中也有），但利用汉字的表词性（表意性）及其他特点，积极地创造和利用"あて字"的活动贯穿日语发展历史的始终，这是我们不该忽视的。杉本认为，江户时代是"あて字"文化发展的顶峰。近世包括井原西鹤小说在内的戏作文学中的"漢字語"大多为中世以来的"世話字"以及江户时代随着汉籍流入日本的宋元白话小说中的词汇（词形为汉语，读法为和语，行文中以振假名为主）。前面所举柳田（1987）分类中的"振仮名不可欠表記"词正好就可涵盖这类词，等于杉本分类中的"借義"或"借音借義"型"あて字"（按：杉本将"借音"型"あて字"中的汉字统称为音，不做音、训上的区别，这恐怕也是基于他对日语汉字独立性的考虑而提出的吧）。杉本的分类将"借義"型"あて字"导入了"あて字"的考察范围内，最大限度地扩大了"あて字"概念的包容力。另外，在他的分类中，熟字训也被纳入了"借義"型"あて字"之下。属于"借義"型"あて字"之下的，此外还有一类属于日本人利用汉字的表意性或因为其他契机创造的"あて字"，如"義訓"（也叫"解釈訓"）及其他语义上有关联的"あて字"（如"流石"）。
さすが

杉本的定义、分类同前面所举的国语学辞典类有质的不同，但同柳田（1987）有很大的重合之处。不过，杉本立论的前提是将日语中的汉字看作是独自成体系的、不同于汉语中的汉字的特殊文字，故而将它们称作"真字"（与"仮名"相对），将由它们组成的词称作"漢字語"，这一点却是先生所独具的。应该说，他的分类同柳田（1987）还是有质的区别的。

二

　　以上列举了迄今日本学界关于"あて字"的定义、分类的几种有代表性的观点学说，并简略分析了它们各自的立场和理由。但"あて字"到底为何物？其性质、功能又是怎样的呢？我们又该如何把握呢？这些问题仍未得到圆满解决。"あて字"的来源、性质虽然错综复杂，但仔细分析的话还是有一些规律性的东西可循的。笔者拟从以下四个方面对"あて字"概念的性质、功能以及构成其特征的其他几个要素做一下简略的分析和探讨。

　　1. "あて字"现象产生的必然性
　　2. "あて字"概念把握上的相对性
　　3. "あて字"信息传达上的表现性
　　4. "あて字"作为一种语言符号所具有的文化性

　　需要指出的是，"あて字"种类繁多，性质复杂，并非所有的"あて字"都具有以上四个特点，但若结合汉字在日语中的千余年的发展历史来看，作为一种总的倾向或趋势，用以上四方面的特点来概括"あて字"的性质，笔者认为是站得住脚的。

　　1. 从发生学的角度看，"あて字"的出现是一种必然。当然，"あて字"的种类有很多，但仔细分析，每一类"あて字"的背后都蕴含着一种必然性。理由既有客观上的，也有主观上的。

　　首先，从大的方面来讲，根本原因在于中日两国语言系属不同、历史文化不同，因此虽然汉字以字训或字音的形式进入日语，充当标记和表达日语的物质外壳——文字，但语义语感上不可能做到完全一致。加上，概念分化的程度、早晚不同，对客观世界事物的把握、表达方式也不同，因此，汉字连同汉语词被借入到日语中去，必然会有种种不契合和难以满足日语标记和表达需要的地方。例如，概念上对应的阙如抑或在对应上的不契合必然会促成"本无其字，依声托事"式"あて字"的产生，即前面提到的"音借"和"音訳"类"あて字"。这种手法在我国古代移译佛经时得到广泛使用，对日本亦产生很大影响。众所周知，训产生于汉文训读。在汉文训读中，没有妥帖的汉字同日语的助词、助动词等相对应。因此，为标记这些词以及其他诸如地名、人名等不见于汉籍的专有名词，古代日本人便采用了这种利用汉字来表音（有时还兼顾到表意）的办法。从万叶假名始直到近代兴盛一时的外来语专有名词的翻译（以国名、地名、人名等居多）等莫不如此。从主观上讲，在古代汉字汉文一直被奉为是有权威性的东西，早期特别是在平安时代和中世，尊重汉字汉文化的世风更是加剧了这种竭力用汉字标记的倾向，从而促成了许多借音"あて字"（或兼顾到语义）及起始于中世、兴盛于近世的所谓"世話字"的产生。"世話字"主要用来标记日常生活中的口语、俗语即所谓不登大雅之堂的语言。连这些口语、俗语都被冠之以汉字词的面目，可见汉字文化在中世近世是怎样渗透到庶民百姓的生活空间的。一方面，日语有音训两套读音系统，客观上也为"あて字"的产生提供了条件和可能。同时，还应该看到，总体来讲日语音韵构造较为简单，同音词出现的概率大，故用不同的音或训来表音，客观上也起到了区别的作用。更何况，取的是音也好，训也好，它们同时又是一个独立的字，是与一定的语义相联系着的，这就为创造兼顾音义的"あて字"的产生提供了比较优越的条件。

  "あて字"产生的必然性还表现在以下方面。汉字于四世纪前后传入日本，其后汉字在日本获得独立的发展。尽管在千余年的时间里中日间时有交流，但由于中日两国文化历史和语言的发展不同，从而导致词义、字义上发生偏差。例如，幕末读本、人情本等戏作小说中有很多词汇（词形）是从舶来的中国宋元以来的白话小说中借来的，而日语中的训的成立及汉语词汇的吸收、融入基本上在平安、中世就已完成。换言之，当时大多数日本人对汉字、汉语词的理解水平只停留在唐宋以前的汉语体系水平上。由于中国语言发生了大变化，对江户时期的日本人来说，这些白话词汇从字面上讲不好解，凭已有的对汉字的理解水平无助于他们把握词义。因此，汉字标记加上日语语音这种双重标记的形式在某种意义上是一种折中，更是一种必然。

主观上，除了前面提到的尊重汉字汉文化的世风这一因素外，日语对汉字表意特征的依赖（比如运用文字或文字组合来达到解释词源的作用），以及日本人所固有的那种借助文字以达到嘲弄、揶揄或表达一种调侃、诙谐语气的心理和习惯也促成了"あて字"，特别是"借音"型"あて字"的产生，其中有的甚至纯属文字游戏的性质。另外，上述见之于近世的戏作小说中的准熟字训类"あて字"之所以被采用，既有文学表现上的考虑，同时也是一种符号（憧憬中国文化的表现）。

2. 对"あて字"概念的把握方面，要持"あて字"是相对的这样一种态度。前面已经列举了几家有代表性的观点，但假若我们抛开具体的定义、分类上的差别不谈，仅从"あて字"的字面上去理解，那么顾名思义，在这里"あて字"中的"あて（る）"表示的是"対応（させる）"的意思。汉字正用是一种"あてる"（音或训上的对应），即拿汉字（或词）同与此字（或词）语义上有关联的和语词相对应。"あて字"即汉字非正用，也是一种"あてる"。为什么会有这种看似矛盾的说法呢？其实原因很简单，在于各自所依据的参照系不同，以及由此促成的人们头脑中对此概念认识上的不同。如果按照山田（1955）的意见，那么日语中所有的汉字都是拿和语词同汉字（或汉语词）相对应即"あてる"的产物，自然都是"あて字"了。这时，他把汉语中的汉字、汉语词（字义、词义）当作了参照系。然而，普通人却不这么看。和训成立早，自成体系，并且在一般人的头脑里，训以及见之于汉语词中的汉字都是一种正用。日语中除了正用汉字外，还有不少非正用汉字标记（不符合正训的标记词）。这些标记词看上去让人有一种异样的、不协调的感觉（因为正用毕竟多于非正用）。这时，在普通人的头脑里同样也有一种汉字与和语词之间对应的感觉。但此时的对应已经不是正确的、合乎规则（训）的对应了，而是一种不规则的、走样儿了的对应。当然，这也是"あてる"，然而此时的"あてる"却是含有不该如此对应、事实上却对应（说充当恐怕更合适些）了的语感。因为正确的对应已是如此的深入、稳定，所以普通日本人甚至不把这些汉字看成是对应的产物，对于非正用汉字才会有对应（充当）的感觉。可见，"あて字"的名称是相对的。不光是名称的问题，也同认识相关。这就如同"漢語"词本来是外来语，现在却一般不被看作是外来语一样。

另外，所谓非正用汉字标记这种感觉之产生也是来自多方面的。"借音"型"あて字"是因为只取汉字的音而不顾义；"借義"型"あて字"则是只顾词义上的对应而不考虑组成这个文字序列的每一个汉字的音训对应是否合乎规则。可见，同是不协调，理由是各不相同的，因而是相对的。

此外，熟字训原本同普通的训一样，但由于是拿二字以上的汉语词（所谓"熟字"）同和语词相对应，且因经过人为音训整理的结果，训多以一字一训的形式固定下来，这样便让人有"あて字"的感觉（对应上不正确）。换言之，没有音训整理，熟字训也就不会被当作"あて字"。这就提醒我们，熟字训是否算"あて字"是相对而言的（现时来看），与其他"あて字"应区别开。

另外，"あて字"是一种标记现象，更是实际语言生活中使用的文字。"あて字"中除了有属于惯用产物（如"八釜(やかま)しい"等）的"あて字"外，还有诸如由于人为的音训整理或者是基于其他原因临时产生的"あて字"（属个人或一时的误用），也就是前面提到的所谓"别字"。这时的"あて字"尽管仍属于汉字非正用范围之内，但与普通的基于惯用、与正训不相符的"あて字"已经不同了，而是与正字法（社会语言规范）相抵触的产物。前者是社会、历史、惯用的产物，后者则是个人、临时和一时的"创造"，同为"あて字"，两者性质略有不同。

　　谈起历史和惯用，按照杉本的分析，凡与正训不符的对应都被认为是"あて字"，但正训也不是自古以来就一成不变的（因此才有了定训的说法）。所以，正用和非正用都是相对的概念。每一特定时代的正训与其他时期的正训多少是会有些出入的。所以，我们研究"あて字"，考察"あて字"背后的用字意识时，最好限定一个时代，然后再根据是否与当时的正训相符来判定"あて字"为妥，决不能用现代日语中的训的标准来衡量所有时代的"あて字"。在当时属正用的汉字标记，在今天看来却不同了，正如熟字训现象所昭示我们的那样，反之亦有。

　　如上所示，从很多角度看，"あて字"都是一个相对的概念。这也正是"あて字"概念包容范围广，然而却又不易被人们把握的重要原因之一。

　　3. 从日语发展历史看，纯粹借助汉字来表音的"あて字"和兼顾表音表意或者是纯粹表意的"あて字"等兼而有之。熟字训本身即是训的一种，与其他"あて字"性质不同，这里姑且不论。汉字是表词文字，兼表音、表词（表意）功能于一身。在各种属于非正用汉字标记词中，兼顾到汉字的表意性，并且积极、充分地运用这一特点的"あて字"是非常多的。而且，这种意识和创造活动从不间断，在不同的时代表现出不同的鲜明的时代特征。上代主要有"義訓""戯書"和某些借训标记词（后者虽不属"あて字"范畴，但明显带有利用汉字表意特点的倾向）。它们当中有的虽属于文字游戏的性质，但这种利用汉字表意特点（视觉效果、促人联想等）对语言进行诠释的手法却一直保留了下来，如"太田道灌"（にわかあめ）等。在平安和中世，汉语汉字进一步渗透、融入日语和日本人的生活中去。特别是到了中世，汉字的使用出现了世俗化的趋势，不再是知识阶层的专有物，再加上尊重汉字汉文化的世风，促成了大量的包括"世話字"在内的"あて字"产生。正因为如此，中世才第一次出现了"あて字"的称呼。这个称呼当然不是严格意义上的定义、分类，而是含有不规范用字之意。"世話字"的分布领域主要是口语、俗语中特别是拟态词、情态副词等汉语中没有确切与之对应的词。有很多"世話字"既借音又借义，从中反映了当时人（包括一般庶民）对汉字的理解和知识水平。现在乍看没有词义上关联的"世話字"其实蕴含着当时人的一种用意，只不过我们没有去发现或刻意去发现它。仅仅借音而忽略字义与词义上关联的"あて字"恐怕生命力也不会太长久的吧。到了近世，附有振假名即所谓准熟字训型"あて字"大量产生。这些"あて字"的来源、性质和功能复杂，即便是同一时期不同作家不同的文体和语境，情况也是不同的，具体的文体需做具体分析。但总地来说，至少有以下几点：①借助汉字标记（有不少是对当时的日本人来说难解的白话词汇）来达到文学表现或修辞的效果；②利用汉字标记同和语词之间的差别，试图通过这样一种所谓双重标记的形式来谋求特殊的表达效果；③致力于文字、词汇启蒙、教育，为汉语词汇的普及推广而努力，等等。其中②具体说有限定、明确、提示等功能，这里不一一赘述。需指出的是，振假名的使用保证了这种形式的"あて字"的盛行，正因为如此，汉字的表意特点才得以在这些"あて字"中得到充分施展和利用。

　　"あて字"特别是"世話字"中有不少是所谓"語源俗解"型"あて字"，这在前面已经提到。举例来说，"穴賢（あなかしこ）"这个词本是古代女性的假名书简文（"消息文"）中写在书信末尾处的惯用语，相当于"謹上不胜惶恐"之意。后来男性也用，用汉字写便成了"穴賢"这样的"あて字"词形。关于它的来源，《下学集・下》中有这么一段解释："上古之时倭汉两国未知家居，人人居土窠恙虫蛰人，故本朝书札往来相劝云穴贤也。言土窠之穴贤闭塞可防恙虫云"。以上这段文字被当时的"伝書"所引用，可见当时人对这一解释的信赖度是颇高的。

　　4. 语言是文化的载体。文化的产生、发展和传播、交流都离不开语言。文字又是语言主要的媒介和载体。语言离不开文字。日语中的汉字借自中国，经过千余年的融合、和化，汉字已经衍变成为标记、表达日语甚至成为创造日语的一个积极有效的因素和手段。这里所说的标记、表达和创造的功能主要是通过日语中的正训字、汉语词（漢語）以及汉字语素（字音形態素）等语言单位来完成的，一部分同时也是通过"あて字"来实现的。正如前面反复强调的那样，日语中的汉字自成体系，构成了一个独特的、不同于中国汉字汉语世界的日本汉字文化世界。"あて字"作为其一部分，是日本汉字文化世界的高度浓缩。在某种意义上，我们可以说"あて字"本身即是一种文化，它包含了无限丰富的关于日语和日本文化的种种信息。因此，我们在认识和把握"あて字"时，理应把它看作是一种特殊的语言符号，对它所包蕴的文化信息予以高度的重视。

"あて字"的文化性表现是多方面的。首先，它像一面镜子，能够充分、全面地折射出汉字在日本被纳入、融合和活用于日语的历史。这里使用"活用"旨在表明，非简单、消极地借用，而是一种积极的、创造性的运用，并且，汉字已经成为日语中不可分割的有机部分。从构成上看，"あて字"中既有借音的（包括音和训），也有借义的，还有熟字训。借义"あて字"中，既有来自汉语词形，如准熟字训型"あて字"；也有源于日本人创造的性质上类似于"義訓"的"あて字"。由此便可看出，汉字在日语中的运用是广泛而又深入的，并且不只是停留在一个平面上，而是立体的、多维的。这些"あて字"之所以能够成立，自有其种种偶然和必然的因素，需要做具体的分析，但假若从一个比较高的视角看，那么我们恐怕可以从"あて字"现象中看到日语乃至日本文化中的某些特质性的东西，例如日本文化的包容性、多层次性（复合文化）等。

其次，从日语发展史的角度看，每一个时代的"あて字"的生成、发展都明显带有那个时代文化的烙印。例如，井原西鹤作品以及其他诸多戏作文学中所能见到的"あて字"，反映出那个特定时代所受的中国文化的影响。又如"あて字"，特别是江户时代的"世話字"在俳谐中得到广泛使用，这固然是由于汉字本身所具有的集约性、表意性等特点所使然；但另一方面，从这些用字中我们亦可窥伺到江户时代人对汉字汉语的认识、理解水平以及他们对汉字使用的喜好乃至尊崇的心理。俳谐文化在很大程度上即是"あて字"文化的延伸。

另外，在像"浮雲(あぶない)、流石(さすが)、義之(てし)"等属于"義訓"的"あて字"中，我们可以看到古代中日文化交流的影子，可以将它们看作是活化石般的存在。"浮雲(あぶない)"来自《论语》中"富贵于吾如浮云"。"流石(さすが)"源自《世说新语》中"枕流漱石"的故事。而"義之(てし)"则取的是东晋书法家王羲之的名字"義之"二字（也有的用他的绰号"大王"二字来充当"てし"的标记汉字）。

另一方面，"あて字"的形成和发展也丰富了日语的词汇和表现能力，充实了日本人的精神和文化生活，对日本文化具有反作用。如形成于近世、波及近代乃至现代的带有振假名的"あて字"，这种形式拓宽了日语的表达和表现潜力，构成了一种新的标记文化。如同一个词可以有多个标记汉字（あて字）与之对应（视上下文和表达需要而定），从而可将双重标记的长处发挥得淋漓尽致。在明治、大正时代的文学作品中，这种手法被继承下来，得到了充分的运用。难怪当时以山本有三等为首的一批人提出"振仮名廃止論"后，迅疾遭到包括谷崎润一郎等作家的强烈反对。在某种意义上，对这类"あて字"使用的限制必然是以一种文化的消损为代价的。在现当代文学作品特别是诗歌等文学性要求很强的体裁中，这种标记形式依然不同程度地保留着，它说明了这种文化的长久而坚韧的生命力。理由很简单，文化使然，需要使然。

有人说，日本人接受、使用汉字是日语的宿命①。在笔者看来，想补充一句，在某种意义上"あて字"的创造和使用同样也是一种宿命，它不会消亡。这包括有两层意义，消极的和积极的。前者主要指单独用于标记手段的"あて字"，如"借音"型"あて字"。后者则指"借義"或"借音借義"型"あて字"。但不论是消极的还是积极的，都是决定"あて字"的宿命性和不会消亡的因素。这一点已经在 1.3.4 处

---

① 参看野元菊雄. 漢字 日本語の宿命［J］. しにか，1990（1－1）.

做了阐明，不再重复，只是想在此强调：日本有使"あて字"产生的土壤，并且在标记、表达上又有需要，那么"あて字"当然不会消亡。尽管有不少"あて字"随历史以及因人为干涉等原因销声匿迹了，但创造和使用"あて字"的这种潜在的势能却是永远存在的。当然，前提是汉字不被废除。

【参考文献】

［1］酒井憲二．"あて字"項目［M］//佐藤喜代治編．国語学研究事典．東京：明治書院，1977.

［2］杉本つとむ．文字史の構想［M］．東京：萱原書店，1992.

［3］杉本つとむ．あて字用例辞典［M］．東京：雄山閣，1992.

［4］柳田征司．あて字［M］//佐藤喜代治編．漢字講座3 漢字と日本語．東京：明治書院，1987.

［5］山田忠雄．"あて字"項目［M］//国語学会編．国語学辞典．東京：東京堂，1955.

中日两国文字体系的比较

——以文字的性质和功能为中心

在中日两国语言的对比研究中，有关文字的对比（或比较）堪称是一块未曾开垦的处女地，一直未得到应有的重视。然而，文字上的差别（包括文字性质上的差别）又是构成中日两国间语言差异的重大环节。鉴于此，笔者愿就文字问题略述管见，以求教于大方。

此前，笔者已在多种场合发表了对日语汉字功能、日本文字体系的特点以及中日汉字比较诸方面进行探讨、阐述的数篇文章[①]。在写作过程中，笔者自感收获颇丰，这里所写姑且可看作是对既往所作思考的一次小结。笔者深感，千万不能忽视中日文字体系上的种种差别，对此作深入、准确的把握将有助于我们对两国语言基本特点的了解与认识。

笔者的比较拟遵从以下几个原则：（1）从宏观上把握，力求深入；（2）联系音韵、语法、词汇、标记等相关领域，力求系统；（3）以文字的性质和功能为中心，力求全面。

一、从宏观上把握中日两国的文字体系

所谓"从宏观上把握"，意指不拘囿于从一般的文字特点论出发，而是从语言学理论以及从语言系统整体观的角度予以综合、系统的把握。笔者以为，唯此才有助于我们不仅仅停留在问题"是什么"的层

---

① 参考文献中所列为主要论文。

次上，而是进一步深入到回答"为什么"的层次上来。

在一般人（对文字理论没有做过深入学习、研究的普通人）眼里，汉语中的汉字是表意文字，它原本是用来书写［日语作"标记（表记)"］汉语的文字。与此相对，日语中的假名（平、片假名）看上去似乎不表意（个别除外，如"を""へ"①），皆可看作是表音文字，与汉字大不相同。当然，汉字中也有表音的，如联绵词，例如"葡萄""苜蓿"等，但毕竟是少数，可忽略不计。

对两国文字的异同、特点作如此定义粗看无妨，但实在是有欠严密。假如细究一下的话，我们就会发现，即使撇开例外情况不谈，单就一种语言中大多数文字的性质而言，使用表音、表意的概念也似嫌太笼统，不够准确。因为任何一种语言的文字都具有表形、表音、表义三者的功能。难道音素文字就不表意了吗？只不过在大多数情况下，需要几个音素（符号）联结成一个有机的序列（词）来表意。同样道理，难道假名就不表意吗？难道汉字只表意而不表音吗？汉字的基本特征之一就是它是形、音、义三位一体的文字，这显然也是不对的。没有表意功能的文字和没有表音功能的文字同样是不可想象的，因为它们都违背了其作为文字的基本特性——记录语言的符号。为此，学术界早已摈弃了这种笼统的提法，转向更加细致、深入地描写、探讨汉字的性质和功能。

1. 汉字的性质

在现今学术界，汉字被定性为"语词文字"（表词文字）或"语词（表词）·音节文字"②，特别是后者更加严密。这一名称是从两个角度来勾画汉字的本质特征的。前者描摹功能，后者揭示结构（构造）。因为在汉语中，除少数之外，大多数汉字都有意义（语素或词单位），甚至单字成词的现象也非常多见，尤其在古代汉语里更是如此，即一个字

---

① 这里的"を""へ"只表语法意义，与汉字的表意功能不同。
② 具体可参看周有光（1998）和裘锡圭（1988）。

往往与一个词单位对应。据统计，汉语中约有90%左右的字＝语素的对应结构①。另一方面，其之所以被称为音节文字，是因为它有别于印欧语的音素文字。汉语中大多数为一个字即是一个音节，在这一点上倒与日语中的假名有相似之处，后者也是基本上一个音节与一个假名相对应，但假名的音节是构造比较单纯的音节（多为1个辅音加1个元音②），而汉语中的音节构造则要复杂一些。

对于汉字的性质，语文学家周有光在新近出版的《比较文字学初探》中指出："汉字所代表的语言段落，从甲骨文开始就是语词。古汉语基本上是单音节语，一个字代表一个词，联绵词极少。近代汉语的词汇向双音节化和多音节化发展。越来越多的汉字不能代表语词，只能代表语词中的音节，从'词字'变为'词素字'。这是汉字功能的重大变化，但是表面上看不出来，在7000个现代通用汉字中，有三分之二是'词素字'，只有三分之一是'词字'。汉字已经从'语词符号'变为'语词·音节符号'。"③

可见，汉字的功能从古到今发生了很大的变化，大多数字只代表语素，在发音单位上为一个音节，"但是表面上看不出来"。岂止这一点"表面上看不出来"，汉字不仅表意，更是表词这一点也是许多人从"表面上看不出来"的，这妨碍了他们对文字和语言的关系以及其他相关问题作进一步深入的思考。这里的"词素"我们也可称为语素。

2. 假名的性质

假名本作"借り名"，即借来的文字之意，它是一种音节文字，这已有定论，尽管它来自语词文字汉字。埃塞俄比亚的阿姆哈拉文（Amharic）也是音节文字，在某种意义上它是更为典型、更为纯粹的音节文字（不像日语文字体系中还有语词文字汉字）。另外，它还有一个特点，就是"阿姆哈拉音节字母等于是把附加表示元音的小符号跟辅音

---

① 文武. 汉语语素的定量研究 [J]. 中国语文，1984（5）。
② 如有拨音的话，那么再加一个辅音。
③ 周有光（1998：115）。

字母连接起来",① 从而能够明确表示元音,便于分组认读,而"日本假名以语词符号(汉字)为基础,是一种没有'体内分音'的'整体字符'。假名需要各个认读,不能分组认读。"②

周有光先生认为,表音文字有三个层次:音节文字、辅音文字和音素文字。在日语的文字中,除了有音节文字假名和音素文字罗马字之外,还有语词文字汉字。音节文字和汉字的区别姑且不论,在比较音节文字与音素文字的区别时,他指出:"音节字母可以整体认读,字母多而拼音不灵活。音素字母必须分析认读,字母少而拼音灵活。阿姆哈拉音节字母是综合思维的产物。希腊、罗马和后来的西方字母是分析思维的产物。"③ 其实,较之阿姆哈拉音节字母,汉语的综合思维的特点更为显著,这与它的表词性也是紧密相关的。在一定意义上说,阿姆哈拉音节文字同汉语的形声字倒是有些相近。

音节文字有一个特点,就是使用这种文字的语言必须是音节少、音素较为单纯的语言。在日语中,基本音节只有50个,而阿姆哈拉音节字母则要容纳多一些,共有251(或247)个④音节字母。这种差别也能够在一定程度上说明为什么需分组认读,因为只有这种结构才能容纳较多的音节表达的需要。在此意义上,阿姆哈拉音节字母也可看作是介于汉字和假名之间的一种文字类型。在汉语中,音节约有1300余个,这也从一个侧面说明,音节文字不适合汉语的需要。换一个角度看,日语音节少,却丝毫不妨碍其语言表达,这主要归功于汉字、汉语词的介入。阿姆哈拉文之所以音节多,是因为没有如同汉字那样的语词文字的介入。否则,它是不需要如此之多的音节字母的。

3. 汉字与假名的生成

假名衍生于汉字,或者说是脱胎于汉字,由汉字发展、演变而来。

---

① 周有光(1998:291-292)。
② 周有光(1998:292-293)。
③ 周有光(1998:292)。
④ 周有光(1998:291)。

这种衍生、演变到底说明什么问题呢？简言之，假名之所以能够产生，应该说是日语吸收汉语后所做出的一种折中性的调整，也是一种必然的结果。笔者这里特意使用"生成"一词来表明其产生的必然性，以示与其他的人为改变文字系统的做法作区别。这种折中性的调整经过漫长历史的冲刷、滤析，最终使汉字逐渐朝着拼音化的方向演化、发展。

　　从文字学理论上讲，任何一种文字都包括音符、意符和记号。意符又可分为形符和义符。汉字的音符和拼音文字的音符有很大区别。汉字中绝大多数为形声字，并且自古以来呈不断增加的趋势。有人据此认为汉字由表意向表音方向发展，事实上并非如此。裘锡圭先生在《文字学概要》中指出："汉字绝大部分是合体字。合体字的性质没有发生根本的变化，也就是汉字的性质没有发生根本的变化。所以我们既要充分认识到记号字跟表意字的不同，又不能过分夸大记号字的出现对汉字的整个体系所发生的影响。"① 甚至有学者如曹先擢认为："形声字的增加，从主要方面讲是大大加强了汉字的表意性，而不是相反。"②

　　两位学者的话尽管是就汉字而言，但对于我们认识中日两国文字体系及语言系统的基本特点和根本区别也大有裨益。

　　从文字发生的角度看，尽管存在种种差异，但总的来说，人类文字的历史可以说大致走过了相同的道路。一般认为，人类最早的文字是象形文字，然后是表意文字，最后是表音（音节、音素）文字。许多文字本身的发展过程就经历了这些阶段。中国的汉字起源于象形文字，但发展到今天仍然是语词文字，那么中国的汉字为何没有走上音节文字或音素文字的道路上去呢？中国百余年来的文字拉丁化运动为什么屡屡受挫、遥遥无期呢？撇开诸多人为原因及一些偶然性因素不谈，其中还有更为本质的、抑或说是必然的原因，那就是，每一种文字的产生（对于某些国家、地区来说是采用、选择的问题）都必然要与其所在的语

---

① 裘锡圭（1988：14）。
② 曹先擢．汉字的表意性和汉字简化［C］//汉字问题学术讨论会论文集．北京：语文出版社，1988：18．

言系统的内部结构机制相适应，尤其是采用外国文字时都必须像日语这样，经过适度的改革或改造。特别是从一个较长的时间跨度来审视，这一点就愈加明显和突出了。例如，汉字也被朝鲜语借用，但为什么没有生成像日语假名那样的音节文字，而只产生了音素字母谚文。偶然性中往往蕴含着一种必然性。决定一种语言采用什么样的文字至少有两大因素。除了一个大的普遍规律外（象形→音节→音素），还要看这种文字与这种语言的结构是否相适应。

徐通锵先生在《语言论——语义型语言的结构原理和研究方法》中说："世界上各自独立形成的文字体系，如中国的方块字、埃及的圣书字、两河流域的楔形字和中美洲的玛雅文，都是意音文字；当时人们所能分辨的最小语音结构单位是音节。这些文字体系所记录的语言，汉语的符号（字）是单音节的，其他语言是多音节的。在这种简单现象的背后隐含着人类语言的重大编码原理，这就是：音节对于汉语的编码来说是一种自足的单位，一个音节就可以编成一个'码'（字），而对于埃及等其他语言来说，音节不是语言编码的自足的单位。'差之毫厘，谬之千里'，这种差异影响文字的不同发展方向：一个音节与一个'码'对应的向表义化方向发展，不对应的向表音化方向发展。"[①]

在我们阐述中日两国文字体系的异同点时，不妨从语言文字发展的历史中去寻找答案，即在汉字进入日语后所做的折中性调整的过程中，去寻找两种语言的根本不同点，因为语言学上历时和共时往往可以互相参证。

汉字至晚在4世纪前就已经传入日本，最初只是作为汉语这种外来语言的文字，后来逐渐用于书写专有名词。由于日本本无文字，加之对大陆文化的顶礼膜拜，故汉字成为一种不但具有实用功能而且随着时间的推移还带上了符号意义的功用。开始只是借用，之后在利用汉字表达自己语言的过程中逐渐意识到，许多词（如助词、助动词）没有与之

---

① 徐通锵（1997：31）。

相适应的文字,遂创造出类似中国六朝翻译佛经时就已开始使用的假借字(手法),即将汉字表音化,见诸《万叶集》中的万叶假名即为日语假借字的滥觞。这是日语和汉语这两种系统不同的语言发生抵触,在文字上所出现的必然结果。之后,不仅是虚词(附属词),连实词(独立词)也开始采用万叶假名标记。有的还考虑字与词义的关联,有的则只是单纯借音。此后,万叶假名进一步发展,经过草假名阶段,最后产生出平假名和片假名。这一过程即是一个向音符方向发展、即向拼音化方向发展的过程。当然,这一转换也是有条件的,条件之一是日语的音节结构比较简单,同时日语多为多音节词,这样便可以通过多个汉字(后来变为多个假名)来表达一个有意义的单位即词。

一如前述,日语是一种音节少的语言。在某种意义上,音节文字是最适合这一音节少的语言的结构特点的。反之,如果使用音节文字来记录音节多、构造复杂的语言的话,如印欧语或汉语的话,那么这种音节文字就需要有很多很多(不易重复),并且在实际运用上也会遇到很多问题。埃塞俄比亚的阿姆哈拉音节文字正是因为其具备了较之假名更为有效的字母结构,即所谓的"分组认读",减少了重复率,所以才能够容纳251个音节,而日语的假名就不可能。

反观汉语,汉语是一种语词·音节文字,它与汉语是孤立语这一特征是最相适应和吻合的,有其优越之处,最大的好处即是字与词(或语素)在同一平面上。在此意义上,汉语是一种"言简意赅"的语言,更确切地说,不妨说"汉字是一种'字简意赅'的语言",这种思维方式凝固成了一种思维定式,积淀了几千年,直至今天。有例为证,因为中国人长期以来习惯了字表义的这种思维定式,加上其他内在原理[①],外来词中的音译词进入汉语的话,如果音节数超过了3个就很不稳定。短期内可能会有市场,但长期看被淘汰的概率很大。例如,在现代汉语中,一些诸如相对独立的副词、象声词、语气词的写法不很统一(从

---

① 详见徐通锵(1997:31)。

日汉词典中大量拟声词、终助词的译法中就能看出），更确切地说，莫如说难以统一，因为它们没有明确的语义对应基础作物质依托（音和义的结合纽带比较松散）。

　　回到裘锡圭先生的那段话，20世纪40年代有人提出"汉字是过渡文字"，还有人凭借汉语汉字中十分之九是形声字就断定汉语将拼音化，这些都是属于浅见。况且，汉语还有一个特点，就是音素多而音节相对少，且每一个字都有声调，若走向拼音化的话就更难辨认了。

4. 汉字与日语

　　语法构造也是决定文字性质功能的一个重要方面。日语是半屈折语，即有所谓的活用（包括用言和助动词）。汉语之所以能够使用语词文字汉字，是因为汉语的语法关系主要靠虚词、语序以及其他潜在的意合因素，而没有屈折现象。因此，用汉字去对应日语中的屈折部分即活用词的词尾诚可谓是勉为其难①。日本古代在汉字和汉文化大行其道的年代里，很多人出于一种现实需要（包括炫耀学问），创造了一些假借字去应对那些本不能用汉字书写的词。但事后证明，除个别的例子［如"度（たい）"］之外均不可行。有些之所以能够残留于世，也是出于一种与汉字字义保持牵强附会联系的意识。原本这些就是阴错阳差而来的，因为它们不适合日语本身的特点。直到今天，日语文章中用汉字书写的也仅仅停留在名、形、动等实词上，连副词也鲜见用汉字标记。这恐怕是因为，副词的词义很容易依赖上下语境，主观性强，故太模糊，不甚稳定。

　　日语将汉字进行了改造，使其变成了音节文字，可是又没有彻底摆脱汉字，究其原因，从语义词汇学理论上看，日语的音节少本身就意味着另一潜在的事实，那就是单位音节组合（词）的语义结构较为简单、模糊，因为音节组合缺少变化，数量较为有限。借助这些构造简单的音节组合无法（不足以）去区别、分割大千世界林林总总、纷繁复杂的

---

① 中世的变体汉文里就有许多这方面的例子。

事物、概念、意象等等。因此，汉字乃至汉语词进入日语不全是一种偶然，日语需要汉字，更需要汉语词，至今未能摆脱它们的影响，反而与日俱增。我想，日语之所以被称为是暧昧的语言，与此特征也是有关联的。

　　汉字大多为词或语素，语义明确、严格，有所限定。这一长处弥补了日语词汇少，语义暧昧、笼统、模糊的缺憾。重情感性、主观性表达的古代日本人大量引进汉语的形容词（变成日语的形容动词）即能很好地说明这一点，因为日语固有的形容词少且表义不明确。反之，日语中的固有词汇中，相对而言，拟音、拟态词及其他一些副词很发达，因为它们是一种诉诸感官、感觉来捕捉词义、倾向于从直感去把握的词，而不是从严格定义的概念出发去把握，故最贴近生活，也最不易被改变。

　　总之，通过以上分析，我们就能够知道，日语本身的音韵、语法、词汇的特点决定了汉字、汉语词进入日语之后，在改造的基础上又被有效地吸收和利用是有其必然性的一面的。

　　顺便提及，日语之所以能够吸收大量音译外来词，除了为好奇心所驱动、语法构造上的特点（黏着语）之外，还有一点恐怕在于：日语中本来就是多由几个音节构成一个有意义的语言单位（词），这已成为思维定式。所以，日本人对有数个音节组成的外来语译词不会像中国人那样产生抵触。在中国，这类音译词不与意义结合的话就只能是昙花一现，不啻匆匆过客，留下的只能是像"卡车""可口可乐"这样的音义结合体了。

二、中日两国语言文字功能的差别

1. 日语文字的功能

笔者在《日语文字体系的特点及文字教育的重要性》一文中将日语文字系统的特点归纳为三点：（1）混写体系；（2）音训兼用；（3）视觉文字。这里想说明的是：（1）日语语词文字和音节文字混写并存是表，(2) 音、训兼用是实，而 (3) 视觉文字则是从另一角度即认知的角度去把握。另外，这里想再加上一个，即（词义上的）轻重并举。为叙述上方便，将次序作一下调整，改为：(1) 混写体系；(2) 音训兼用；(3) 轻重并举；(4) 视觉文字。

(1) 混写体系（形式上的）

世界上恐怕再也找不出像日语这样的、同时兼用几种性质不同的文字的语言了。分别是语词文字汉字，音节文字平、片假名以及音素文字罗马字。这几种性质不同、阶段性各异的文字在同一种语言中能够并行不悖、有序有机地被使用，这本身即堪称奇迹。这种粗看纷乱、实则非常有效的、极具表现力的文字体系，在其表面现象后面势必蕴含着一种合理性，即前述的诸如音节少的语言先天不足，故引进汉字、汉语词以有助于分割、限定词义等。此外，还有以下几个因素。

文字是用来记录语言的，更是让他人认读的。因此，文字的辨读性是为任何语言所优先考虑的因素。现行日本规范书写格式为"漢字仮名交じり文"，即起到了很好的辨读作用，独立词为实词（一般有实义），用汉字标记其全部或一部分；而附属词则大多为虚词，用假名标记。这样一种有规律的、且又具弹性的书写方式一旦固定下来，必然会使读者养成一种阅读定式，特别是像日语这种音节文字，既不同于一字对应一词（或语素）的汉语，也不同于采用音素文字的印欧语（有分写），这种直观的书写形式有益于阅读者加快阅读速度。

此外，由于日语音节简单、音素少，汉语词进入日语以后，有很多成了同音词。而且，在日语中声调的作用又不显著，故汉字可以起到区别同音词的作用。即使不是汉语词，和语词中一字多训的现象也很多见，同样要求通过汉字来明确、限定词义。汉字字简意赅，又是出现在"漢字仮名交じり文"里，故而格外醒目，一目了然。

很难想象没有汉字的参与，日语文章会是怎样的一种状态？日本学者安本美典曾做出预测，到2191年汉字将从日语文章中消失。笔者认为此说有失偏颇，除非日语语言结构本身发生质的变化，否则"漢字仮名交じり文"的书写形式将在很长一段时间内一直存在下去①。

（2）音训兼用（构词上的）

音训兼用是我们在考察、评价日语文字问题时不容忽视、难以回避的一个方面，也是构成日语语言鲜明特色的一个重要侧面。在语法结构上和日语相似的朝鲜语里只有音（字音），而没有训，这一点耐人寻味（恐怕与朝鲜语的语音结构较为复杂不无关系②）。

大致说来，日语中的音（字音）对应着汉语词，训（字训）对应着和语词。而同样一个字，如"花"既可以出现在和语词中，如"花（はな）"，也可出现在汉语词里，如"花粉（かふん）"。这样，从结果上看，这个标记字便在意义相近或相关的两个词之间搭起一座桥梁。对事实上采用同一个汉字做标记的和语词与汉语词之间的关系，用一个可能不太恰当的比喻，恐怕可以比作汉语中的单音节词即字与带有这个字（语素）的双音节词之间的关系。

汉语到了中国两宋以后，双音节词明显增多，到了今天汉字则绝大多数都变成了语素，而不能单独使用了。这是因为，随着社会生活的复杂化，以及人们对客观世界认识能力的显著提高，这种以字为单位的形式已不敷用，因此双音节词（以及多音节词）大量产生。这是主观对客观变化做出的一种调整，也是人的思维能力日趋复杂和发达的必然结果。不只在汉语史上，日语发展史上同样也是如此，更何况日语本身音节结构较为简单（见前述），这种需要就更为迫切了。因此，汉语词进入日语，为日语的词汇系统增加了一个新的层次。当然，和语词随着时代的发展也生成了许多语素，但由于它自身的缺点（暧昧、音节多等），与汉语语素相比所起作用要有限得多。在中世，日本出现了汉语词热，并一直持续到江户时代。到了明治初期，又一次出现了汉语词流行的局面。这除了时代背景外，还有前述更深层次的语言背景。今天，

---

① 参见潘钧（2000b）。
② 朝鲜语中有2000余个音节，故无法像日语那样由汉字生成表音节的文字。

在日本虽谈不上汉语词热（外来词更热），并且有一部分作用被铺天盖地的外来词所取代，但汉语词的优越性决定它仍然是不可动摇的[①]。音训兼用究竟对于日语产生什么样的作用，笔者在"浅谈汉字、汉语词对日语的再塑造作用"一文中从多个角度对其进行了阐述，敬请参照。

（3）轻重并举（词义上的）

这一特点定名为"轻重并举"或是"两种符号"，也曾考虑过"虚实并举"的提法，总之意在凸显和语词（语素）与汉语词（语素）作为两种语言符号混合于一种语言系统中的事实。与（2）有关联，角度却略有不同。（2）突出的是方式、手段，这里强调的是其作用、效果。

汉字、汉语词进入日语，客观上使日本人的思维和表达趋于更加严密和丰富。另一方面，由于表示同一语义的和语词和汉语词在语感上稍有差异，这样便使得桥（前述以共同的汉字为中介）两端始终保持一种既相联系、又有所区别的开放、灵活的态势。这种区别不是来自词义，更多的是来自作为两种符号系统的差别。这一结构为许多假借字（广义上的）的产生提供了条件［参见（4）］。

这里所说的"两种符号"是指由于词义本身的差别以及历史积淀造成的结果。汉语词一般多凝重、明确，而和语词则模糊、笼统，语感上也不如汉语词那么郑重，从而形成了两个不同的符号系统。当然，在我们汉语当中，也有用于普通场合的词和用于较为正式、庄重场合的词的区别，但总体上说不如日语那样泾渭分明，个中原因我想与上面提到的（2）音训兼用的方式有关。在汉语中，绝大部分字都变成了语素字，而不能单独使用，因而能够构成像日语那样对应的词不是很多。反而，因为字成了语素，继而借此语素又生成许多新的词汇的现象倒很普遍。

日语中，由于长期使用汉语词，到了明治时期，很多汉字演变成了词根（或词缀），即变成了语素，为创制大量汉语词奠定了基础，可谓

---

① 详见潘钧（2000b）。

水到渠成。因为印欧语（主要是英语等）在构词上很有规律，这些汉语语素的生成促成了大量新的词语的出现。就拿词缀（接辞）来说，就有"不、非、的、性、化、员"等，这些词缀后来随着近代日语借词的流入甚至反过来影响我国的汉语词汇。当然，外来词中也有语素，但一来不直观，二来也没有像日语那样通过音训兼用这样一种机制来维系与固有词汇（和语词）的联系。关于近代日语词汇（主要是译词）的产生规律，可参考森冈健二的《近代語の成立》。

总之，混写体系也好，音训兼用也罢，都是因为两种不同的文字符号有机地存在、作用于同一文字体系的结果。在认知、修辞方面，其效果更为明显。

（4）视觉文字（表达上的）

上面分别从形式、构词、语义三个方面归纳了日语文字体系的功能。这里拟从表达（修辞）认知的角度，以"视觉文字"为切入点，展示一下日语文字体系最具特色、又是最为显著的特点，而这一特点却往往被人所忽视。

"视觉文字"的提法很容易让人联系起象形文字或者是表意文字，但这里所谓的"视觉文字"的内涵与此则有所不同。现在日语采用"漢字仮名混じり文"的书写方式，使得各种文字之间产生对比，用汉字书写格外醒目。并且，如（3）所示，各种文字作为文字符号所具有的性质特点又有所不同，加之长期的阅读经验给读者造成一种心理上的暗示，从而自然而然地形成一种阅读惯性。内容暂且不论，如汉字在一篇文章中所占有的比例过大的话，那么给人的印象是，这篇文章的文体比较正式、郑重，或内容比较晦涩、艰深等。反之，如若假名多的话，那么阅读者可能会猜想，这篇文章的内容恐怕比较贴近生活，文风比较随意，比较好读。而若是一篇满是片假名的文章，那么这篇文章就可能是内容比较时尚或者含有很多拟声词、拟态词或者是动植物名较多，等等。

此外，日语中的视觉文字的特点还表现在假借字上。这里所说的

"假借字（あて字）"不同于一般日语学上所规定的狭义上的假借字，而是将它推而广之，范围划到了包括熟字训以及准假借字①在内的假借字。这些假借字如"運命（さだめ）""生命（いのち）"，由于不合正训，使用上必须以注振假名为前提。这种文字与词的组合（两种符合系统的组合）上的灵活性进一步凸显了日语文字视觉性的一面。由于日语中字与词的对应关系（音或训）本来就比较松散，从而使这种组合成为可能。而这种临时性的组合反而会给阅读者带来某种意想不到的效果。反之，过度的临时性又会妨碍学校教育中有关规范化用字的教学效果，故遭到了政府相应语言文字政策的限制。但在文人笔下，这些假借字尤其受宠，这在一定程度上说明了这种组合的合理性和被需要的程度。关于这一点，笔者在《日语中"あて字"的定义和性质问题》一文中作了分析。在笔者看来，"あて字"的产生有其必然性，是用汉字标记日语的必然结果。它拓宽了日语的表达空间，这种拓宽就好比汉字进入日语后，日语中增加了促音、拨音、长音、拗音等；外来词进入日语后，增加了诸如"シェ""フィ""ヴァ"等音节一样，是对固有语言体系的补充。

2. 汉语中汉字体系的功能

在汉语中，汉字为书写汉语的基本物质手段，书写一词用日语说，应译为"書き表す"比较恰当，可是在汉语中乃至世界其他许多语言中却都没有"表记"这个概念。笔者个人认为，书写本意即为写，写为描摹，即将所思、所闻、所说等录于笔端，即强调描摹语言的发音。而日语的"表記"则更强调通过运用文字等符号手段来达到某种表达效果。如《日本語事典》中所定义："文字を中心とする表記記号を使って、言語を視覚的に表すこと。表記行動ともいう。"这里所说的标记包括了汉字、平片假名以及振假名、送假名等的使用，甚至还包括了标点符号等等。标记手段之所以如此丰富、复杂，是同日语文字体系的

---

① 指本有定训、却故意使用其他表记以谋求达成某种特殊效果的表记。

多样性、复杂性分不开的。

因此，在日语中标记是一块比较重要的领域，特别是在古代，它同各种文体的发达和展开是紧密相关的。而在汉语中只有研究文字的学问，尤其在古代，如"小学"，而似乎没有研究书写的学问（就算有也不属于语言学研究范围）。因为汉语书写方式单一，几乎没有选择的余地。而在日语研究中，文字和标记（表达即修辞）常常连在了一起，两者密不可分。

中日两国语言体系不同，文字功能也很不相同，可比性似乎不强，但在有限的范围内，进行有限程度的比较也还是有一定的可比性的。仅就语言符号的异同看，比如不懂日语的中国人看普通的日语文章自然会有一种感觉，这同不懂中文的日本人看中国人写的汉语文章很不一样，这种感觉上的偏差就好比，同是杜甫的《春望》，用汉语读和用汉文训读文形式读完全是两回事一样。这里有词汇的问题，有韵律的问题，也有语言表达习惯的问题，但归结起来其实是一个问题，核心是文字。因为汉字形、音、义三位一体。字形（繁简体的区别）暂且不论，音和义本来就是不可分的，结合紧密。就拿现代汉语文章来说，汉语中虚词较少，多数为有实义的词，并且其中有许多双音节词，日本人看汉语文章势必就觉得凝重、颇有气势。此外，我们也不能忽视日本人从小就受到的汉文学教育的影响。这种感觉的形成非一日之功，其影响也不会稍纵即逝。天长地久，在中国人看来是很普通的一个字，甚至虚词，如"了""着"等在日本人的眼里，或在他们的潜意识里恐怕也都会产生一种厚重、异样的感觉了吧。关于这一点，近代谙熟中国文化的内山完造在《活中国的姿态》一书中就曾尖锐地指出：

> 我认为支那人的实生活，却并不能随了日本所使用的汉字东渡，成为舶来品的。退一百步说，即令与实生活同渡了，而其后汉字的内容也无疑地大大地变其性质了。盖原不过是生活符号之汉字，传来后，不仅奉之如神圣，且因传入的人均属上流阶级，故益使一般人敬上加敬，而尊其专门家曰汉学者了。若仅止于此也还罢

了。受人尊重的汉学者们便锦上添花，传言汉字乃均具非常的深意在内。这种锦上添花的内容，今犹一仍其旧。此外，日本又有了所谓的假名（kana），使文学的意味益趋艰深。实际上，须知汉字不过是中国的假名（现在的注音字母之类，系最近参考日本假名之便利而制成者，此地不值一论），而映在我们日本人头脑里的汉字的内容，不仅与支那人之汉字之内容距离极远，往往根本不同呢。①

当然，这是就中日两国文字深层次意义上的不同发表的见解。早稻田大学教授杉本つとむ在强调日语汉字的独立性方面甚至断定："一口に日本も漢字文化圏という。しかし実体はそうではない。むしろ漢字＝中国語のための文字を拒絶したところに、日本文化は栄えたということさえできる"②。

反之，中国人在读现代日语文章时，由于字形上以及词汇上的某些特点（如有的符合古义，有的则词义范围、褒贬色彩等不同），则又会产生一种特殊的感觉。

三、结语

有比较才会有所发现，这是进行比较研究的根本目的和意义之所在。通过以上对比，得出以下几点结论：（1）文字体系不是孤立的，它同音韵、语法、词汇等均有着千丝万缕的联系；（2）文字的发展有共性也有个性，但终究是为语言表达服务的，是第二性的，是从属性的，有什么样的语言决定使用什么样的文字；（3）中日两国文化"同文同种"是表，其实在很多方面包括在文字（汉字）上也存在诸多差异。

---

① 内山完造．活中国的姿态［M］．龙炳圻，译．兰州：敦煌文艺出版社，1995：32 - 33.
② 杉本つとむ．文字史の構想［M］．東京：萱原書店，1992：11.

【参考文献】

[1] 潘钧．日本語における漢字の機能について［C］//21世纪的日语教育．大连：大连理工大学出版社，1998．

[2] 潘钧．浅谈汉字、汉语词对日语的再塑造作用［J］．日语学习与研究，1998（4）．

[3] 潘钧．日本汉字的特殊性——兼与中国汉字作比较［C］//全球化与中国、日本．北京：新华出版社，2000a．

[4] 潘钧．日语中的"あて字"的定义和性质问题［J］．日语学习与研究，2000b（4）．

[5] 裘锡圭．文字学概要［M］．北京：商务印书馆，1988．

[6] 徐通锵．语言论——语义型语言的结构原理和研究方法［M］．长春：东北师范大学出版社，1997．

[7] 中国社会科学院语言文字应用研究所编．汉字问题学术讨论会论文集［C］．北京：语文出版社，1988．

[8] 周有光．比较文字学初探［M］．北京：语文出版社，1998．

日本人汉字观之流变

——从使用者、意识、内容和技术诸要素谈起

汉字作为一种外来文字，在日语中逐渐得到应用和活用，迄今已有近两千年的历史了。在此漫长的历史长河中，汉字在日本人的意识当中究竟是一种什么样的存在？即日本人的汉字观如何？汉字观对日本人选择和使用汉字起到了什么作用？这些都是值得我们深入探讨的问题。这里面既有意识层面的问题，也有技术环节的问题，还涉及语言文字所能表达的内容问题。

最初汉字传入日本，是随着当时高度发达的中国文化一起进入的。汉字作为文化的载体和媒介，在日本得到了极大的尊重和崇拜。并且，汉字不是表音文字，而是"表词文字"（语素音节文字），最初读音上的障碍和意义上的难解在很大程度上助长了汉字的神秘性和权威性（这种意识至今仍可见到）。此后，在对汉文进行解读的过程中，日语中逐渐产生了"音训"，汉字遂成为日本正统的文字，并且在相当长的一段时期内，汉字被看作是唯一的文字，这种状况直到江户时期才有所改变，特别是随着罗马字（拉丁文字）传入日本，汉字的地位开始发生动摇。明治时期以后，在西方文化的影响下，主张废除汉字或限制汉字或建议采用其他文字（假名或罗马字）的呼声此起彼伏，一时间声势浩大。1946年，在美国的压力下，日本政府颁布了《当用汉字表》，1981年又颁布了《常用汉字表》，甚至有学者预测，汉字在不远的将来就会消失。然而，时至今日，随着汉字计算机处理技术的提高，汉字的

地位有了很大变化。在当代日本，汉字甚至还有复苏的趋势。尽管如此，仍有一些日本学者对汉字将来的存废兴亡抱有怀疑。他们的意见各有不同的代表性，思考起来需做具体的分析。

本文拟对日本人汉字观的演变做一下历时的勾勒和描述，以为我们今天深入理解日本汉字的性质和特点做一些参考和依据。这里，笔者拟把汉字观的概念放宽一些，即试图从宏观的角度审视一下汉字在日语中使用的必然性和内在规律。

一

日本本无文字，汉字来自中国，这是毋庸置疑的。《古语拾遗》中有"盖闻，上古之世，未有文字。贵贱老少，口口相传，前言往行，存而不往。书契以来不好谈古。"之辞。虽然有学者认为，这里的"文字"不是泛指文字，而是专指"汉字"①，但仍然不能改变日本"本无文字"的事实。"神代文字"之说早已遭到了否定。

在最初，汉字是随着所谓渡来人传入日本的，这些渡来人有很多成了专门从事文字工作的史官，如"史部"等。他们在社会中虽属于少数，但一度曾是唯一的文字掌握者和使用者，是当时日本社会中的特权阶层。推古朝以后，日本已有了汉文训读方式，这样便产生了"和训"。和训的诞生为汉字和日语（凭借意义上的相近或关联）架起了一座桥梁。与此同时，功能主要在于表音的万叶假名得到了广泛使用。不过，万叶假名只能解决一时之需，单凭万叶假名书写日语仍伴有很大困难。关于这一点，太安万侣在《古事记序》中就已明确指出："已因训述者，词不逮心。全以音连者，事趣更长"，充分说明了使用汉字与生俱来的苦衷。可见，虽然有万叶假名，但仍难以摆脱"真名（即汉字）"，日语的表达仍需要靠和训作依托，其原因想来有三，前两个如

---

① 参看中田祝夫（1982）。

其所言：①若全部用和训（正训），中日语言不同，毕竟有隔靴搔痒之嫌，字面与所要表达内容之间多少存在距离，难免词不达意；②全部将汉字用作表音文字（万叶假名），词形上太累赘，认读效率极低。另外，③万叶假名系汉字的表音用法，然而汉字本身就有很多同音字，难以统一；况且多数汉字均独立表义，在具体运用时，意义的关联（通过和训的媒介）必然会给阅读带来障碍。比如，汉语中没有与日语中的助词、助动词等相对应的词语，所以古代虽偶尔有像"鴨（かも）""目出度い""宜敷き"这样的尝试，但实难推广，因为字义和原词之间没有确定的语义对应方面的物质基础。一言以蔽之，汉字毕竟是借来的文字，不管主观上如何奉为上座，使用起来仍无法完全得心应手。

进入平安时代之后，虽然日本人发明了平、片假名，但最终没有完全取代汉字，即没有走上全部采用音节文字的道路。既然是假名（借来的文字），就不算是正式文字，这仍然同当时人的使用汉字的意识在先相关。具体说，个中原因不外乎以下几个因素：（a）和训的产生（是汉字使用的基本保证）；（b）汉文训读的存在（是源于学习大陆文化的需要）；（c）书面文体和普通口语文体不一致（言文脱节可维系各自相安无事）。其中，意识因素起到了很大作用。比如，万叶假名虽主要表音，但并没有随着平片假名的诞生而销声匿迹。在早期日本的辞书及地名等场合中仍然广泛存在，这很大程度上是由于汉字的符号功能，即由上到下、根深蒂固的"汉字正统观"使然。仔细想来，这本也是十分自然的事情。汉字、汉语词来到日语中，其身份首先是作为一种形而上的东西，写文章就是写汉文，受到特殊的尊崇和礼遇不是偶然的，使用汉字的意义往往还不在于内容，更在于其本身。当然，还有另一层原因，就是如辞书、地名等中所示，古代举凡一切援用前例的惯性力量是很大的，特别是专有名词更不易更改①。进言之，再如，在《和名类

---

① 人名、地名尽管是一种符号，但却是一种最难以让人忽视的命名，人们喜欢在命名中赋予某种主观色彩。

聚抄》等辞典中排列有很多和训，但并不一定说明当时就是如此使用的，它们仅仅是和语词与汉语（字面上）的简单对应，这就有必要调整我们对"和训"的理解。书面语主要是供默读，它是以意义上的理解为纽带的。所以，当时的汉字及汉字标记词中有很多并不是以诵读为前提的，而是一种认读的词语，甚至是一种用于视觉装饰的词语，或者也可以说，其目的是为了在固有的日语中找到可以对号入座的词语，其最终目的仍是为了方便日本人使用汉字词。这反过来，也更加证明了汉字及汉语词在当时日本人心中的权威地位。

总之，源顺的"仮字"说法代表了平安时代日本知识分子对文字的一般看法。在他所编的《和名类聚抄》中，把中国典籍中的汉字用法称为"本文の正説"，其他所有的不见于汉文典籍的用法称为"仮字"，这充分表明了当时中国用法正统观的观点。这与当时那个时代的政治和文化背景密切相关。因为在古代汉字文化圈中，汉字对于包括日本在内的周边国家来说，它既是外交语言，也是文化输入的主要媒介语言。

可是另一方面，汉语汉字毕竟是外来语言文字，用起来往往"词不逮心"，其语词难以用来确切表达日本人细微的心灵世界和感情世界。为使用固有的民族语言（和语词）来创作和歌、撰写日记等，古代日本人不得不对汉字做技术处理，主要手段就是大量使用表音的万叶假名。为此，汉字的表词功能受到最大程度的抑制，直至蜕变为一种纯表音的符号。进入平安时代，代之以平片假名的兴起。假名在当时虽不登大雅之堂，但毕竟为日本民族文化的繁荣奠定了坚实的物质基础。

二

虽然汉日两种语言之间在语法、语义等诸方面存在着巨大差异，然而，在一个意识先行的时代里，技术上的问题往往被摆在了次要的地位。平安时代前一百年，在当时的日本，汉语、汉诗文得到了极大尊崇，以汉诗文等为代表的大陆文化大行其道，涌现了像《文华秀丽集》《怀风藻》《经国集》这样高水平的汉诗集，这段时期后来被称为"国风暗黑时代"。这种文化、文艺上的一边倒的现象，除了统计阶级的大肆宣传以外，还另需要具备一定的条件，这就要涉及表达内容的问题了。

当使用文字所表达的内容仅限于政治、伦理等以及制度、法律等方面的问题时，那么对汉文典籍照搬或稍加取舍便可。可是，生活中并不仅仅只有这些。实用性、即言文的一致性才是普通人使用文字的基本条件，它是汉字日本化的根本前提。社会的上层人士用假名（万叶假名）是研究如何使用汉字准确标音，而百姓则是用它来记录语言[①]，仅仅把它们看作是一种普通的符号。毋庸说普通人了，即便在《古事记》及随后的变体汉文中，也能看到古代日本人为完成内容的确切表达而试图摆脱既有汉文规范的意识，有很多汉字的用法成了所谓"和臭"。这就必然引出所谓内容左右汉字使用的问题。据说，在日本早期的宫廷曾流行说汉语，这毕竟是渡来人等少数人为之的事情，但在正式场合著写文章时，却只能是用汉文撰写。这种用外语撰文的需要只要存在一天，因母语带来的和臭自然就不可避免。由此看来，假名的诞生也是有其必然性的。

和歌不同于汉诗，是古代日本人表达自己心灵和感性世界最贴切的工具。所以，万叶假名的诞生在一定意义上也是内容的性质使然。然而，时至中世，掌握文字的阶层迅速扩大，本为书面语言的汉语汉字在使用上出现了诸多随意性，这样就势必会打破既有的平衡，使文字失去了其固有的神秘性和与之俱来的专制性。特别是武士阶级掌权以后，他们自身的文化修养水平不高，虽仰慕贵族文化，但他们不可能像昔日贵族阶级那样有健全的汉学素养，武士刚健质朴的文风不是来自附庸，而是实际需要。如此一来，考察汉字的使用，还有一个必须考虑的因素，

---

① 参看龟井孝（1964）。

就是使用者是谁的问题。于是，综上所述，我们对日本人的汉字观进行考察时可以引出这么一个图式：

技术

使用者————内容（题材）

意识

据此，决定汉字使用的要素至少有四个：使用者、意识、内容和技术。所谓技术是指汉字和日语之间存在的固有差异以及由此带来的诸般问题。这些要素相互关联，又相互制约，决定了汉字在不同时期使用的具体特征和状态。其中，最关键的要数内容和技术这两个要素了。内容是语言要表达的对象，技术是为达成汉字使用目的之保障。当技术难题走到一定程度的时候，有时又能促进意识发生改变，这需要有更大的背景和特殊的契机。以中世纪为例，随着汉字的平民化和识字教育的普及，导致包括假借字（所谓的"世話字"）等在内的各种汉语变体的出现。这些现象从表面看是源自文字知识的不足，但实际上是汉字与日语、特别是与实际生活中汉字使用上的需要难以匹配导致的必然结果。换言之，书面语和口头语的趋同化直接导致了这个结果，这便是所谓的契机。这是一个追求学为所用、注重实用性、没有绝对权威的年代。尽管有学问的人仍然恪守旧有的传统范式，但毕竟是少数。这从日本古代辞书性质的变化也能看出，大量注重实用性的辞书在此时期应运而生。辞书的目的至此有了很大的转变。可见，当生活中言文一致程度趋高的时候，技术上的难题会导致意识上的改变，虽逾矩而不为过。否则，在意识先行的前提下，在一定的范围内和一定程度上就能维持双重语言生活，即看（或读）的语言与平日生活所用语言间容许有一些距离或叫差距，但仍难免流露痕迹。上代的汉诗文出现和臭自不待言，中古、中世的变体汉文亦不脱此列。

内容因素当然也是非常关键的决定要素。"和汉混淆文"是一种混合文体，它客观上使得各自文体（文字）的长处得到充分发挥，在某种意义上就是内容直接介入语言的结果。在文体上,《平家物语》被视为"和汉混淆文"的鼻祖。这除了有语言继承和发展的必然性的一面外,两种不同文化背景下的话语方式上的不同也是促进这种混合产生的要因,这就要涉及内容和形式相匹配的问题。特定的表达内容需要有特定的形式。仅举军记物语为例,汉文体及汉语词适合表达战争的场面,而缠绵的情感、精神世界之描写则是和文体之所长。这既是结果,又是一种必然的抉择①。中世的佛教和军记物语更加贴近民众,这就促使汉语词进一步得到普及,使百姓对它们耳熟能详,汉字高高在上的地位发生了动摇。大量"假借字"("世话字")的产生,既是来自技术,更是来自内容。为此,内容的介入作用其实是很大的,是程度更深的渗透,因为语言本来就是为了内容表达服务的。在技术问题的解决上,日语历史上产生了大量包括"和制汉语词"在内的和汉复合现象,从一个侧面凸显了汉语汉字的日本化、即本土化的结果和性质②。

使用汉字表达日语,其技术上的难题主要有:汉字和假名是两种不同性质的文字,表词文字和表音文字的各自特点构成其基本矛盾。语法上,日语有助词、助动词,用言有活用;语义上和概念上,两国语言有很多不完全契合之处,这来源于两个民族对客观世界把握方式的不同,更何况还有很多专有名词(人名、地名等)在汉语中找不到相对应的词语。因此,汉字和读音(和语)之间的对应一直就具有离散的特点。所谓离散,就是大多数情况下是一种不完全的对应,这种假借字情结一直萦绕在日本人的脑海中,而且多层面地表现在日本人的语言生活中。涉及使用者的话,还有就是涉及表达效率和效果的问题。音节文字效率

---

① 远藤好英曾指出:"後々の文章の源流となる和漢混淆文は⋯⋯文体としては、漢文の余韻に富む簡潔さと対句による均斉美、片仮名交じり文の語り聞かせようとする表現態度、記録体の身辺の事実や儀式などの忠実な記述という記録的性格、仮名文の洗練された修辞や繊細な感覚的な性格や抒情性などを、調和させながら兼ね備えことになったのである"。引自遠藤好英. 古代の文体 近代の文体//阪倉篤義編. 日本語の講座6 日本語の歴史 [M]. 東京:大修館書店,1977.

② 参看潘钧 (2003)。

较低，汉字则可以弥补。汉字记录词或语素，即可以表达一个基本语义单位，而假名多代表一个音节单位。汉字可以把分散的音节统合为一个汉字，不论是读还是写，这都是有其便利之处的，可做到言简意赅。因为汉语概念的分化往往比日语要细，故遇到同音词时，汉字标记常常还可以起到辨义的作用。在语法上，汉字往往还具有统合的作用。尽管这些长处并非每一个使用者都能自觉意识到。古代日本人做了很多努力来使汉字尽可能有效率地为日语表达服务，早期的如宣命体文章中所示，对表音用文字和表意用文字做了区别，后来假名的发明似乎缓冲了这些矛盾，但根本矛盾没有解决，也不能完全解决。在江户时代之前，在日本推动汉字使用强势的基本动力就是内容和技术之间的拉锯战，即如何以适当的形式表达内容的问题。在江户之后，这种情况有了根本的改变。这是因为外部环境——即西方文化大肆输入的结果。

历史上，汉字汉语词使用的高峰时期分别是上代、中世、近世和近代。前三次都是汉文化大肆东渐的时期。上代的汉诗文流行，这其实是把汉字汉语当作外语来使用的。当时只有韵文材料，具体的口头语即纯正的民族语言不得而知，为此，与后来几个时代情况有所不同。随着假名的诞生，在后来几个汉字汉语词流行的时代，决定其使用状况的主要因素是内容上的强势，技术上为之做了一些改造。中世佛教文化的世俗化是促进汉字普及的重要动力，近世则是来自幕府对朱子理学的推崇和白话小说的舶来。但在平安、江户时代，由于外来文化的阻断和锁国政策，本民族文化得以滋长发扬，在空间和时间上具备了充分消化外来文化的条件。如前所述，口头语在书面语上的呈现，必然会导致表词文字（汉字）和音节文字（假名）之间矛盾的激化。为了克服汉语、汉字的负面影响，在技术上对它们有意无意地做了诸多处理。平安时代假名文学隆盛，克服了外来语言文字的不便，形成了民族文化的高峰；江户时代的庶民文学则形成了以假名为主、汉字为辅的架构，汉字变成了次要因素，它是为内容的表达服务的①，两个时代有着根本的不同。

  下面，试用这几个要素的相互作用，简单描述一下各个时代汉字使用的情况。须提及的是，除此之外，使用者方面还有一个层次的区别。书面语世界的维护者和平民自然是不同的，宫廷语言与百姓乃至知识分子的语言也是各不相同的。

三

  首先，上代汉文学盛行，这是由其内容的性质所决定的，掌握文字的人只占社会的少数。其后，由于万叶假名和平安时代平、片假名的发明，消解了由于外来文字带来的尴尬，这也是矛盾发展到一定时候的必然结果。由此，技术上的矛盾在一定程度上得到了缓解，但假名仅用于日记或随笔、物语等非正式场合，此时的假名仍然是一种少数人的专有物，"女手"的称呼充分地说明了这一点，但假名的诞生毕竟迈出了汉字和化的第一步。

  假名的发明是平安时代的重要创造，由此产生了和文体（假名文），日本的本土文学借此迎来了第一个高峰，以滋养泽被后世。但是，汉文体仍然是公家的正式文体，特别是在敕诏等正式场合，这种形式一直保留到了江户时代，它象征着在特定领域里的汉文化的绝对权威，是日本文化和文学发展的一个暗流。但另一方面，在所谓记录体及撰写公卿日记等场合，当内容涉及日常生活素材时，则诞生了所谓的变体汉文（记录体），出现了大量假借字。变体汉文是日本人主观意识上尊崇汉文、努力克服技术难题的典型事例。另外，在《今昔物语集》中，出现了大量汉语词和复合词。如其文本结构所告诉的那样，题材有来自印度的、中国的和日本本土的。文本的内容决定了汉语汉字在其中每一部分所占的比例。这一点十分具有象征意义，它充分印证了内容素

---

  ① 参看杉本つとむ（1982）。

材之于汉字（汉语词）使用的重要作用。

　　进入中世纪以后，由于识字阶层的扩大，以及佛教的世俗化，汉字开始走向民间。这既是对大陆文化憧憬之固有的情结意识所致，在很大程度上也是内容的性质使然。因为佛典在先，又是汉译佛典，国语（和语或雅语）自然无法替代之。以佛教为代表的汉文化在内容上的强势构成了中世纪的一大特征。民众对于佛教的普遍信仰，使得佛教词汇迅速融入日语。当然，佛教经典在上代就已进入日语，但中世纪以镰仓佛教为代表的世俗化是促使汉字汉语词流行的主要原因。民众对汉语汉字知识的匮乏和对规范意识的阙如进一步促成了包括假借字在内的诸种变体的产生。中世纪出现的和制汉语词（和製漢語）是汉语日本化的一个重要标志，也是其内在的尊崇意识外化的必然结果。这一切都是当时实用主义汉字观的具体体现。

　　江户时期，日本国学兴起，随着对本民族文化和精神的弘扬，语言文字成了所谓"日本精神"贯彻与否的众矢之的，假名作为正式文字的地位得到了伸张和加强。不过，在庶民阶层，平民教育抬头，由于大量来自大陆的公案小说等的舶来，包括宋元白话在内的近代汉语词进入日本。但此时出现的白话汉语词不同于先前进入日语的汉语词。为了既保持原作的风味，又能让庶民读者读懂，当时很多出版物采取了将和语词和汉语词结合在一起的"假借字"的形式（如在"打扮"这个词旁边标上其读法"いでたち"），即一个取的是字面，一个取的是语言。此时，振假名发挥了很大的作用，阅读时一般是循着振假名一侧读，而正文、即汉字字面则是看的语言或是默读的语言[①]。对照一下此时使用的大量假借字，其与变体汉文时代的已不可同日而语了。变体汉文是为"汉"而"汉"，江户时代的假借字则是旨在充分利用汉字的视觉作用以达到特定的修辞效果，出发点和目的大不一样。江户幕府采取锁国的政策，很难说日语在这个时代会受到汉语词汇的大肆影响，恰恰相反，

---

① 田島優（1998）。

作者们利用他们丰富的汉语知识，游刃有余地创造出斑斓绚丽的汉字表达世界，汉字此时在很多时候成为一种辅助表达的元素①，其作用往往就是装饰语言。

　　明治时期以后，意识、内容和技术三者达成了一种平衡。江户之前的"和制汉语词"是靠听来学的，而明治以后的是靠文字、即汉字来学习和认知的。据森冈健二的"形态素"理论②，日语在明治之前"字音形态素"的形成和发达可谓为这种统一提供了基本前提，也就是说，技术的手段发达了。虽然明治以后产生的包括翻译词在内的所谓新汉语词（新漢語③）主要是诉诸视觉的词，但这与始自上代的日本汉文学中的词汇有着本质的区别。此时日语中很多汉字都具有了音读和训读。训读实际上是对这个汉字所做的训解。它以"字音"的形式进入汉语词，但在构词和认知层面上，它却起到了中介的作用，弥补了听觉上的不足。为此，所谓"意识、内容和技术三者达成了一种平衡"，就是指这三者的分裂到此结束。具体言之，和语词的语素通过其标记字，进行音读，这样便成了一个新汉语词。这个新词不能脱离其标记字，而其反映的内容确是外来的概念，这一点亦与中世的"和制汉语词"有所区别。新汉语词等很多就是外来语（如英语）本身（概念），尽管它披着汉语词的外衣④。这样，就可以推导出形态素的发达是汉字日本化的一个基本指标的结论。因为在这些词中，字和词义的联系最为贴切，所以甚至可以说，新汉语词才是真正的日语词，此前的和训词不是（标记和语言不匹配，是假借字），汉语词也不尽然（中国传到日本的词语，是外来语），只有经过形态素的自我塑造产生的新汉语词才是。更有意思的是，在上代汉字是作为外语使用的，用来表达日本人的情感思想。可

---

①　杉本つとむ（1982）。
②　森岡健二（1987）。
③　一般指明治以后以西学东渐为背景出现的大量日语汉语词。其中，翻译词占据了很大部分。
④　高島俊男（2001）。

是，到了明治时期却反了过来，词的标记是汉语词的面貌，可是内容即骨子里的却是外国的，180度大转弯。

四

然而，对汉字的尊崇到了近世有了根本改变。江户时代，社会承平日久，国学开始勃兴，日本出现了对本民族固有文化内省的潮流，这种意识不是来自民间，而是知识分子。他们认为，假名也是文字，甚至认为假名才是文字，假名的正统性得到了承认。国学家本居宣长有著名的"汉意"的提法。他所谓的"汉意"其实就是要排斥中国文化的影响。他认为，中国思想的影响不仅之于读汉文典籍的读书人，对于没有机会接触汉文典籍的平民布丁也概莫能外，因为这种习惯来自千年之积习。为此，他建议要废弃这些东西。但这些只是个别前卫思想家的看法，与民间一般人的汉字观、即整个大局无碍。促使汉字在日语中的地位发生根本动摇的应该说是十六七世纪的兰学。"兰学"在日本兴起之后，由危机转变为契机，一些著名的兰学家，如新井白石等人发现了荷兰文字的优越之处。由于对西洋文化整体上的尊崇意识在先，他们就愈加认为汉字不便了，于是进一步产生了排斥汉字的倾向。明治时期，前岛密废除汉字的主张受到了美国传教士威廉姆斯的影响。后者认为，日本既然有假名，就应废除汉字，以利于文字教育。这是历史虚无主义的结果，特别是在崇洋的时代里。

另一方面，江户时代又是一个汉字汉语词流行的时代。此时，朱子理学受到尊崇，教育普及的结果使得识字阶层进一步扩大。宋元白话小说中的新汉语词汇给日本带来了许多新的汉语词。这些白话小说词汇彻底解构了既有的汉字。文字的大众化和书面语难解之间的矛盾以及表音文字和表语文字之间的矛盾难以回避。此时，解决这一困难的是"振假名"的发达（功能发生了转变，从注音到注义，再到假借字）。国内有人将"振假名"译为"注音假名"，只是凸显了其中一种功能。近世大量使用汉字汉语词（甚至近代汉语词）除了对大陆文化依旧抱有崇拜之情外，振假名的灵活运用从技术上对其做了保障。当然，此时的汉字在很大意义上转变成了义素（如前述带有振假名的假借字）。在以庶民文化发达为特征的江户时代，如果说原来是一种尴尬的话，那么后来乃至今后则是充分享受这种双重标记文化的妙处了，即便在现代日语中，这种灵活的标记仍然是屡见不鲜，有着很强的生命力。

历史发展到今天，经过近两千年的演化，以及明治以后所谓国语政策的规定和限制，汉语汉字在日语中的和化已经到了一个十分深入的程度。现在，很多时候汉字成了一种概念素，带上了某种特殊的符号性。日本人取名的习惯、喜爱的汉字等中就反映了这一点。这是汉字的符号性使然，是一种汉字尊崇意识的流露。以取名为例，往往是为追求一种视觉上的效果。日本曾进行过几次关于普通人喜欢的人名汉字的调查。结果，两次调查时隔14年，最受欢迎的汉字排名几乎没有变动："愛""誠""夢""真""美"等，尤其是"愛""誠""夢"堪称"三杰"。对日本人来说，由于汉字的表词性以及长时期汉文化输入等因素，这种场合的汉字与其说是一个字或词，莫如说是一种心存已久的意念、理念，甚至可说是一种梦想。

此外，我们还可通过考察汉字的具体使用状况，在一定程度上把握汉字和化的程度。所谓和化，笔者认为不仅体现在国字、国训、假借字以及和制汉语词上，还体现在其表音性的加强。曾有调查显示，在现代日语中，用于地名、人名、数词的汉字大致相当，另有极少量的汉字用于假借字和省略语，余下的是主要用法，即所谓"一般用法"占78.5%。从音训上看，区别词中音字为56%，训字为44%，相差不多；但总计词中音字为81.4%，占绝对多数[①]。这意味着，在构成日常主要文字生活的报纸领域，音读词即汉语词属于主要用法。这证明，汉字的功能在

[①] 参见野村雅昭．現代における漢字使用の特色［M］//文化庁．「ことば」シリーズ16　漢字，1982．

现代日语中是表音性加强。从一个大的方向来看，表明汉字的日本化程度在加深，符合日本汉字发展的基本规律。和化带来的结果不是减少汉字，而是相反，更多地依赖汉字。

战后，日本著名语言学家新村出曾提出"假名本位"的观点，但只是一个意识问题，没有触及实质。在西方文字的冲击下，特别是在战败阴影的笼罩下，汉字在日本一度受到抑制，地位一度低落，虽然近年有些回升，但修养的背景发生了很大变化。比如，汉文汉诗仅停留在了书道和修养的层面，而不是普通文化人的语言乃至文化的滋养了。有人做出断言，到了2191年，日语中的汉字将会消失。但仅就现在种种迹象看，至少不会轻易地消失。反而，随着其他各方面要素的增长，会有复苏的趋势。当然，作为外来文字，汉字遗留下来的问题很多，比如书面语（理解词汇）和口语之间的脱节；还有，有人希望日本汉字在使用上做到不折不扣的表音化，这种要求很不现实，如通过战后关于"假名遣"的争论便可略知一二。但这种要求是站在西方人的语言学立场上看问题的。对于日语来说，汉字的这种所谓缺陷不会成为障碍，反而很多时候是优势。

五

在政治、经济全球化和知识平均化的现代这个时代里，使用者以及意识的作用微乎其微，对汉字使用具有决定性影响力的几乎只有内容和技术要素了。在日语中，几乎所有的汉字都可以看作是假借字，这是日语的宿命，也是难以根本解决的矛盾。但是，汉字也有适合日语的一面。汉字进入日本如果说有偶然性的话，那么，汉字为日语所用、发展到今天则是有其必然性的：日语的语音、语法、词汇等的特点决定它需要吸收像汉字这样的表词文字来发展、完善、创造它的语言系统。现代日语外来语发展势头迅猛，但基本上可以说，只停留在词汇水平一级上（也包括在语音上），没有对日语的其他方面产生更大的影响，这是有其必然原因的（语素文字不适合日语等）。尽管在现代日语中，汉字作为语素（形态素）的造词能力受到一定的抑制，但不论从什么角度看，汉字在相当长的一个时期内还会在日语中保留下去。换言之，日语还离不开汉字，汉字的表音性质的加强就是其最有力的依据，更何况还有对丰富的古代文化遗产的继承等问题难以解决。因此，轻易断定汉字将会消失的观点不足取。

【参考文献】

[1] 潘钧. 浅谈汉字、汉语词对日语的再塑造作用 [J]. 日语学习与研究，1998 (4).

[2] 潘钧. 日语中「あて字」的定义和性质问题 [J]. 日语学习与研究，2000 (4).

[3] 潘钧. 关于日语汉语词的和化问题——课题和方法 [J]. 日语研究（第1辑）. 北京：商务印书馆，2003.

[4] 浅野敏彦. 国語史のなかの漢語 [M]. 大阪：和泉書院，1998.

[5] 池上禎造. 漢語研究の構想 [M]. 東京：岩波書店，1984.

[6] 大野晋. 日本語の世界1 日本語の成立 [M]. 東京：中央公論社，1980.

[7] 柏谷嘉弘. 漢語の変遷 [M] //講座日本語学4 語彙史. 東京：明治書院，1982.

[8] 亀井孝. 日本語の歴史3 言語芸術の花ひらく [M]. 東京：平凡社，1964.

[9] 杉本つとむ. 西鶴語彙管見 [M]. 東京：ひたく書房，1982.

[10] 高島俊男. 漢字と日本人 [M]. 東京：文芸春秋，2001.

[11] 田島優. 近代漢字表記語の研究 [M]. 大阪：和泉書院，1998.

[12] 陳力衛. 和製漢語の形成とその展開 [M]. 東京：汲古書院，2001.

[13] 中田祝夫. 日本語の世界4 日本の漢字 [M]. 東京：中央公論社，1982.

[14] 峰岸明. 変体漢文 [M]. 東京：東京堂出版，1986.

[15] 松下貞三. 漢語受容史の研究 [M]. 大阪：和泉書院，1987.

[16] 森岡健二. 現代語研究シリーズ 文字の機能 [M]. 東京：明治書院，1987.

浅论日语文字系统之特殊性

——从文字系统与历史的角度看

改革开放以后,我国的日语教学与研究取得了长足进步,但就日语语言研究而言,各学科领域的发展有不平衡的地方。如在语法方面,我国日语学界大体上能做到紧跟日本学术界前沿,取得了不少成绩,特别是在自觉运用语用、认知理论研究日语方面,目前已成为国内日语界一个新的热点。然而,与之形成反差的是,如词汇、语义、文字标记等领域的研究却依然是进步有限。词汇方面的研究虽然还有一些,但重复性或考证性的较多,理论上建树不大。在文字标记领域,则几乎无人涉足,更奢谈进步了。在笔者看来,日语这一种语言当中同时容纳、并且能够有机使用罗马字(拉丁字母)、汉字、假名(平片假名)等数种来源和体系不同的文字[①],这在世界上也堪称奇迹。这一显著特点足以说明研究日语文字标记的必要性和重要性了。同时,文字标记绝不是孤立的一个局部研究领域,特别是如果我们研究日语史就会发现,它同日语的其他方面有着密切的关联,包括语音、词汇、文体乃至语法层面,古代日语就是在不断吸收以汉字、汉语词为媒介的汉语、汉文化的影响下不断发展变化而来的,现代日语的研究也非常重视文字标记这一块,因为它同作者的用字意识以至文章内容表达的需要紧密相关,构成现代日本人语言生活的重要组成部分。

---

① 参看周有光(1998)。

一、"电视型"语言

长期致力于研究英语和西方语言文化的日本庆应义塾大学的铃木孝夫曾经指出,西方语言是广播型语言(ラジオ型言語),包含汉字等文字手段在内的日语是电视型语言(テレビ型言語)。应该说,他的这个比喻十分形象、贴切,敏锐地把握住了这两种语言本质上的差别。比如,日本的电视节目在播报新闻时,播音员语言里常常夹杂着不少音读汉语词,听起来不好分辨,但屏幕下方的字幕则经常使用与之意思相近的和语词。在很多时候,这种语言与文字的不对称并非是播音员读错,而是电视制作人员试图借此补救汉语词往往听起来不大好懂的弱点的一种有效方法,这正是他们煞费苦心的地方①。因为日语的音读词有很多是书面语,不少词在日常口头语中较少使用,特别是专门性稍强的词语,对于普通人来说属于理解词汇层次。而且,汉语词当中同音词较多,借此办法可以针对和语词与汉语词的不同特点取长补短。具体说,打出字幕取的是汉字语素在语义表达上的简练、概括、准确的长处,补的是它们音节单一、同音词多以至听觉上不好辨别的短处。这种标记和词形的暂时脱离是见之于日语中的特殊现象,也是一种比较普遍的现象,不仅在电视字幕上可以看到,在所谓的"あて字"的汉字用法中也十分常见,这也是机械套用西方语言学中的文字理论所无法解释清楚的。换言之,在这里文字手段相当于是一种补注,而不是对语言录音式的翻版。

虽然日语的文字标记系统十分特殊,迄今国内学者并非没有人对此有一定的认识和体悟,但就笔者所了解到的,日语界对日语文字标记系统的特殊性的认识还不够深刻,主要原因恐怕在于缺乏历史的维度和语言学理论的支撑。就前者而言,日语史方面的知识本来就是我们的弱项,后者主要受到了西方语言学理论,特别是索绪尔结构主义语言学的

---

① 汉语等其他语言也有类似情况,但性质和日语有所不同。

影响，即把文字看成是第二性的。

1. 索绪尔的理论

索绪尔认为，"文字是外在于语言系统的"，语言与文字的关系被他概括为"再现前者是后者存在的唯一理由。"他的理论主要基于他对西方语言中表音文字的观察和认识得出的结论，存在一定的局限性，特别是对于日语这样的文字（标记）体系相当特殊的语言来说尤其不适当。日本学术界对此早已有了反省，但在建构具有日本特色的文字学理论方面却迟迟没有取得进展，其中根本的原因恐怕在于日语文字（标记）体系的复杂性。

造成复杂的原因有很多，如日语中的汉字定位问题。在现代日语中，汉字有时是词素，如"運（うん）"+"命（めい）"="運命（うんめい）"；有时只是标记，如"命（いのち）"；有时还是对词义的提示，如写成"運命"，却读作"いのち"，即是所谓"あて字"的一类用法。另外，日语还拥有振假名（ルビ）这一辅助标记手段，使得汉字的用法变得更为灵活、复杂和多变。这些因素均给日语汉字的定位和定性问题带来了困难。对此，笔者认为，首先就要不拘囿于索绪尔的语言学理论，从日语历史发展的史实和规律出发，并且要从贴近日语使用实际的角度做深入分析。

2. 日语史发展的必然

在长期历史发展过程中，汉字在日语中所扮演的角色先后经历了几个阶段。开始是以词汇、即外语本身的形式进入日语的，如同今天主要来自英美的外来语词汇一样，发音上采用谐音（拟音）。之后，汉字（很多情况下是词单位）与日语词的对应、即和训产生之后，汉字逐渐成为兼具表词和标记功能的文字，汉字的应用方式得到了进一步的拓宽。但古代日语、特别是书面语当中的汉字与汉字背后语言的关系，恐怕同今天我们的认识有所出入。由于古代日本人对大陆文化的顶礼膜拜，汉字的符号功能一直受到特殊的倚重，因为它们是当时处于强势地位的大陆中国文化的象征。很多时候汉字使用的背后所体现出来的是，著写人重视汉字的装饰效果（符号功能）甚于单纯的词义提示效果，如很多辞书虽然是以汉语词的形式立目的，但当时这类辞典是为使用者写作时选用汉语词字面（确切地说是选择汉字标记）服务的，有些汉语词最终也没有变为音读词、即蜕变为日语词汇体系中的一部分，而是停留在了词语装饰的层面上，性质上其实等于假借字①。到了明治时期，汉字进一步成长为能产的字音语素，借此生成了很多新的字音词，这说明至此日本汉字的境遇已发生了质的改变，从以往被设法揉入日语的被动地位，或者说是被借用到日语中标记日语的工具性地位，来了一个180度的大翻身，成为日语内部生成机制当中的一个有机成分。例如，明治以后汉语词已超越了借用阶段，不少汉字作为字音语素参与到构词当中，特别是三字汉语词、四字汉语词的大量生成很大程度上是依赖于像"不·非·的·性·化·員·械"这样的带有词缀性质的词根的参与。换言之，日语汉字此时已经起到了语言的中枢作用，具有了一定的主体地位，表现在读音、造词、文体，甚至在语法、认知层面上，汉字都是一个极为有效、活跃的因素。并且，汉字在进入日语之初，就已获得一种特殊的权威和尊贵地位，给人们的意识层面带来了潜在的、不可低估的影响。千百年来，日本汉字的符号功能得到了强有力的扩张，由此才会有日本汉字文化的绵绵不绝和高度发达。这种千年积淀下来的尊崇汉字汉文化的意识同西方语言中的以摹音为主的音位文字当然绝对不可同日而语了。

　　我们一方面不能割裂历史，另一方面，若从共时角度看，汉字、假名在日语独特的文字标记系统中其实各有特色，具有很大的互补性，二者相辅相成，分别起到了各自应有的作用。简单说，如汉字多表词（自立词），假名多表辞（附属词）；汉字多构成意义单位的核心，假名多成为语法关系的中枢；汉字表意兼表音，假名表音亦表词（外来

---

① 所谓的变体汉文和真名本以及往来物里就充满了日语汉字的这种装饰大于表义的用法。

语）；平假名一般不出现在句首，这样可方便我们断句，以提高阅读效率；等等。可是，迄今仍有日本学者看不到汉字标记的优越性，否认汉字对日语的积极、正面的作用，以为日语中的汉字好比是一件外衣，不需要的话完全可以剥掉。这其实代表了一种国粹主义的倾向，是对历史和现实的双重误读。

二、"望远镜"说

对日本汉字的特殊性持有比较清醒认识的学者在早期主要有时枝诚记，他是站在他的著名的"语言过程说"的角度立论的，故比较深刻和独到。他提出了"望远镜"说。时枝诚记肯定了古代汉文、汉字对日语的绝对性影响，认为汉字已不是借来的文字。他的论据来自他对文字的表达功能的深刻思考上。具体说，他以望远镜为例，认为通过肉眼和通过望远镜看到的东西其实是一样的。即，不管通过什么媒介，如若表达的内容一致，汉字和假名之间就没有区别。汉字已经成为日本人表述日语的一种成熟文字。因此，他反对汉字衣装论。

无独有偶，具有长期在中国生活经历的内山完造在《活中国的姿态》一书中也谈及日语汉字的特性。他说：

> 我认为支那人的实生活，却并不能随了日本所使用的汉字东渡，成为舶来品的。退一百步说，即令与实生活同渡了，而其后汉字的内容也无疑地大大地变其性质了。盖原不过是生活符号之汉字，传来后，不仅奉之如神仙，且因传入的人均属上流阶级，故益使一般人敬上加敬，而尊其专门家曰汉学者了。若仅止于此也还罢了。受人尊重的汉学者们便锦上添花，传言汉字乃均具非常的深意在内。这种锦上添花的内容，今犹一仍其旧。此外，日本又有了所谓的假名，使文学的意味益趋艰深。实际上，须知汉字不过是中国的假名（略），而映在我们日本人头脑里的汉字的内容，不仅与支

那人之汉字之内容距离极远，往往根本不同呢。①

内山在这里使用的不是学术性的表述方式，但他的意思却十分明了，即汉字在日语中不仅字义上（汉字的内容）有别于中国，而且已经成为一种带有形而上意义的东西（均具非常的深意在内）。这从反面说明了汉字已经实现了日本化，蜕变成为日本人表达自己思想的工具，在本质上它与中国的汉字已不可同日而语。换言之，汉字、汉语词进入到日语系统当中后，历经了漫长时间的演变，其结果是语言符号得到了重组，很多汉字（或汉语词）带上了玄妙的深意（符号功能）；而另一方面，同汉语的汉字在字形上的相似和字义上的相近之处使得日语中的汉字标记仅仅成为一种表象，掩盖了其蜕变的实质。内山的这一段话可以为时枝的望远镜说提供佐证。显然，日本学术界的汉字衣装之说实属皮相之见，经不起推敲。

对汉字之于日语的作用或称影响，日本学术界一直有肯定和否定两种意见。研究汉语的高岛俊男在《漢字と日本人》（文藝春秋，2001）一书中认为，汉字在日语中的使用造成了日语的畸形，笔者对此难以苟同。要说畸形，换个角度看可能正是其优势所在。日语语音中也渗透了大量外来的元素，只不过没有文字那么扎眼。严格说，这种畸形不是汉字造成的，如日语具有音位少的先天不足，语义表达模糊，靠汉字带来的视觉刺激可以实现语义切分，达到辅助阅读的目的。语音上，音位音节的增多同时意味着语音组合方式的多元，这无疑为日本人拓宽表达手段提供了物质基础。文字的多样性亦然，正因为有了平、片假名和汉字以及罗马字，日本才形成了独特的标记体系乃至为不少日本人所骄傲的标记文化。研究社会学的加藤秀俊在《なんのための日本語》（中央公論社，2004）中认为，汉字对于日本人来说好比有"磁场"。近代日本医学全面学习西方医学，可是却喜欢用汉语词，这不啻是一种讽刺。就

---

① 内山完造. 活中国的姿态［M］. 龙炳圻，译. 兰州：敦煌文艺出版社，1995：32-33.

如天皇年号使用中国古代典籍中的语词以及法律条文多使用汉语词那样，这固然主要是历史惯性和汉字权威使然，另一方面也是由日语固有语言体系的先天缺陷造成的，如固有的和语词一般不用来表达抽象、明确的概念。因此，与其像高岛俊男那样把汉字看作是历史带来的负担，还不如把它积极地看作是一种财富，如前述"的·性·化"等字音语素的形成对近现代日语词汇的大量生成是有重要贡献的，特别是专业术语，因为它们简练、准确，而且具有能产性。

三、日语汉字的本质

法国哲学家德里达在《论文字学》一书中对索绪尔的排斥文字于语言之外的理论进行了批判。索绪尔说："言语与文字是两种不同的符号系统；再现前者是后者存在的唯一理由。""语言学的对象不是由文字和言语组合决定的，只有后者才构成语言学的对象。"[①] 也就是索绪尔认为，文字只是语言的再现，和语言本身没有什么关联。这种认识即便对于单纯使用表音文字的印欧语言来说也未必准确，更何况日语。就日语来说，下面试举几个反证。

1. 文字是语言的重要来源之一

以汉语词为例。词汇是语言的重要元素。古代日语吸收了大量来自中国的汉语词。古代汉语词主要是以书面语的形式随着汉字进入到日语中来的。最初它们或以词汇、或以视觉上的标记单位进入到日语中（古代文献中很多词如没有提示便无法知道其读法）。若是和语读法即为训，属于标记范畴，汉语词字面是装饰；若是字音读法，则是外来语本身，属于词的范畴。这些字作为训的单位存在，是维系它们以词（汉语词）的形式融入日语词汇系统中的一个中介和保证。由于训（字义的提示）的作用，对一个新词即便不能了解其确切词义，有学问的

---

① 雅克·德里达. 论文字学 [M]. 汪堂家，译. 上海：上海译文出版社，2005：41-42.

日本人也能猜出几分，更毋庸说大量"和製漢語"的生成就是靠了这种多元灵活的认知和构词方式产生的。前面举到的"的·性·化"就是属于这种与汉字相关的特殊语素——字音语素。这种构词方式直到今天仍然十分有效。

更深层次的一个理由是，日语本身的产生、发展与变化同文字就有着密不可分的关系。先不说有些像"返事""白寿"这样的以汉字为中介的词语的生成直接导源于文字，像"（慈悲）いたりて""及び"这样的固有和语词由于和训的诞生——受汉字（词）意的影响，导致其词义得到了扩展或延伸[①]；此外，像"天""神""阴""阳"这类带有抽象内容和丰富文化内涵的汉字进入到日语，给日语、更是给使用日语的古代日本人带来了无法估量的影响，很多时候应该说起到了文化意义上的启蒙作用。如"气"这个字来自中国，可是现代日语中带有"気"字的词和惯用句（熟语）十分发达，这充分凸显了日本语言和文化对这种语义玄妙的词（字）的需要，并且进行了日本式的改造为我所用。缺少这些成分和要素，日语恐怕就不会是今天这个样子了。也就是说，汉字（通过训读）给日语带来的影响绝不仅仅停留在一些语言形式上，更重要的是深入到日语的内部骨髓当中，成为滋养日语和日本文化的一个重要源泉和动力。

2. 两种系统、两种符号词语的混合

词汇语义的表达是与产生这种语言的文化土壤密不可分、息息相关的。从宏观上，从文体风格和语义表达上看，汉语词与和语词的并存其实是书面语系统和口语系统这两种表意符号的杂糅和并存，形成这种格局有其必然性。从构词上看，和语语素植根于固有语言土壤中，易懂但却语义限定性差，较模糊；汉语词汇进入日语后，字音（汉语）语素形成，但弊病是同音词多，不好辨音，不过语义表达较确切，限定力强。这在很大程度上决定了古代日语文体发展的重大转折——和汉混淆

---

① 山田孝雄. 漢文の訓読によりて伝えられたる語法 [M]. 東京：宝文館，1935.

152

文（汉字假名混合文的前身）产生的必然性——因为只有这种文体才能充分发挥两种语言系统各自的长处。明治以来，日语产生大量通过拼接组合字音语素形成的字音词（新汉语词），形成了在这两种系统之间的内部转换，实现了构词、认知模式的一体化。这种构词模式沿用至今，证明它的生命力之长久，废除汉字就等于废弃了这种经济有效的造词方式，因为没有汉字（语素）的中介就没有这一切。

3. 日语离不开汉字

以上两点也必然引出这样一个结论：日语离不开汉字。究其原因，除了以上举出的语言方面原因外，还有子安宣邦在《汉字论——不可回避的他者》（岩波书店，2003年）中的阐述更为深刻。子安在书中举出了近代以来日本各种有代表性的汉字观（有诸如入侵论、输入论、日语的不幸论、不适合论、衣装论、假说热和预测热等论调），反驳了认为日语"借用"汉字表述"やまとことば"的观点。他的结论是，汉字之于日本人（日语）是"不可避的他者"，日语是由汉字这个他者建构起来的。所以说，汉字的日本化既是历史的偶然，也是历史的必然。日本新近出版的加藤彻著《汉文的素养——是谁创造了日本文化》（光文社，2006年）更是从汉文（包括汉字）对日本文化的贡献的角度展开了自己的论述[①]。在日本整个社会思潮出现右翼倾向的今天，这种论调是要冒一定风险的，但它从文化和文体的高度阐述了汉文对构筑日本文化的重要影响，在一定意义上为子安宣邦的汉字为不可避的他者说做了注脚，高屋建瓴，十分深刻。

明治以后，汉字的使用受到很多日本人的质疑或反对，这一方面是随着日本人的民族意识的高涨、西方文化的强力影响及中日文化地位的逆转发生的，但汉字作为中国文化的最重要的符号之一，其在外观上非常直观和突出，在世界文字体系中具有典型性，这对日本人的心理压力也是不可忽视的。在西方，由于历史原因，拉丁字母早已成为西方世界

[①] 刘晓峰. 扶桑故事汉辞章 [J]. 读书，2006 (9).

通用的一种文字，古代希腊罗马文化被公认为是欧洲文明的共同起源，所以不管是英国人还是挪威人，至少在文字的使用上不会有太大的纷争。其实，换一个角度看，难道近代以来日本文化的确立就完全是倚靠自己独立成长起来的吗？如前所述，近代以来来自西方的概念、观念和思想很多是借助汉语词的外衣纳入日语中的，其中一部分虽取自汉籍、但却被赋予了西方近代新思想、新观念。它们表面上是汉语词，实质上是外来语。文字可以通过一纸法令废除，概念和思想观念就不那么容易置换了。同样，中国近现代的词汇由于受到日本词汇的影响，在概念的内涵、外延上也多少带上了西方乃至日本文化的烙印。其实，世界文化本来就是在相互交流和借鉴、互动中得到发展的。中国传统文化的血液里也融入了来自印度文化等外来因子的影响，只不过是日本由于其地缘位置以及特殊的历史发展道路，造成了日本往往一边倒地向某一种先进文化学习。虽然它能很快地吸收外来文化，但其本身具有中空的性质。文字更为直观和明显，尤其对于原本就没有文字的日本来说更是如此①。

四、日语标记的特殊性

认识日本文字体系，还必须了解日语学中的一个重要概念——标记②。特别是在研究古代日语时，标记与文字乃至文体概念密切相关，是一个不见于其他语言的特殊研究领域，对我国的日语研究者来说，这方面研究尤其受到轻视。

1. 何谓标记

日语文字种类多，符号功能各不相同，这为日语丰富的标记文化提供了基本前提和物质基础。恐怕只有日语才能够做到根据作者的表达意图选择适当的语言反映形式，而这种反映形式往往不是单靠音声语言就

---

① 关于汉字之于日语的他者作用，参看潘钧（1998）。
② 日语中的"表记"译成汉语时，因没有现成的可对应的概念，故姑且写成"标记"。

能承载的。按照索绪尔的学说，文字是语言的再现，但在日语中，标记带有选择性和多样性，那么它所能传达的语言信息就不是唯一的了，但索绪尔又把语言等同于音声语言，这就成了无法求解的悖论。既然有标记上的选择，文字是语言的再现的索绪尔式的结论就值得推敲了。

2. 日语标记文化的特点

就一般情况而论，和语词中汉字是标记，也是意义提示的单位，这时候语素往往是多音节的单位体；而在汉语词中，汉字是字音语素，字成为轴心，其语音构成往往很简单。这个特点在听觉上、在辨别一个词到底是汉语词还是和语词上也有好处。在现代汉语中，看一个组合是词还是词组不容易。视觉不起作用自不必说了，听觉上也没有赖以分辨的手段，因为没有形式标志，但在日语中却有显著的语音标志（如汉语词发音上多具有拨音、拗音甚至长音等特点）。在这一点上可以说，日语比汉语更具有优势，音读和训读的区分客观上也能起到这个作用。

从结果上看，汉语词与和语词二者相辅相成，相互间的关系不啻是你中有我、我中有你，彼此既有区别又有联系，最终形成日语词汇量大、语义表达手段丰富的特点。凭借日语汉字的既作为标记单位又作为构词单位的特性，很大程度上弥补了日语固有的音位少、音韵构造简单的缺点。因此，日语在很大程度上还要依赖视觉文字汉字的优势（认知、构词等）。此外，虽然日语中的汉语词同音词多，但包括助词、助动词等在内的基本词汇都是和语词，在与周围和语词的比对和一定的语境下，靠听觉辨音还是能够发挥很大作用的。特别值得一提的是，使用振假名手段是日语标记文化的一大特色。它的存在促使日语标记呈现出多元化的特点，具有立体性、开放性、能产性（字与词的对应比较灵活）等特点，构成日本独特的标记文化的基础即在于此。

五、日语之于重新建构文字学理论的意义

如前所述，中国现代文字学理论一直受到西方语言学的影响，将汉字定义为"汉字是记录汉语的符号"，也就是把汉字的功能仅仅限定在了对语言的摹写上。但近年来，国内学术界开始有了反省，如曹念明在《文字哲学——关于一般文字学基本原理的思考》（四川出版集团/巴蜀书社，2006）中就提出了疑义。曹念明受到1967年问世的德里达《论文字学》的启发，开始重新审视和思考汉字的定位问题，并且写出了堪称开先河之作的这部文字哲学著作。作者认为，扬雄在《法言·问神卷第五》中说"言，心声也；书，心画也"，这句话高度概括了汉字的属性和功能。这里的书即是汉字。用现代人的翻译来说，就是"语言是思想的声音，文字是思想的图画"①。换言之，语言是听觉符号，文字是视觉符号，二者存在着很大的差别（前引铃木孝夫的比喻即为此意）。曹念明认为，从起源上看，文字不是记录语言（口语）的，特别是对于自源性质的文字系统来说尤其如此。所有自源文字都是（象征）表意文字，所有表音文字都是他源文字。汉字是自源文字，脱胎于象形文字。到了日语中，身份转成了他源文字。在最开始，汉字的正用被称为"真名"，而产生于假借用法的表音用法被称为"假名"，这也说明了汉字有别于纯属表音的其他文字的特点。也就是说，在当时人看来，单纯表音的符号不属于正规文字之列。从汉字起源看，所谓象形一开始就是对应着概念的，如陈梦家在《殷墟卜辞综述》中所指出的那样，象形、假借、形声是文字发展的三个过程。曹念明在介绍刘又辛著《汉字发展史纲要》中的观点时认为，"汉字的发展经历了表形、假借、形声三个阶段，秦汉以来以形声字为主的第三阶段延续至今，没有发生质的变化。"② 也就是说，汉字绝不是为了记录口语（语音）而诞生的。

汪德迈是一位长期生活在汉文化地区的法国学者，毕生精力献给了对汉文化的研究上。汪德迈在《新汉文化圈》（江西人民出版社，2007）一书中详细论述了汉字有别于其他表意文字（苏美尔人和古埃

---

① 中国古代哲学名著全译丛书·《法言》全译．［M］．韩敬，译注．成都：巴蜀书社，1999：28．
② 曹念明（2006：63）．

及人文字），特别是他指出："苏、埃文字仅仅是一种书写系统，而汉字兼有书写系统和真正的独立的语言系统双重功能。"① 他认为的"独立的语言系统"指的是文言。所谓的文言是自律的，是一种不同于口语的独立的语言。他从文言文的起源、词汇形成的规律来证明和阐述他的独到观点。他认为："在其他表意文字里，词语是独立的，文字仅仅是词语的记录；在中国文言中，文字即是词语，读音仅仅是文字的注音符号……发音仅仅是文言中汉字的附属物。"② 也就是说，文字和口语不能简单地画上等号。这与曹念明的观点可谓是殊途同归，这种认识抓住了汉字（尤其是古代汉字）的本质，可谓入木三分，对我们重新认识汉字的性质和功能具有十分重要的借鉴价值和意义。

曹念明还认为，日语文字属于混用型文字。过去的文字著作都把日语中的汉字等同于汉语中的汉字，而把假名看作是音节文字。他认为："这种承认语言系统的独立性而不承认文字系统独立性的学术见解是十分不合理的。错误的根源在于：没有运用系统论的方法把日本文字看成一种完整的系统，而把它当作几种不同成分的拼凑。"③ 在这里，他强调汉字与假名是混用，而不是混合。两种文字的混合拼凑是表象，形成有效地表达日语和思想的体系才是本质。这种有效性从前引时枝诚记的"望远镜说"也能得到印证。

如比照前面的分析方法，那么日本最早的文言其实是汉文（包括后来的汉文训读文），汉文就是所谓的"独立的语言系统"，它与日语口语从起源到原理都可以说是完全不同的。在此意义上，或许表现在日语文字系统中的汉字功能更能说明汉字的特殊性。因为，日语的汉语词由于是外来语，所以更体现了汪德迈的"文字即是词语，读音仅仅是文字的注音符号"的观点，而不是相反。这一点尤其体现在古代正式的书面语当中，因为当时的很多汉语词是一种文化符号，是包容各种文

---

① 汪德迈（2007：97）。
② 汪德迈（2007：101）。
③ 曹念明（2006：47）。

化信息的聚合体。不过，在日语中汉字的特殊性则更前进了一步。由于字与词对应上的灵活（或可称宽容）以及振假名的运用，特别是在文艺作品当中，落实到书面上的日语在汉字的使用上往往体现出作者个性和丰富多彩的一面，这时候的汉字已成了辅助语言表达的一种修辞手段，绝非仅仅是为了记录语言。

六、结语

如前所述，文字的本质真的是摹写（再现）语言（音声）吗？只说对了一半。至少在日语中，文字也是语言的一部分，文字也参与到了包括文体在内的语言各个层面的形成和发展过程中，这种过程由古至今，绵绵不绝。日本人在对文字信息的摄取上，往往是视觉和听觉共同启动，构成一种捕捉（或创造）创造信息（或思想）的独特系统（如带振假名的假借字①）。至少在日语中，文字语言和音声语言之间不能简单画等号。特别是在书面语中，日语具有这样的特点：音声 + 视觉（文字）= 语言。作者可通过选择适当的标记形式，以实现对原有音声语言的语义进行扩展或补充的功能。这样一来，客观上不仅还原了音声语言，而且还添加了一层语义内涵，丰富了语言表达。这一特点不仅集中体现了"あて字"（假借字）等双重标记上，也体现在普通日语文章的标记上。金田一春彦先生《日语概说》（潘钧译，北京大学出版社，2002）一书中举出的上田敏译卡尔·布塞的诗"山のあなた"中，意思为人的"ヒト"这个词有时候写成假名，有时候却写成汉字。汉字写的"ヒト"表示世间普通的人，而用假名写的"ヒト"则是表示自己的意中人、即和自己心心相印的人。

综上所述，日本文字是日语重要的标记和表达手段，同世界其他各国语言文字相比，具有显著的特殊性，对此我们应予以高度的重视，并

---

① 如见之于文学作品中的"暫時（しばらく）""閑話休題（さておいて）"等。关于日语假借字的分类及性质，可参看潘钧（2000）。

且有必要进一步深入研究和探讨。了解见之于日语文字标记体系中的这些特点，有助于我们重新认识日语文字词汇乃至于日语本身。同时，进一步深入研究日语文字标记的特殊性，还可以为丰富和完善世界文字学理论做出贡献。

【参考文献】

[1] 曹念明. 文字哲学——关于一般文字学基本理论的思考 [M]. 成都：四川出版集团/巴蜀书社, 2006.

[2] 潘钧. 浅谈汉字、汉语词对日语的再塑造作用 [J]. 日语学习与研究, 1998 (4).

[3] 潘钧. 中日两国文字体系比较——以文字的性质和功能为中心 [J] 北京大学外国语学院日本语言文化系编. 日本语言文化论集 3. 北京：北京出版社/文津出版社, 2002.

[4] 潘钧. 日语中'あて字'的定义和性质问题 [J]. 日语学习与研究, 2000 (4).

[5] 潘钧. 日本人汉字观之流变 [C] //刘金才等编. 日本语言与文化——孙宗光喜寿纪念论文集. 北京：北京大学出版社, 2003.

[6] 汪德迈（法），新汉文化圈 [M]. 陈彦, 译. 南昌：江西人民出版社, 2007.

[7] 雅克·德里达（法），论文字学 [M]. 汪堂家, 译. 上海：上海译文出版社, 2005.

[8] 周有光. 比较文字学初探 [M]. 北京：语文出版社, 1998.

[9] 子安宣邦. 漢字論——不可避の他者 [M]. 東京：岩波書店, 2003.

[10] 加藤徹. 漢文の素養——誰が日本文化をつくったのか [M]. 東京：光文社, 2006.

[11] 加藤秀俊. なんのための日本語 [M]. 東京：中央公論社, 2004.

[12] 高島俊男. 漢字と日本人 [M]. 東京：文藝春秋, 2001.

[13] 山田孝雄. 漢文の訓読によりて伝えられたる語法 [M]. 東京：宝文館, 1935.

试论日本汉字的独立性

——从历史和现实的角度考察

一、引言

中日两国之间文化交流的历史源远流长。在古代，日本主要向当时先进的大陆中国文化学习，所学内容从典章制度到文学艺术直至文化的所有层面，无所不包，一段时期可谓全盘汉化。而至近代，特别是甲午战争以后，这种一边倒的情势发生根本性的逆转。中国数十万留学生负笈东瀛，开始学习日本或通过日本学习西方先进的近代科学文化知识。由于中日两国汉字以及汉语词之间的互通性很高，加之国人长期养成的唯我独尊的优越心理，以及由于近代落后于日本引发出来的所谓阿Q精神隐隐作祟的结果，当时许多中国人误以为日文易学，甚至连叱咤风云、名噪一时的近代大知识分子康有为也以为，国内大凡知识分子人人皆能译日文，梁启超则将日本固有的"汉文训读法"颠倒过来，提出读解日文时亦能采用所谓的"和文汉读法"[1]。他甚至在《论学日本文之益》一文中说："学日本语者一年可成，作日本文者半年可成，学日本文者数日小成，数月大成"[2]。他们的这种认识颇能代表当时中国士

---

[1] 实藤惠秀．（第七章）三 进入中国语文的日本词汇［M］//中国人留学日本史．谭汝谦、林启彦译．北京：三联书店，1983）．

[2] 实藤惠秀．（第七章）三 进入中国语文的日本词汇［M］//中国人留学日本史．谭汝谦、林启彦译．北京：三联书店，1983）．

大夫们的一般看法。岂止当时，即便在今天我们也能够常常闻见诸如日本的一切皆由我出；假若日语中的汉字、汉字词与汉语意义上有所分歧的话，则是因为他们天资愚钝、没有学好中文之故之类的言论。当然，康、梁持此看法不仅仅是着眼于中日汉字上的相通性，在他们眼里日语语法似乎颇为简单恐怕也是一个重要原因吧。但无论如何，近人也好，今人也罢，将日语中的汉字看得过于简单易识、甚至漠视它与汉语汉字的不同之处则是共通的事实。另一方面，近百年来日语在词汇文字（标记）等方面发生的巨变也是造成中日汉字距离扩大的一个原因。周作人在《苦茶——周作人回忆录》中谈到学日语的情况时说："那时的日本文，的确也还容易了解，虽然已经不是梁任公'和文汉读法'的时代，只须倒钩过来读便好；总之汉字很多，还没有什么限制，所以觉得可以事半功倍。后来逐渐发生变化，汉字减少，假名（字母）增多，不再是可以'眼学'的文，而是须要用耳朵来听的话了。"也就是说，由于近代日本开始有意识地减少汉字的使用，用眼睛来认读日语词汇的便利大打折扣了。这一点对于那些对日语学习存有侥幸心理的人的确起到了一定的阻断作用。

  汉字产生于中国，系用来记录汉语的表意文字。汉字大约于公元4世纪传入日本（但实际上日本人与汉字的接触可追溯到更早）。汉字在日本首先是借用，继而衍生出音节文字假名（平片假名），历经千余年的变化，最后发展成为承载、塑造日语乃至日本文化不可或缺的有机组成部分，堪称奇迹。另一方面，正是由于中日两国这种文字、甚至文化上的渊源关系，20世纪中日战争期间，日本军国主义精心炮制出"同文同种"的理论，为其侵略战争寻找合法性。"同种"实属荒谬，在此暂且不论，难道用"同文"就能概括中日两国包括文字在内的方方面面的同源性或相似性吗？两国都使用汉字不假，但这只是表面现象，如果稍加考察和分析的话，那么事情就并非那么简单。同样是由日本学者率先提出的"汉字文化圈"的说法恐怕才能更加客观准确地概括这种关系。

简言之，由于语言谱系、构造上的不同以及两国社会、历史和文化发展的不同，汉字在日本近两千年的时间里发生了很大的变化，已深深地打上了日本化的烙印。可以说，现代日语中的汉字与现代汉语中的汉字已经不可同日而语了，二者间存在本质的区别。本文就是旨在通过探讨两国文字上的这种差异性以及由来过程，以揭示日本汉字乃至日本文化的特殊性的一面。

二、何谓"日本汉字"

本文之所以使用"日本汉字"做标题，即在"汉字"前加上一个限定词"日本"，是为了更加昭示出其有别于中国汉字的特殊性。其次，本文不采用"日语汉字"的提法，目的是想借此强调一下，今天日本汉字的形成是受日本历史、社会和文化多方面因素综合影响下的产物，而绝不是孤立的纯语言现象。作为结果，其独立性和独特性也不只表现在语言层面上，而是关涉到社会文化的方方面面，特别是文字背后的意识层面与中国的迥然不同。对此，日本学者已有不少系统研究，这里不妨引述一二。

日本近代第一部现代意义上的语文词典《言海》的作者大槻文彦在编纂该词典时，将词头的汉字标记分为三类，即"和の通用字""漢の通用字"和"和漢通用字"，并将它们一一标记在词典上。所谓"和漢通用字"，是指这个字在中日两国语言中意义差别不大，大致当同一意思讲。其中，最日本化的独特用法是"和の通用字"，即该字字义仅在日语中才可通用。日本国语学家中田祝夫曾以《言海》"あ"部的总词数为例进行统计，发现总词数为1698个词，其中可算作"和の通用字"的有947个词（一个词有2个汉字标记的也算一个词），占到全部词的56%，由此充分说明了汉字在日语中其日本化的倾向之大、程度之深。此为数量上的统计①。

近30年来，日本早稻田大学教授杉本つとむ也提出了自己的日本汉字论。他认为，日本汉字有独立性的一面，不能与中国的汉字等量视之，这同他早年研究以井原西鹤为代表的日本近世作家作品中的词语标记有关。为此，杉本还提出了所谓"漢字語"②的概念。这一概念的名称本身并非其首创，但他的思考基点与其说是借此概括一切用汉字做标记的词，莫如说是想标明他的关于日本汉字独立性的立场。在这一点上，他与此前的其他学者有着根本的不同③。

总之，如果对"日本汉字"这个概念做一下粗线条的界定的话，不妨表述为：

> 所谓日本汉字，是日语中的一种用来标记、表达日语的文字手段。它是在输入中国汉字的基础上，经过长时间的发展、融合与变化而形成的。它有其自身发展的逻辑和规律。它有与中国汉字相联系的一面，又有与之迥异的一面。

为了进一步凸显和昭示日本汉字的特殊性，这里不妨引用中田祝夫的一段颇有哲理的譬喻文字。他写道：

> 海水与淡水的差别，只不过表现在百分之二点四的盐分的有无上，但这少量的盐分的差别，造成了海水与淡水的差别，很快便导致了海水生物与淡水生物的大的差别。这种差别可以说是无限大的，但这种质的大差别是由很小部分的盐分的小的差别引起的。

在这里，中田先生把海水和淡水的差别比拟为两国汉字之差别，探寻造成这种质的差别的原因，也就是探寻"盐分"的由来以及形成过

---

① 中田祝夫．第二章　日本の漢字．日本語の世界4［M］//日本の漢字．東京：中央公論社，1982．
② 杉本つとむ．《あて字》概説［M］//あて字用例辞典．東京：雄山閣，1984。该文提出"日本の漢字を真名とよび、語としては、漢字語とよんで区別したい"。
③ 见资料（5）。

程便成为摆在我们面前的一大课题。

三、研究日本汉字的意义

首先，由于历史社会文化以及语言本身等诸般主客观的、人为及其他各种因素的作用和影响，汉字传入日本，历经千余年的发展变迁，业已发生了很大的变异，从而使现代日语中的汉字与现代汉语的汉字在很大程度上发生了分歧，给两国人民的交流与相互理解带来了困难，这是我们研究日本汉字的初衷和最原始的动机。一如前述，二者之间发生了质的改变，产生了大的差别，已不可再等量齐观了。笔者汉字研究的主要目的就是要探求发生分歧变异的原因和形成过程，从而对变异这一特点进行确认。

其次，在日语长期形成和发展的历史过程中，汉字以及以汉字为载体的汉语及汉文化承担了重要的作用，这种作用绝不是仅仅停留在文字、标记的层面上，广言之，涉及了词汇、语法、文体等各个方面、各个层面。汉字及汉语词在日语中被吸收、改造以适应日语的过程就是一部生动鲜活的日语成长发展的历史，是一条贯穿日语史的重要经纬线，并且，堪称是推动日语发展的一个主要动力。研究汉字的日本化，在一定意义上就是探究日语发展历史的过程本身，因而具有十分重要的学术价值和意义。

第三，文化的形成和发展离不开语言。特别是与西方语言不同的是，在日语中文字特别是汉字作为书写记录和保留古代文化的有效载体，在历史上曾经发挥了重要的不可替代的作用；同时，与语音研究和语法研究不同的是，文字的背后蕴含了很多有关日本历史社会文化方面的信息。对日本汉字形成过程的梳理、解析有助于我们对日本文化做出更加深入、准确的理解和把握。

最后一点，在国内的日语学界，出于服务日语教学的实际需要，语法、语音和词汇备受重视，而文字、特别是汉字研究相对受到冷落。即便是有一些研究，也大多数是从词汇的角度进行的，或者在分析同形词时兼及字义的比较，而对汉字从文字学以及从历史、文体变迁的角度进行分析的成果几乎付之阙如。加之，受近代西方语言学特别是结构主义学派所主张的把文字排除在语言之外的影响，我国日语学界对日本汉字的问题一直没有给予足够的重视，研究深度有所欠缺，反倒是从事对外汉语的教师们及研究人员注意到这个问题，并从汉日对比以及对外汉语汉字教学的角度有所著述和阐释。前述近代大学问家康有为、梁启超竟也认为日语几乎可以不学自通。他们的这种认识不唯独在近代，在中日政治、经济、文化以及人员交流日益频繁的今天，仍然可以很容易找到它们的踪影。所以，研究日语的人反而不重视日本汉字，这一局面的形成恐怕与我们存在上述误区以及对日语汉字变异的认知程度不高也有一定关系。另外，现有语言、后有文字的结构主义式的文字观只对专家有影响，普通学习者之所以不重视汉字恐怕是因为对二者的相通性有过多依赖，最后竟成为一种懒惰乃至一种盲信，以至对二者的差别忽略不计。笔者身为日语研究工作者，自感有责任来对此给予纠正，呼吁学界加强对日本汉字的全面深入的研究。

具体到日本汉字是否走上了独立的道路，以至与中国汉字分道扬镳，就这一点国内日语界鲜有从理论的高度明确论者，汉语学界也未见到明确的提法，一般将日本汉字作为汉字系（或汉字型）看待，也就是认为其产生于中国汉字，在汉字的基础上诞生了假名，等等。或者是如陆锡兴在其著作中认为，万叶假名的诞生标志着汉字初步实现了日本化，即对汉字的衍生结果作了阐述，但没有对汉字本身的变异作更为深入的探究。换言之，汉语学界仍然把日本汉字的变异视为是局部的、没有达到质变那样的程度，故此还谈不上独立。

关于汉字的日本化，日本学者冈井慎吾的论文"漢字の日本化"（1941）是迄今发现的比较早的日本学术界涉及汉字日本化命题的论文。此后，不断有学者涉及这个命题。也有日本学者认为"假名的诞生"就是日语化。如研究汉语的大岛正二在《漢字伝来》一书中认为，汉字完成日语化包括了平片假名的诞生和国字的产生这两个方面。日本研究古代文字标记的国语学者如乾善彦和中田祝夫等则对日本汉字做过十分深入的研究和思考，这些学者考虑更多的是日本汉字在字义、字类、用字法、用字意识等方面较之中国汉字产生了显著的变异，从而断言汉字日本化的。显然，较之前者更为深入和全面。近年因研究国字成就斐然的笹原宏之认为，"汉字的日本化包括了字种、字体、用法、标记法等所有方面，最凝缩的是国字。"

日本文字研究大家前田富祺先生于1988年发起创刊了《国语文字史研究》论集，他在自己撰写的发刊词中说：

> 从前一直认为，文化是由文字承担的。语言本身就创造了文化，同时语言超越时代和地域传递信息。语言与文化相关，在语言中文字所起的作用非常重要。在日本分别使用着汉字、平假名、片假名这些体系不同的文字，这固然造成了各种各样的问题，但其本身就是承载历史的日本独特的文化。假如语言研究能够给予文字以明确的定位，那么它就必须可以对日本文字作出解释。现在已经到了这样一个时期，研究日本文字不仅对于探究日本文化有用，对于推动世界语言的研究也是很有必要的。

四、如何研究日本汉字

研究日本汉字有其特殊性，涉及语言各个要素、各个层面的问题。首先，应力求对日语汉字的形成过程、原理进行全面深入的描写、分析。从大的方面来讲，可从历时和共时两个角度进行开掘，笔者拟把重点放在历时的追踪和描写上。

笔者认为，要想深入研究日本汉字，需注意以下几个方面的问题。

（1）汉字传入日本已经有近两千年的历史了①。在这一漫长的历史时期里，汉字从一个外语文字逐渐演变、成长为日语中的一个有机成

---

① 从一开始就发生了变异，如所谓的"和臭"，见资料（1）。中世的和臭例子见资料（2）。

分，成为各种语言要素的交汇点和中枢位置，对此过程和原理需要做精细的描写和阐释。力争做好质和量的把握、点和面的结合。

（2）探讨日本汉字不能孤立地只把汉字看作是普通的文字，它和日语其他方面有着千丝万缕的联系，如标记、文字意识①，同时又是积极的造词语素，在日语词汇（包括和制汉语词）形成过程中，汉字始终是一个活跃能产的要素，特别在近代翻译西方新概念新事物时发挥了很大的作用。对此，需要从文字学、语言学乃至文化学的角度进行综合考察。

（3）历时的描述固然有助于对汉字的融入过程作一个追踪描写，但想对日本汉字的原理进行深入挖掘，还需从共时的角度出发，从汉字作为一种文字标记的手段，它是如何与语言的其他要素一起来承担语言表达任务的角度进行开掘，特别是通过理论上的探讨，以正确定位日本文字系统的特殊性和体系性，这一点尤其重要，这是从质的角度定位日本汉字的基础工作。

（4）采用对比的方法是检验这种历时描述和共时考察有效性的一个很好的方法。因为汉字作为一种文字，它在中日两国语言中的性质功能相似或相近，但也有着很大的不同。通过汉日对比的方式，可以凸显它们的异同，揭示日本汉字的差异特征。因此，具体研究中，需要在适当的地方采用对比、比较的方法对日本汉字进行描述和分析。

（5）汉字作为表意文字，特别是在古代，汉字作为一种来自文化高度发达的中国文化的象征，它在日本社会一直占据着很高的位置，因此，对支撑汉字使用的背后原理须要进行一番考察。同语法、语音研究不同，文字尤其是汉字研究具有社会性、文化性很强的一面。挖掘好特定时代的汉字使用意识将大大有助于我们对当时汉字使用的状况有一个更为全面客观的把握。

综上所述，就是既要坚持从历史发展的角度看问题，也要注重理论

---

① 见资料（3）（4）。

性的阐释与整合，同时运用对比、比较的方法凸显日本汉字的特殊性，对汉字以及汉字使用背后的社会文化现象做一个分析，力争做到全面、客观与深入。

五、研究的框架

基于以上考虑，笔者的研究拟从汉字传入日本以后经过近两千年的演变，逐渐实现日本化，最终使汉字成为日本汉字的角度进行分析阐释。

在国内，就笔者所见到的，迄今主要有三部关于日本汉字的专著，分别是：《现代日语中的汉字研究》（李月松著，上海外语教育出版社，1998）、《汉字在日本的文化意义研究》（刘元满著，北京大学出版社，2003）、《日本汉字和汉字词研究》（何华珍著，中国社会科学出版社，2004）。三部著作各有所长，切入角度各有不同。如《现代日语中的汉字研究》虽然也涉及古代汉字传入日本的历史以及国字变迁等领域，但主要是阐述和分析现代日本汉字的状况。《汉字在日本的文化意义研究》则从文化的广阔视野论述了汉字东渐日本以后，对包括语言在内的日本文化产生的广泛而又深远的影响。该书也涉及了汉字传入日本的历史，还涉及了"汉字融入日本文化的变异方式"（见第三章）。而《日本汉字和汉字词研究》则是按照几个围绕汉字的专题展开。如"日本国字研究""日本简体字研究""日本俗字研究""日本汉字词研究"。作者长于考辨的特长使本书成为一部考证色彩浓厚、功夫扎实的力作。

笔者今后拟在考察范围的设定上，为避免和上面三部著作重复，同时也想从历史变迁的角度考察汉字传入日本以后经历了怎样的演变过程才变成今天这个面貌的，为此，初步设定了若干个以上三部著作没有涉及的角度，如文字标记体系的形成、文字与文体关联的角度、历史演变的纵轴。同时，另辟篇幅专门谈日本汉字的几种变体：国字、国训、假借字。这几种变体与日语字音语素的形成以及现代日语中汉字表音性的加强等一起构成"汉字的和化"这一部分的内容。在笔者看来，特别是后者是衡量汉字日本化的重要指标之一。另外，还想介绍一下日本人的汉字研究和汉字观，这些也是前述这几部专著所谈不多的。

以上内容的设定基于以下考虑：我们在判断日本汉字的和化时，既可从个别汉字的演变历史入手，也可从宏观上做一个总体的把握。从宏观上看，断定汉字是否实现了日本化？或者说多大程度上出现了变异，以至于我们不能不认定日本汉字走上了比较独立的发展轨迹？解释这些问题需要从质和量两个方面进行考察。主要有以下几个参考指标：①除了传统的字音、字形、字义之外，还包括对汉字的使用，甚至要对日本人的汉字意识（对汉字的认知及用字意识）进行考察。②还有对诸如国字、国训、假借字等汉字的变体、字音形态素（语素）的造词功能、汉字表音化的趋势等问题进行研究。③考察汉字在日本人的文字生活、文化层次方面的影响和作用。另外，在对量的差异的把握上，比如既可以根据日本现有汉字调查成果进行分析，还可利用中日两国的汉字字频进行比较。笔者曾撰文谈及日本汉字的特殊性以及汉字的性质和功能问题，并且对日语中的"あて字"和汉语词的变异有过一些考察，深感研究汉字日本化的必要性。比如"あて字"以及其他汉文体式的表达形式背后所透射出来的符号功能，诚非用诸如"误用"或"游戏"等观点就能说清楚了的，它们的出现涉及文化、文体以及其他观念、技术层面上的因素。

鉴于以上认识，初步设定的研究框架是这样的：

首先，需要对日本汉字做历史扫描，勾画出汉字进入日本后的发展和演变轮廓，具体包括，汉字如何传入日本的史实，汉字如何由一种外来文字演变为假名、并与汉字一起形成标记日语的文字体系的原理，以及汉字在各个特定历史时期的演变历程。

其次，从文本类型即文体的角度来阐述日本汉字使用的具体特点①；与之相联系，通过对国字、国训以及假借字等汉字变体产生的背景和原理以及对后世汉字变异的影响角度进行阐述分析，进一步阐明汉字日本化的原因和原理。

然后，结合汉语汉字，对现代日语中的汉字的情况做一个鸟瞰和阐释，在一个共时的平面上凸显日本汉字的诸般特征，进一步说明日本汉字的独立性和独特性。

【参考文献】

[1] 何华珍. 日本汉字和汉字词研究［M］. 北京：中国社会科学出版社，2004.

[2] 李月松. 现代日语中的汉字研究［M］. 上海：上海外语教育出版社，1998.

[3] 刘元满. 汉字在日本的文化意义研究［M］. 北京：北京大学出版社，2003.

[4] 陆锡兴. 汉字传播史［M］. 北京：语文出版社，2002.

[5] 潘钧. 浅谈汉字、汉语词对日语的再塑造作用［J］. 日语学习与研究，1998（4）.

[6] 潘钧. 关于日语汉字的定位问题［C］//清华大学日本语言文化国际研讨会论文集. 北京：清华大学出版社，2008.

[7] 杉本つとむ.《あて字》概説［M］//あて字用例辞典. 東京：雄山閣，1984.

[8] 中田祝夫. 日本語の世界4 日本の漢字［M］. 東京：中央公論社，1982.

资料

（1）圣德太子《十七条宪法》

一曰，以和为贵，无忤为宗，人皆有党，亦少达者。

十曰。绝忿弃瞋。不怒人违。人皆有心。心各有执。彼是则我非。我是则彼非。我必非圣。彼必非愚。共是凡夫耳。是非之理。谁能可定。相共贤愚。如环无端。是以彼人虽瞋。还恐我失。我独虽得。从众同举。

---

① 见资料（6）。

十六曰：使民以时，古之良典。故冬月有闲，<u>以可使民</u>。从春至秋，农桑之节，不可使民。其不农而食，不桑何服？

其中，"我必非圣，彼必非愚"应为"我非必圣，彼非必愚"，"我独虽得"应为"我虽独得"。"以可使民"应为"可以使民"。此即为和臭，也作"和习"。

（2）关于"曰"与"云"的区别，在中世《吾妻镜》等中对尊贵人物如将军用"曰"（4处），对家臣用"云"（47处）；在《和名类聚抄》中人物用"曰"，典籍用"云"；而《御堂关白记》几乎都是"云"。但在记纪中却是与中国的用法一致的，也就说后来出现了和臭（和化）。

（3）明治时期的书信文当中仍然存有所谓"漢文風の転倒"的现象，如"相変わらず（不相変・相不変）""あしからず（不悪）""とりあえず（不取敢）""ありがたし・ありがたい・ありがとう（難有）""…ながら（乍…）"。出现在福泽谕吉、森鸥外等文学家的书简中。此外还有"不持　難云、不可、不許"等，皆具某种装饰性。因此仅仅是对汉字表意性的依赖似乎说服力不足，还有更深层次的东西，是语境使然，反映了一种意识。

（4）"「ホームページ集」不許複製、禁無断転載"

"「埼玉の主な観光」掲載写真不許複製"

（5）杉本在《西鶴語彙管見》中对西鹤的用字提出了自己的分类，分为训（Ⅰ）、音（Ⅱ）和音训混用（Ⅲ）。（Ⅰ）（Ⅱ）又分为正（a）、义（b）两类。值得关注的是义（b）类。

　Ⅰ、訓を主として考える場合

　　a　義訓一（熟字訓・当て読みをふくむ）

例：未明、海土、数多、白地、所有、周章、時勢、日外、土産、晩鐘、訛言、可怜、和南、可笑、平治など、

　　b　義訓二（義訓と類似するが、日本語があってそれに対する漢

語を当てた。当て字の一種）

例：天窓(あたま)、浮雲(あぶなし)、雲落(あぶなし)、雲泥(あぶなし)、分野(ありさま)、鬼枕(あとはら)、丸雪(あられ)、江鮭(あめ)、雲落(あへなし)、烏賊(いか)、紙鳶(いか)、不審(いぶかし)、口合(うそ)、十三子(うない)、一二寝(うたたね)、紅毛(おらんだ)など。

b　義訓三（借字訓といえるもので、意味に関係なく漢字を借りて字訓語として用いる）

例：荒(あら)（感動詞）、入相(あひ)、朝顔(あさがほ)、荒増・荒猿・有増(あらまし)、浅間敷(ましき)、飯蛸(いひもり)、井守(いもり)（両棲類）、稲妻(いなづま)、浦山敷(うらやまし)、恵比酒(ゑぶす)（夷）、唐(から)（空）など。

Ⅱ、音を主として考える場合

a　義音一（借字音。正当な用字に対して、音の通用で用いている。当て字の一種である）

例：愛（興）嬌、愛夕（挨拶）、意細（委細）、有極（有徳）、官活（寛潤）、覚語（覚悟）、伎術（技術）、旧離（久離）など。

b　義音二（個々の漢字の意味に関係なく、音を借りる。語は日本語のみとはかぎらず、一字一音節ともかぎらない）

b'1 例：合羽、襦子、襦袢、身比羅、施餓鬼、十露盤、旦那・檀那、緞子、如来

如来

b'2 例：阿頬(あほう)（バカ）、恵比酒(ゑぶす)（夷）、行衛(ゑ(へ))（行方）、於佐賀部(おさかべ)（固有名詞）、老楽(らく)（接尾辞）、加様(か)（斯様）、哥舞伎・歌舞妃(かぶき)など

Ⅲ、音訓混用（いわゆる重箱読み・湯桶読みなど）

例：町人(まちにん)、茶湯(ちゃのゆ)、去冬(きょふゆ)、合羽(かっぱ)

（6）和化汉文（变体汉文，记录体，东鉴体）

以《吾妻镜》为例

原文

十五日　甲午　大蔵卿泰経朝臣使者参着。依怖刑戮、直不参営

中。先到左典厩御亭。告被献状於鎌倉殿之由。又一通献典厩。義経等事。全非微臣結構。只怖武威伝奏許也。及何様遠聞哉。就世上浮説、無左右不鑚之様。可被宥申云々。典厩相具使者。達子細給。府蔵之状披覧。俊兼読申之。其趣。行家。義経謀叛事偏為天魔所為歟。無宣下者参宮中可自殺之由。言上之間。為避当事難。一旦雖似有勅許。曾非叡慮之所与云々。是偏伝天気歟。二品被投返報云。行家義経謀叛事。為天魔所為之由被仰下。甚無謂事候。天魔者為仏法成妨。於人倫致煩者也。頼朝降伏数多之朝敵。奉任世務於君之忠。何忽変反逆。非叡慮被下院宣哉。云行家云義経。不召取之間。諸国衰弊。人民滅亡歟。日本第一大天狗者。更非他者歟　云々。

训读

　　十五日　甲午　大蔵卿泰経朝臣の使者参着す。刑を怖るるによりてか、直に営中に参らず。先づ左典厩の御亭に到り、状を鎌倉殿に献ぜらるるの由を告げ、又一通を典厩に献ず。義経等の事、全く微臣が結構にあらず。ただ武威を恐れて伝奏するばかりなり。何様の遠聞に及ぶや。世上の浮説に就きて、左右なく鑚られざるの様に、宥め申さるべしと云々。典厩、使者を相具して子細を達し給ふ。府蔵の状を披覧し、俊兼これを読み申す。その趣、「行家・義経謀叛の事、偏に天魔の所為たるか、宣下無くんば、宮中に参じ。自殺すべきの由言上するの間。当時の難を避けんが為、一旦勅許あるに似たりと雖ども、曾て叡慮の与する所に非ず」と云々。是れ偏に天気を伝ふるか。二品返報を投ぜられて云く、「行家・義経謀叛の事、天魔の所為たるの由仰せ下さるる、甚だ謂はれなき事に候ふ。天魔は仏法の為に妨げを成し人倫に於て煩ひを致すものなり。頼朝数多の朝敵を降伏し、世務を君に任せ奉るの忠、何ぞ忽ちに反逆に変じ、指せる叡慮に非ずして院宣を下されんや。行家と云ひ、義経と云ひ召取らざるの間は、諸国衰弊し、人民を滅亡せんか。日本第一の大天狗は、更に他の者に非ざる

173

か」と云々。

不少假借字（あて字）来自和化汉文，如：

"面（おも）、折節（おりふし）、物忌（ものいみ）、態（わざと）、糸惜（いとほし）、浅墓（あさはか）、浅猿（あさまし）、穴勝（あながち）"

关于日语汉文训读的本质及定位

随着我们日语教学和研究水平的提升，对日本古典文学和文言语法学习的普及，以及中日比较文学、比较翻译学等学科的兴起，汉文训读日益成为日语学界出现频率比较高的一个词。有些研究者在不经意地使用这个概念，有的甚至把对中国古典诗词的汉文训读（訓み下し）看作是翻译。与之相关的是，有人竟把汉和辞典看作是中日双语词典[①]，有的教科书里甚至出现了一些模糊不清、甚至容易让人误解的指引。鉴于此，本文拟对汉文训读的概念、性质和定位等问题进行梳理，提出自己的看法。

一、汉文训读的概念

一般地说，所谓"汉文训读"，就是"以日语的语序来阅读汉文、汉诗的，是直接将汉文翻译成日语的一种技法。"[②] 类似的定义普遍见于中日公开出版的各种普及型读物当中。乍看似乎没有什么不妥的地方，但细究起来却有失严密。据日本最具权威的《国语学研究事典》对"漢文訓読文"下的定义："漢文を国語風に訓みくだした文。この文にならって綴ったものも含む。訓読文・書き下し文・訓み下し文とも。"（村上雅孝执笔）这里关键一点在于对"訓みくだす"的方法应

[①] 关于二者的区别参见潘钧（2000）。
[②] 引自张龙妹（2006：75）。

如何定性。据《大辞林》（第二版）："漢文を日本語の語順や読み方に直して読む。"可见，汉文训读不仅涉及语序，"読み方"即读的方法也需要改成日本式读法。这里的"读"不单是指理解所读文本内容的意思，更是指一种已经固定成型的解读方法。国内一些学者以为，汉文训读就是翻译，这就涉及我们所依据的所谓翻译标准的问题。粗看大致也可以算，但严格来说汉文训读不是翻译。对此，需要对"訓みくだす"的方法进行考察。具体说，要看汉文训读文与原文之间在概念、语境乃至风格、形象等意义方面是否构成等值的关系。

在现代日本，所谓的"漢文教育"构成了中学语文教育的重要一环，虽然总体上有些式微，但仍维持着重要地位。"训读"一词包括字义层面上的，如"山"读成"やま"；也用来指这里所说的句子层面的日本式读法，即"汉文训读"，非"汉字训读"。日本的汉文训读由古至今，已形成一套较为完整的体系。对现代人来说，所谓的"返り点"和"送り仮名"的学习十分重要。此外，难点还表现在像"将、且、当、应、宜、須、猶、由、未、蓋"这样的"再読文字"（又译成"返読文字"）以及特殊句式的训读法，如使役句、被动句和否定句、反问句等，它们构成日本中学汉文教育基础阶段的主要学习内容。

现代日本汉文训读的整套方法和理念是在历史中形成的，对汉文训读概念和性质的把握当然还要从历史入手。

二、汉文训读的由来及沿革

关于汉文训读的由来，有说法是一个叫三善清行的人发明的，但实际上不可能由一个人发明，这就如同把假名的发明归功于弘法大师等人一样，实不可信。据考，奈良时期（8世纪）就已有对汉文的训读[①]。但至少到9世纪中叶为止，日本律令制中设有音博士，一般认为当时的大部分汉文文献是以音读理解为主。训读虽可追溯到奈良时期，但训读

---

① 有的说法是认为可追溯到推古朝（7世纪末）。

文本则是到了平安初期（9世纪）才作为文章形式被记录下来。对来自异国的汉字文本，最初日本人是采取先音读、然后再译成口语的办法。后来，由于和训的成立，遂按照日语的顺序连缀训以成文。若没有对应的训就按字音读，之后再补充必需的一些助辞类虚词，于是便产生了汉文训读的雏形。

　　出于学习汉文化的需要，汉文训读最初是在寺院、大学寮等知识密集之地展开的。当时的大背景是，随着遣唐使的停派，旧有的音读法发生困难，遂弃之改为直接训读。起初音韵、语法与当时的口语相差不大，只不过里面掺入了一些特有的词汇或说法。平安中期有一部分带上了古语特有的特征，如著名的"ク语法"以及奈良时期的古词汇"あに""むしろ"。这主要是由于文本特殊的关系，其他文体的文本渐渐不用，但汉文训读文作为一种书面语（文语），保留了上代的一些古语现象。平安初期的所谓"国风暗黑时代"汉文训读兴盛，留下了100多种训点资料，整个平安时代留下了不少于4000种训点资料。平安中期训读法固定，直至后来没有大变，包括训读方式、训读语以及训点都大致固定了下来。除了标记、音韵外，后来的训读法没有本质上的变化。最早固定训读法的是奈良僧人，他们在读佛典时形成。后来是所谓汉籍博士家的学问家们，他们凭靠家学渊源，薪火相传，甚至采取秘传的形式，遂促成了汉文训读的发达和趋于鼎盛。如著名的"オコト点"（也叫博士家点）以及各流派点图的出现就说明了这一点。镰仓末期以后，随着朱子新注兴起，当时人基于新注，对汉文训读做了一些改动，改变了旧有的汉籍读法。江户后期，由于过于尊重原文，排斥和臭，甚至不惜破坏日语自身的规范，导致极端，但同时也一度出现了复古江户之前训读法的势头。进入明治时期以后，汉籍经书的学习被列入学校教育内容，政府统一了送假名和训读法，为今天汉文训读的成立奠定了基础。另一方面，明治以来，直至第二次世界大战结束为止，汉文训读体成为公用文体。训读语法包括了江户以前的形式，但主要是江户时代汉学兴盛后流传下来的语法。它们可以离开汉文，成为日本人书面语的一

177

种文体。也就是说,汉文训读既是对汉文典籍的读解,也因此发展成为日本人表达思想信息和感情的一种文体。

时过境迁,即便在战后日本,是否要坚持汉文训读教育还有争议。有人认为,过去的汉文教育主要偏重于古代,且儒家道德教育的味道太浓,小说戏曲较少。有人认为,要以现代汉文为中心。近年来,日本排斥汉文势力抬头。不过,有识之士还是从汉文对日本文化的重要影响的角度肯定汉文的作用。当然,毋庸置疑,这种肯定必须建立在加强汉文训读学习和研究的基础之上。

三、汉文训读与翻译

国内有的学者把汉文训读看作翻译,有的虽没有明确指出,但潜意识中的确是把汉文训读当作翻译,但严格来说它不属于翻译。刘宓庆(1999)指出:"翻译作为一种语际转换,也就是符号系统之间的转换……翻译的实质,也就是语际间的意义的对应转换。"[①] 换言之,就是要实现两种语言之间的意义上的等值,但汉文训读很难做到这个"等值"。

首先从大的方面说。研究日本汉学的钱婉约(2007)认为汉文训读"在功能上说,相当于翻译,即把看不懂的原始文(汉文)变成了日本人可以看得懂的东西,但在具体做法上又不同于现代意义上的翻译,因为经过现代翻译,原始文全部消失而兑换成'目的语'(本国语)了,但在汉文和训这里,所有的原始文(汉文)仍然保存,只是通过添加和调整将之兑换成一种可以读懂的特殊文本了。"[②] 这段话可谓抓住了问题的关键点:进行汉文训读时,必须既依附于汉字,又受制于汉字,因此它具有两面性,这种两面性也折射出汉字在日语中的两种地位和尴尬处境——在一般的汉字使用中,其用法属于所谓借用,可不

---

① 刘宓庆(1999:57-58)。
② 钱婉约(2007:63)。

拘泥于汉字的正统用法；但在汉文训读中却要尽量贴近原文，即尽量不脱离于汉字的正统用法，否则被认为是和臭①。

高宁（2003）认为，"训译法"从译介学的角度看有两个致命弱点："第一，它断送了中国古典诗文日译研究的前程。在西方语言学界中国古典诗文翻译研究日趋繁荣的今天，日语学界却是悄然无声，一片寂静。尤其具有讽刺意味的是，日本的和歌、俳句在我国译坛倒是不断掀起研讨热潮。第二，它和'和文汉读法'的问世有着某种天然的联系。"和文汉读法"对当年传播新知识、介绍西学虽然具有一定的积极意义，但是，从语言学和翻译学的角度看，又无疑存在着较大的负面影响。"② 高宁在《新编汉日翻译教程》中专辟一节谈这个问题，可见他对汉文训读的弊病十分重视，体会很深。高宁主要是从文学翻译的角度展开议论和批评的，但促使他得出以上两个结论的具体理由却语焉不详。这里笔者试着解释一下。

由于有了汉文训读的存在，使很多人误以为只要循着这个模式，便可大功告成，完成翻译了。殊不知汉文训读是日本一千多年以来形成的比较僵化、教条的一种"译法"。反之，西方同中国在古代没有语言上的任何关联，他们对中国古典诗文的理解只能从文本到文本，即从文本整体的意义上去把握和消化，不拘泥于个别汉字的意义用法，他们的劣势在这里反而成了优势。日本的和歌、俳句从内容到形式受中国汉文化的影响较少，从语言上说使用汉语词相对少，所以失去了汉字（以及作为中介的训）的纽带，因此反而容易放得开，也就是从文本到文本，从形象、风格到形象、风格。国人在对和歌、俳句进行翻译时，往往必须在吃透原诗的基础上，采用归化（意译）的方法，即采用中国古典诗歌的方法进行翻译。并且，不同的译者有不同的译法，容易形成百花齐放的繁荣局面。

---

① 潘钧（2003）。
② 高宁（2003：378）。

不仅如此,笔者还拟对前两个观点进行一些补充,主要是想增加论据,以证明训读文不是翻译这个命题。

(1) 有碍于风格、形象的生成

语际意义的转换所涉及的意义除了概念意义外,还包括语境意义、形式意义、风格意义、形象意义乃至文化意义[1]。古代汉字训的成立有不少是依存于特定的语境的。所谓训,就是日本人对汉字的读解,但现代日语中的训是千百年来日本人通过读解各种汉文文本归纳总结出来的。尽管一个汉字可以有多个训,但不是无限的,更不能包含无穷可能的意义。训的有限性必然导致汉文训读文的僵化和教条。而在翻译文本中,特别是在文学文本中,比如诗歌这种体裁特别讲究意境上的出神入化,也就是追求语言背后的东西,包括风格、形象等意义,一个词必须放到特定的语境中才能摆脱意义游移不定的状态,汉文训读的这种僵化的模式必然成为阻碍。

(2) 漠视时代语言的变迁

日语本身在不断变化,但训读的方法却基本固定成型,很难有变化,这是其一。其二,在汉文训读体系中,不仅汉字的字义(训)是固定不变的,贯穿在训读中的语法也是基本上沿袭了平安时代的语法,这在很大程度上也影响了文本意义的准确传达。其三,在日本的语言生活中,所谓的汉文学世界是一个属于阅读和汲取古代中国文化营养的文学范畴的东西。现在有汉文素养的旧式文人或许还能把玩之,但随着时代的变迁,已风光不再。如此"翻译"出来的所谓汉文训读文与现实生活的距离只能是越来越大,它们与植根于本民族语言土壤的古语亦不可等量齐观。

(3) 与翻译主体性理论相悖

从译介学的角度看,"翻译应当适应共时性,也应当适应历时性"[2]。

---

[1] 刘宓庆(1999:47)。

[2] 刘宓庆(1999:50)。

翻译的共时观包括多样性和同一性。其中，多样性是指不同素质的译者可能对同一原语作品有不同的理解。翻译的历时观是指翻译的可变性，是指翻译不是唯一的。但是，经过汉文训读得到了所谓的"译本"却是有限的、固定的，这样既不符合上述翻译共时的多样性，也不符合历时的可变性原则。

（4）日本学界对汉文训读的描述和界定

据前引《国语学研究事典》中"漢文訓読文"条目，共包含14个条目，仅举前5条：

①漢文を翻訳した上で再び表現するという一種の翻訳文である。

②従って、表現は原漢文に制約されるため、特に仏典などにおいては当然のことながら文芸意識は稀薄で、一般にその意味で没個性的であるといえる。

③一種の文章語体であって日常の会話からは遠い。

④漢文訓読体の骨幹は平安時代中後期の文法である。

⑤原漢文の語句や語序に拘束されるため、国語に見られない語法や語句がある。

这里把汉文训读看成了翻译，但需要注意的是，它属于一种特殊的翻译（这里的限定词"一種の"其实就是某种的意思）。表现在：①解释之后再现；②缺乏文采与个性；④因袭平安时代中后期的语法。①说明它是一种解释，既然是解释，就不能苛求语际代码间的转换完全对应。②和④说明它是一种僵化的、程式化的东西。特别是对于诗歌等文学作品，汉文训读尤其不适当，不配称翻译。

套用前面译介学的理论，第一，它不符合多样性，可谓是千人一面；第二，虽然不同时代对翻译有不同的标准，但由于前述②③两条理由，或许我们可以这样说，在最初可能是翻译，但随着后来各种因素的变化，它离等值的标准逐渐偏离，最后的结果是充其量不过是诠释（日语在变）。这就好比汉和辞典在一开始具有了双语（对译）词典的性质，但后来却发生了偏差，因为汉语在变。

由此可见，日本版的工具书里也明确表示汉文训读不是翻译的观点。再举两个证据。在《日本語百科大事典》中有这样的表述："訓読は、漢文を自国語で理解することでは翻訳と似るが、漢文の原表記を残したままでそれによりかかりながら自国語で理解するという点で翻訳と異なる。訓読は、特殊なしかも巧妙な言語活動である。"① 另，《漢文解釈辞典》中说："訓読された漢文は、日本語としても一種の古典語であって現代語ではなく、原文の意味をわかりやすく伝えようとすれば、もう一度現代語におきかえなければならないのである。"② 前者强调汉文训读保持和依赖汉字表记，如钱的观点；后者则凸显了汉文训读文与原文之间非代码的等值交换的事实。如上所述，古代日本人最早接触汉文时也是依循这样的模式。这说明，汉文训读文同日常语言是有一定距离的，它不是翻译。

四、汉文训读的性质、意义和影响

基于以上认识和理解，下面对汉文训读的性质等相关问题做一分析。

1. 性质

笔者认为：（1）汉文训读是一种对汉文文本的解释、演绎，但受到很多条件的限制。如沿袭自古至今的训读法，包括受汉字以及汉字训的限制。正因为此，从结果看，训读文表现为一种对原文本的读解，具有程式化的特征。（2）严格来说，它是介于翻译和原语之间的一种文本，用钱婉约的话说，是一种特殊文本。这在世界上也是绝无仅有的，如同近代日本对西文文本的训读直译。汉文训读给后世的日本带来了很大影响，但这种影响停留在书面语层次上，特别是明治以后几乎没有影响了，反之日语受到欧式语言的影响很大。有意思的是，这种影响也是

---

① 宫地裕（1981：1022）。
② 多久弘一・瀨戸口武夫（1980：7）。

通过训读西文的形式接受的。

2. 意义

关于汉文训读的意义，钱婉约指出："应该说，汉文训读是日本借重中华文化资源的一大创举，它使汉籍在不必翻译成日语的条件下，能够在日本的广大阶层中被接受和运用，对于中国语言文化在日本的普及起到了极大的推动作用。"① 钱举了所谓和刻汉籍、和刻本的例子②，认为其为"旷世杰作"，达到了"你中有我、我中有你的水乳交融的状态"，评价甚高，这是基于钱研究日本汉学发达历史的前提之下。而研究翻译的高宁则持否定的态度。两人的视角不一，当然观点也不可能一样了。但即便钱婉约对此也是持一分为二的观点。钱从日本对汉文化的容受的角度看问题，认为汉文训读对日本中国学（现代有关中国的学术）带来了一定的负面影响。如到了20世纪的二三十年代，很多研究中国学术的东洋学家都是"哑巴汉学家"。钱指出："'同文'的观念，训读的方法，既妨碍了日本把中国文化作为一种外国文化来客观对待、理性研究并施以学术评判的心态的养成，也阻碍了日本把'汉文'作为一种外国语来准确掌握而展开科学的中国语教学机制的探索的科学进程。"③

不过，从文化交流以及对日本文化的影响来看，笔者认为汉文训读的功劳是巨大的。汉文训读是联系中国古代文化的纽带。这种作用至今未绝，深深地融入了日本人的血液，成为日本文化的一个重要因子和发动机。

3. 影响

关于汉文训读对于后世、特别是语言上的影响，据《日本語百科大事典》，有三个：（1）促进了文言与口语的分化。现代日语中，文言调或者比较生硬的表达也有很多来自汉文训读。（2）语法上，有很多

---

① 钱婉约（2007：63）。
② 日本也有《康熙字典》的和刻本，较之中文本更好用。
③ 钱婉约（2007：64）。

来自汉文训读，这些在固有的日语中没有，如副词"きわめて""はたして"来自训读汉文"極…而…""果…而…"。对此，著名的考察有山田孝雄著《漢文の訓読により伝へられたる語法》。山田在该书中举了现代日语书面语（文语）语法中诸如"いはく""ごとし"等42条"語法"，分别辅以实例，对其本质和历史沿革进行了详细叙述。(3) 此外还有其他很多影响，特别是在知性平面上。

筑岛裕（1969b）认为，这种影响分为：（1）汉和字典（音义类辞书）的成立；（2）平、片假名的成立；（3）和汉混淆文的成立。汉文训读文同平假名文、汉字片假名混合文、记录体一起成为和汉混淆文的源流，给后世的军记物语、说话、法语①等以很大的影响。明治初期直译体流行，成为促使明治中期所谓"普通文"成立的要素之一。

4. 对现代日语形成的作用

除了以上三方面影响外，筑岛裕（1969b）在附记2中提出，近世以后日本人对西方语言也采取了汉文训读的方式，特别是在近代，即所谓的训读直译。明治时期的文人清楚地知道，西方语言的训读文不是日文。这对于现代日本人来说很难理解。对于直译，还要进行所谓的"讲义"（意译）方式，也就是真正的翻译。这等于回到了日本人祖先最初在接触汉文时那样，要化解为自己的母语，但现代日语却继承了当时的训读直译方式，只不过文体上更为洗练，采用了诸如"しつつある"这样的带有翻译调的表达形式。在当时，对西方语言文本的处理要经过两个步骤：先找到对译词语，然后颠倒语序，而后再翻成比较正统的日语。现在也是这样，但较之当初更接近直译方式。所以，现代日语其实受当时的翻译文体的影响很大。汉文训读影响大，还有一个深层次的原因：从前日本人通过汉文（汉字）的学习，成功地学习和借鉴了中国文化，这使他们深信，同样的办法也可以学习西方文化②。这可

---

① 日本历史上阐释佛教教义的作品，包括纯汉文体，更多的是混合了假名的一种简明易懂的文体。
② 柳父章（1979：67）。

以看作是汉文训读方法的延伸，属于对日语的间接影响。

五、对汉文训读的评价

综上所述，在今天，汉文训读是日本特有的一种读解汉文的形式，有它的特定的历史价值和现实意义。特别是它已自成体系，在操作上简便实用，为日本人汲取古代中国文化的营养做出了贡献①。但另一方面，我们对汉文训读的价值和意义不能夸大，须持平常心看待，切实了解其来龙去脉和性质原理。须认识到，它有值得肯定的一面，也有需要鉴别与否定的地方。关键是，汉文训读既保持了原文的基本风格，又丢失了某些原汁原味，这是汉文训读自身的悖论，也是日本汉字的宿命。同时，也让我们更加深入地认识到日语的层次和日本语言文化的丰富性和多样性。

【参考文献】

［1］高宁．新编汉日翻译教程［M］．上海：上海外语教育出版社，2003．

［2］刘宓庆．当代翻译理论［M］．北京：中国对外翻译出版公司，1999．

［3］潘钧．''汉和辞典''的性质、种类及发展方向［J］．解放军外国语学院学报，2000（1）．

［4］潘钧．汉文训读与日本汉字［J］．日语教育与日本学研究论丛．第一辑［M］．北京：民族出版社，2003．

［5］钱婉约．从汉学到中国学［M］．北京：中华书局，2007．

［6］张龙妹主编．日本古典文学入门［M］．北京：外语教学与研究出版社，2006．

［7］加藤徹．漢文の素養——誰が日本文化をつくったのか［M］．東京：光生社，2005．

［8］小林信明．漢文研究法（改版22版）［M］．東京：洛陽社，1977．

［9］多久弘一・瀨戸口武夫．漢文解釈辞典［M］．東京：角川書店，1980．

---

① 直至今天，不懂汉语的日本人在解读汉语文本时仍然可以循着这个套路大致了解。

[10] 築島裕. 漢文教育（項目）［M］//国語学会編. 国語学辞典（訂正17版）. 東京：東京堂出版 1969a.

[11] 築島裕. 訓読（項目）［M］//国語学会編. 国語学辞典（訂正17版）. 東京：東京堂出版, 1969b.

[12] 築島裕. 漢文訓読（倭読）（項目））［M］//佐藤喜代治編. 漢字大百科事典. 東京：明治書院, 1996.

[13] 宮地裕編. 漢文の訓読［M］//金田一春彦他編. 日本語百科大事典. 東京：大修館書店, 1981.

[14] 村上雅孝. 漢文訓読文（項目）［M］//佐藤喜代治編. 国語学研究事典. 東京：明治書院, 1977.

[15] 柳父章. 比較日本語論［M］東京：バベルプレス, 1979.

[16] 山田孝雄. 漢文の訓読により伝へられたる語法［M］東京：宝文館, 1935.

训读的起源与汉文文化圈的形成

——评金文京著《汉文与东亚——训读文化圈》

最近读了日本学者金文京的著作《汉文与东亚——训读文化圈》（《漢文と東アジア——訓読の文化圈》，岩波書店，2010）。掩卷而思，深为作者广阔的视野、超越时空的想象力和深厚的学养学识所折服。作者金文京为韩裔学者，1952年生于东京。毕业于庆应义塾大学文学部，曾任庆应义塾大学副教授，现任京都大学人文科学研究所教授，主要研究中国文学。著有《中国小説選》（角川書店，1989）、《三国志の世界——後漢三国時代》（講談社，2005）、《増補版 三国志演義の世界》等。2011年11月，他凭此书荣获了第9届角川财团学艺奖。全书篇幅不大，但作者在书中阐发了不少新的观点，如关于汉文训读的起源及思想背景、训读符号之由来以及训读有可能传自古代新罗等观点，令人耳目一新，受益匪浅。其中，最让笔者着迷的莫过于作者鲜明地提出了"汉文文化圈"的观点。

随着全球化的加快以及东亚各国学术交流的日益频繁，研究视野不断拓宽，很多跨地区跨领域问题的研究取得了突破性进展。如有中日韩等国学者参与的有关16世纪至19世纪东亚借词问题的研究迄今已坚持10余年，创造了多国（区域）携手合作研究的范例。再如，国内学者陆锡兴提出了片假名源起于唐朝记录乐谱用的"半字"的观点[①]。王晓

[①] 参见陆锡兴（2000，379-389）。

平通过研究今本《今昔物语集》中保留的俗字，认为可借鉴敦煌俗字研究方法，对其考释中的误读、误释加以匡正[①]。二者从研究的视野和方法论角度为我们提供了有益的启示。日本学者笹原宏之[②]和国内学者何华珍[③]更是通过对日本所谓"国字"绵密细致的考察与鉴别，对古代东亚地区汉字的流传异变问题提出了诸多新见解，为后人进一步深入研究汉字及汉文传播的历史展示了足可期待的前景。

特别是进入 21 世纪以后，日本学术界渐显重新审视训读作用的动向，出版了不少值得关注的著作[④]。金文京的这本著作在此大背景下问世并获大奖殊荣，应该说具有一定的必然性。全书分为三章。第一章，读汉文——日本的训读；第二章，东亚的训读——历史与方法；第三章，写汉文。

在第一章中，作者对训读的起源及训读的历史变迁等问题做了较为详细的梳理和阐述。作者提出训读产生的思想基础来自汉译佛经。古代中土从梵语译经，接受佛教且很快广为传播的古代日本人自认为梵和同一，故模仿中土汉语译经的方法移译汉文佛经。熟读佛经的僧人对由梵文译成汉文的原理及过程了然于心，恐怕由此得到将汉文译成日语的某种启示，遂最终发明了训读。具体说，日本人从汉译佛经的过程、即从"廻文"——按照汉语语序重新排列单词的方法中得到启发。如梵语中是宾语加动词的语序，到了汉译佛经中需颠倒顺序，改为宾语接动词。日本人通过训读，又使其还原回去，这就等于还梵语之本来面目。所谓梵和同一，是指古代日本人认为梵语和日语十分相似，如梵语复音节词居多，有类似日语活用的词形变化（屈折变化），且格关系发达，语序不甚重要，总之诸方面与日语似有相通之处。为保真佛经原义，需最大

---

① 王晓平. 敦煌俗字研究方法对日本汉字研究的启示——《今昔物语集》讹别字考[J] 天津师范大学学报（社科版），2011 (5).
② 详见笹原宏之（2006）。
③ 详见何华珍（2004）。
④ 如中村春作（2008，2010）及加藤徹（2006）等。

限度保留汉语文本中的汉字，遂借鉴"廻文"的方法发明了训读。他们相信，通过训读可还原佛经的本来面目。梵和同一之说出自悉昙学，平安末期天台僧明觉（1056—1106）在《悉昙要诀》中指出，印中日三国语言相通。镰仓初期的名僧慈圆（1155—1225）注意到梵日语的相似性，指出和歌符合佛教教理（《拾玉集》）。无住（1226—1312）更是将其发展为和歌即陀罗尼的观点（《沙石集》）。而圣冏（1341—1420）最为极端，甚至断言日本神代语言即是梵语（《古今集序注》）。支持梵和同一思想的更深次的背景是出自对抗中国文化强势影响的意识所致，可谓与本地垂迹说如出一辙。作者认为，接受以儒教为代表的中国文化时，中国自然具有绝对权威，但在对待源于印度的佛教时，中国则被置于相对化的地位。训读的产生就是由于这种相对化的视角以及当时日本人自以为梵日语具有相似性的误解①所促成的。因此，草创时代的汉文训读不是今人一般认为的简单的翻译，而是由此形成一种用来对抗中国文化影响的特殊文体。

汉文训读的"训"出自"训诂"，古代日本人称汉字的日语读法为训，即含有借用训诂方法的意味，可视为对汉字所做的某种注释。最初中国人将梵语译成汉语时也有人视为注释，称之为训，如晋孙绰。训诂本来仅用于解释儒教经典中的字句，但被借用到佛典中，其解释对象变成了梵文。《日本书纪》中出现的"此云"即是模仿汉译佛经中训注的办法，如"梵云～，此云～"。"此云"在这里俨然就是替代"日本云"了。文本（文字）的背后是日语，但落实在书面上的则是建立在汉文训读基础上的汉文。翻译佛经时，原文是梵语，但译文却是汉文。二者过程相逆，但原理可谓十分相似。迄今学界一直以为是日本人独自发明了汉文训读[2]，其实不尽然，至少应该说，训读与汉译佛经的过程有着密切的关系，这种关系还表现在训点的由来上，如标示语序的符号其来

---

① 按照现代语言类型学的观点，梵日语分别属于屈折语和黏着语。
② 作者认为训读有可能来自新罗，详见后述。

源存在若干可能性，其中包括陀罗尼数字，另有源自南北朝时期作为佛经注释法的"科文"。

接下来，作者将训读的历史变迁分为草创期（奈良末期到平安中期）、完成期（平安中期到院政时期）、新展开期（镰仓时代到近代）、明治以后这四个时期。所谓新展开期是指，时至镰仓时代产生了新的训读方式，表现在：乎古止点衰退，代之以レ点；不用语序符号，代之以汉字数字，甚至出现"上中下"或"甲乙丙丁"的汉字标识以及用片假名标送假名的做法。这个时期五山禅僧发挥了很大作用。日本第一个讲解朱子学最重要著作《四书集注》的是五山学僧歧阳方秀（1361—1424），桂庵玄树（1427—1508）在歧阳点的基础上进行了改订，之后的文之玄昌（1555—1620）最终告以完成，即形成了所谓的文之点，奠定了江户时代四书训读的基础。另一方面，出现了如桂庵提出的倡导音读即直读汉文的声音。背景有二：当时很多僧人到过中国，如桂庵本人就曾赴明留学，他们注意到此前不读的置字即助辞字的价值。室町时代学者、也是歧阳弟子的一条兼良（1402—1481）甚至指出，不读置字对日本人写汉文无益，此前日本汉文中出现的很多和习问题就出在对置字的忽视上。另外一个原因与朱子学的世界观有关。朱子学排斥佛教，另一方面却吸收了佛教思想，促进了儒佛交融，提高了儒学的地位。朱子学强调要逐字理解经典中每一字每一句的真意，准确把握圣人的教诲，由此才有可能成为圣人。这不同于先前单纯追究字句意义的传统训诂学。桂庵和一条兼良所主张的不放过训读中的每一个助辞字其实就是秉持朱子学的态度。至近世，林罗山（1583—1657）发明了以其法号命名的道春点，贯穿整个江户时代，受到广泛应用。此外还有其他训点，如鹈饲石斋、山崎闇斋、伊藤仁斋、太宰春台、后藤芝山等人发明的训点，但均以文之点为基础。伊藤东涯（1670—1736）在《作文真诀》中重新提出了直读论，希望借此来帮助日本人提高汉文写作水平。在主张直读方面态度最为激进的是荻生徂徕（1666—1728）。他认为应废除训读，用中国本土的语音音读（《训译示蒙》《译文荃蹄》）。

当时在长崎出现了唐音（汉语口语）热。他本人也积极学习汉语，尝试与中国人交谈。其主张可能受到朝鲜半岛谚解的启发。徂徕的弟子太宰春台（1680—1747）在《倭读要领》中同样指出训读的种种弊端，但也坦承难以废除。一方面因为训读简单易行，另外当时正值锁国时代，普通人不可能接触到实际的汉语读音。江户末期出现了可谓最忠实汉文原文的训点，即由佐藤一斋（1772—1859）发明的一斋点。其特点是不仅助辞全部要读，而且汉字尽量用音读形式读，而不是训读。一斋点从幕府末期到明治时期大为流行，促进了日本人汉文水平的提高，给当时汉文训读体文章带来了很大影响。汉文训读在明治时期被应用于日本人的英语教学中，发挥了关键性作用。这时候也有人提出直读论，如汉学家重野安绎和稍后的青木正儿、仓石武四郎等人，但与之前桂庵、徂徕等人主张直读论的目的或背景已很不相同了。

古代朝鲜半岛也曾经存在训读，其方式有"口诀"和"吏吐"两种，先直读、后译成朝鲜语予以解释的则叫"谚解"。作者认为，朝鲜半岛新罗的训读恐怕对日本训读有很大的影响。理由很多，其一是新罗较之日本，接受佛教在先；第二，很多新罗僧人访印求法，还有不少僧人参与过译经，对梵语及汉译佛经的情况较之日本人有更详细、深入的了解；第三，新罗佛教以华严宗最盛，日本最早的汉文训读也见于对华严宗经典的训读。新罗人薛聪（生卒年不详）被认为是训读的开创者。其父是新罗华严宗名僧元晓（617—686），元晓的著作曾给奈良时代的日本带来了很深的影响。其子薛仲业到过日本，与淡海三船有过交往，因此完全有可能将训读传入日本。据考，曾有很多新罗僧人参与了作为华严宗大本山的东大寺的建造和校勘佛经工作，训读恐怕就是产生于校勘佛经的现场。能够确切证明新罗训读与日本训读存在直接关联的材料目前还很有限，但从现存于世的高丽版《旧译仁王经》看，发轫于新罗的训读至高丽王朝时代已趋成熟，并与日本训读有颇多相似之处。考虑到古代新罗举行作为国家盛典的仁王法会的做法也深深地影响到了日本，反过来也能提示我们，训读由新罗传至日本的可能性很大。本书的缘起就是作者曾到过韩国海印寺，目睹了僧人训读佛经的情景，遂猜测日本的汉文训读来自半岛。由此疑问出发，作者后来了解到古代契丹、高昌回鹘等曾接触过汉字汉文的非汉人政权地区也有过类似现象，遂著文"東アジアの訓読現象"（《和漢比較文学の諸問題》，汲古書院，1988）。本书就是作者在此基础之上做进一步考察的成果；第四，现代朝鲜语直接继承了新罗语，而新罗语与日语语法上最接近。其中，最大的理由恐怕是第二个。唐义净《南海寄归内法传》记载了多达8名新罗僧赴印求法。旅唐新罗僧人圆测曾亲耳聆听过玄奘说法，参与译经。再如，新罗僧人慧超（生卒年不详）一人就身兼求法僧和译经僧两个身份，有少年入唐、不久海路赴印求法、归唐后参与译经的完满经历，被作者赞为"大放异彩"。其用汉文体所著《往五天竺国传》带有明显的新罗语痕迹，抑或代表了当时新罗汉文的一般状态。均如（923—973）是高丽初期地位相当于华严宗第一人的僧人。现仍可看到均如留下的训读佛经的痕迹。从《均如传》中翰林学士崔行归为均如所作"乡歌"① 写下的序文中可以看出，当时包括崔行归、均如在内的半岛人的头脑中也存在过类似于梵和同一的梵朝相通的思想，亦即也有过与中国文化相对抗的意识。进入李氏朝鲜时代后，世宗大王在1443年颁布了训民正音，制定了纯表音的民族文字谚文，并开始普及，训读逐渐消亡，代之以采用音读与翻译相结合的方式，即创造了所谓谚解的方式。"谚"就是方言的意思。在当时，较之中国正规汉文，用（翻译过来的）朝鲜语（谚文夹杂汉字书写）解释汉文就属于谚解。在如今的韩国，训读虽已不存，但作为活化石，《千字文》的传统读法仍保留了类似古代日本"文選読み"的训读痕迹。

日本和朝鲜半岛都曾面临有关汉文训读存废的选择问题，但结果互有差异。相通的大背景是13、14世纪（蒙元时期）东亚地区人员交往频繁，东亚朱子学盛行。中朝山水相连，特别是高丽王朝末期臣服元朝

---

① 古代朝鲜人借助汉字的表音用法写的诗歌，相当于日本的万叶歌。

后，大量官僚、商人和僧人往来中土。《老乞大》《朴通事》等汉语教科书就诞生于此时期。朝鲜之所以废弃训读，除了前述世宗颁布表音文字谚文并大力推广外，还有一个重要原因就是，朝鲜时代朱子学被奉为国教，佛教出现衰退，而在日本，佛教却仍保持很大的势力，更重要的是15世纪朝鲜半岛形成了具有儒学教养的识字阶层，训读遂失去了现实意义。而且，在当时朝鲜中国口语相当普及，促使人们意识到纯粹直读的非现实性，这反而使朝鲜人在对待训读的态度上不如日本激进，遂最终采取了谋求折中的谚解形式。

须指出的是，在第二章中，作者虽没有明说，但其观点是将"中国"等同于中原汉族政权，而将契丹等少数民族建立的政权当作是所谓"中国周边"，这一点必须纠正。作者认为，在古代东亚地区广泛存在着以训读为纽带的文化圈。不仅朝鲜、日本、越南等周边国家，在所谓的"中国周边"即历史上曾经出现过的很多非汉族政权所辖区域内也有训读，如建立辽的契丹人、建立高昌国的回鹘人等。作者甚至认为，在所谓"中国"区域内部也存在着训读。但这里的训读已经不是一般意义的训读了，似可看作是广义上的训读。

关于所谓"中国周边"的训读，南宋洪迈作为使臣赴金祝贺世宗即位时曾对辽人训读汉诗的情况有过记录。契丹语属于阿尔泰语系，语序与日朝语相似。此外，辽国大兴佛教，且与高丽接壤，故很有可能受高丽的影响。高昌国回鹘人信奉佛教。据《北史》"西域传"记载，高昌国"文字亦同华夏，兼用胡书。有《毛诗》《论语》《孝经》，置学官弟子以相教授。虽习读之，而皆为胡语。"可据此推测，当时回鹘人使用汉字，模仿汉字读音读，即产生了回鹘语化了的汉字音。另一方面，还用胡语即回鹘语习读。当时的回鹘人读汉译佛经时也是混用汉字和回鹘文字，如同日本的汉字假名混合文一般。回鹘语属阿尔泰语系。元朝的回鹘人属色目人，地位特殊，他们有的甚至还通过了科举，担任官僚，可推测他们学习汉文时恐怕用的就是在故国曾使用过的音读或训读汉文的方法。元亡后回鹘人逃回北方，有的甚至还到了高丽，如著名偰氏一族。越南语和汉语皆属孤立语，没有出现像日本那样的使用符号的训读，但也有类似的训读形式。越南人发明了称为字喃的民族文字，用它来翻译汉文，形成了类似中国"训诂"形式的训读，称之为"诀"，类似于朝鲜半岛的"口诀"。此外，越南的汉字音还保留了特有的声调。

作者认为，所谓"中国"（中原汉族政权）内部也有训读。由于历史上匈奴及后来的阿尔泰语系游牧民族多次入侵，对北方汉语产生了影响，特别是在语序上十分明显。古代汉语保留在了南方方言中，因北方话成为标准语，故有很大不同。另外，就是宋以后言文脱节现象十分严重，故产生了用当时口语解释文言的所谓"直解"形式，作者将此也认作是训读。最早的是许衡的《大学直解》。还有游牧民族所著的"直解"，如后来移居高丽的回鹘人偰长寿的《小学直解》。其目的与《大学直解》相反，为的是让高丽、朝鲜的官僚们知道文言体在口语中的读法。

在本书的第三章里，作者拓宽了汉文的范围，指出六朝汉译佛经促生了一种新的汉文文体，即佛教汉文文体。此外，还出现不少与规范汉文有别的文体，即作者所谓的"变体汉文"①。朝鲜半岛的"吏吐文"②就是变体汉文，元代贯云石的《孝经直解》以及高丽时代编纂的《老乞大》等也都是。吏吐文来自中国吏文，初期是按照朝鲜语语序以训读汉字的形式书写，类似于变体汉文。后改为按照汉文语序音读，在短语或单词之间插入汉字以表示上下关系，也就是前述"口诀"形式。插入的助辞称作"口诀字"，也叫"吐"（"读"之讹）。"乞大"指契丹，《老乞大》在当时兼有商业指南和汉语会话教科书的功能③。

---

① 这里的变体汉文较之日本国语学上所说的范围要更大一些，可泛泛理解为汉文的变异体。
② 也叫"吏读文"。
③ 作者本人就曾与他人合注并翻译过这部书，即：金文京等訳注. 鄭光解説. 老乞大 朝鮮中世の中国語会話読本[M]. 東京：平凡社，2002.

作者指出，在日本最典型的变体汉文是所谓的候文。在现代日本社会语境中，汉文似乎是指正规的汉文，但事实上存在各种水准或曰样态的汉文。候文为书信范例，起源于往来物，更确切地说来源于中国的尺牍文，后成为实用文的典型，在近世广泛使用，甚至成为仅次于汉文的一种正规文体，还用于外交文书等正式场合。福泽谕吉曾吩咐塾生多写书信，即要求多练写候文。因此，汉文对明治以后的影响不局限在正规汉文上，还表现在普通大众耳熟能详的候文上。作者指出，"候"本意是状态、样子，后转用于指对方近况或者对方本身（如"台候""尊候"），这是宋以后的用法。"候"还有一个用法是问候，书简中使用"敬候起居"。日本人可能弄混了，遂将"候"读成动词，发展为所谓候文。

在第三章的末尾，作者认为，日本明治以后的文体给朝鲜语带来了很大影响。中国的梁启超、鲁迅、周作人等文人由于较多接触明治文体，也受到了影响。尽管今天日本、中国、朝鲜半岛各国的文体差异很大，且互为不同的语言，但它们在近代之前共有一种所谓变体汉文的大背景，在其背后当然是这三个国家拥有悠久的规范汉文和变体汉文的历史传统。然而，现在人们对这一点的认识越来越模糊。究其原因，第一，日本的国语教育只教授《源氏物语》等和文以及中国古典汉文，几乎不涉及变体汉文，如此导致了断层现象，就好比爷爷写的信孙子看不懂；第二，随着近代东亚地区致力于吸收西方文明，以及由于各国努力建构近代民族国家和确定各自国语，导致今人赖以准确把握近代前这一地区共有文化的视点之缺失。这是执囿于一国史观和一国文学史的必然结果。我们从日本近代文学史的架构上就能看出这一点。芳贺矢一1899年撰写的《国文学史十讲》中所开列的文学作品目录（截止到中古）[1]包括了祝词、和歌、物语、日记，但独不见日本的汉诗汉文，不

---

[1] 東京大学教養学部国文・漢文学部会編. はしがき［M］//古典日本語の世界——漢字がつくる日本［M］. 東京：東京大学出版会，2007.

得不说这是有着严重偏向扭曲的文学史，影响甚远，直到今天日本中学学习古文的课程大纲依然没有超出此范围。

结合以上分析，作者在书的末尾"结尾——东亚汉文文化圈"中认为，"汉字文化圈"的名称不能代表这一地区的特点，而是应该用"汉文文化圈"的提法。据笔者调查，"汉字文化圈"的提法来自日本，最早见之于龟井孝等主编的七卷本《日语的历史》中的第二卷《与文字的邂逅》(《日本語の歴史 2 文字とのめぐりあい》，平凡社，1963)中。该书第三章专门讨论"汉字文化圈"的形成及演变。这个地区过去受以中国汉字为代表的汉文化即中国文化的影响，除了汉字，还共有汉文及儒教等文化。起初被称为"汉文化圈"，后来改为"汉字文化圈"，与此相似的叫法还有"东亚文化（文明圈）""儒教文化圈"。但由于以地域命名特征不明显，儒教在各个国家影响不同，唯有汉字可以作为平等覆盖该地区文化特征的中立因素，故被称为"汉字文化圈"。也就是说，以过去共同的文化载体为特征。后来，"汉字文化圈"的提法得到了广泛应用。20世纪80年代以来，周有光、陈原等中国语言学家也采用了此概念。1984年，日本文字学家西田龙雄还提出了"汉字文明圈"的概念。1985年，法国汉学家汪德迈在中国出版了《新汉文化圈》。该书所说的"汉文化圈"相当于"汉字文化圈"。汪德迈认为，此文化圈的特点是："它不同于印度教、伊斯兰教各国，内聚力来自宗教的力量；它又不同于拉丁语系或盎格鲁——撒克逊语系各国，由共同的母语派生出各国的民族语言，这一区域的共同文化根基源自萌生于中国而通用于四邻的汉字。"[1] 笔者认为，汉字不过是载体，作者"汉文文化圈"的提法之所以令人击节称赞，是因为如此便能凸显汉文文本的历史作用，或者说是强调出汉文的功能。笔者在即将要出版的《日本汉字的确立及其历史演变》中认为，日本书面文体就是一个借用汉文、逐渐适应日语特点演变发展的过程，在此过程中产生了诸多拟汉文

---

[1] 汪德迈（2007：1）。

体，如变体汉文（和化汉文）、汉文训读体、和汉混淆文等。日本汉字的变体正是出现在这些文本中。由此看出，汉字的变异不是孤立的，而是要通过文体（文本）这一语境发生的，汉字不能脱离文本。2010年出版的由小峰和明主编的《漢文文化圏の説話世界》（竹林舍）一书的标题采用了"汉文文化圈"的提法，暗示读者该书以古代佛教"说话"这一体裁内容的传播及在各国的变异作为投射古代东亚地区共通文化背景的一个重要关键词，意在昭示这一地区文化语境上的内在关联上。

纵观全书，给笔者印象最深的有两点。第一，作者将训读的产生和发展的历史放到具体的时代背景大舞台上去审视描述，例如有佛教传入、国风文化、佛教和神道的相克、朱子学的导入和展开以及接受西方文明前的思想文化史等方面内容的叙述。且四个时期的划分正好与古代律令国家、摄关政治（院政期）、武家执权期和近代吻合。这样使得历史的描述更具理据性，所承载的内容也更为立体与丰厚；第二，从汉文文化圈（训读文化圈）的大视角出发对训读现象展开分析，格局大，视野宽广。迄今处理此类问题的常见方法是就事论事，考察时多基于一国史观或单边影响的角度，反映出从被重塑了的近（现）代国家这一人造痕迹明显的时空来回溯历史问题的局限性，如此极易导致割裂历史、陷入孤立片面看问题的怪圈。但正如本书为我们所展示的那样，在古代东亚地区存在汉文文化圈。如果说汉文（特别是变体汉文类）还不十分典型、不大容易受到瞩目的话，那么古代日朝越及我国历史上的渤海国、契丹等政权下的文人们热衷创作汉诗的盛况就能充分展示这一点，更毋庸说近代文人或外交使臣们流行用笔谈沟通或互赠汉诗酬答之现象，则更能充分折射出这一大的历史文化背景。

此外，全书的结构编排也有可圈可点之处。作为以文库本形式呈现的岩波新书，该书定位是给普通人读的，因此为吸引读者，作者做了一些安排。如在书的开头以现代日、韩乃至越南的汉字用法为切入点，指出其相似处，留下悬念，继而推衍出原来是东亚地区曾经共有过的汉文背景留下的痕迹，为后面的论述做一个铺垫。在第二章解释东亚汉文训读的原理方法时，作者采用倒叙方法，由见于现代韩国的谚解上溯到高丽时代、甚至上达新罗时代草创时期的训读，并撷取大量有力证据提出并试图证明训读有可能来自新罗的假设。这样一来，使得极易陷入片面单调以至令人感到枯燥的历史叙述保持一种张力和趣味性，让人有回味的余地。

在今天，由于受西方文明文化的影响，包括道德、宗教等在内的价值取向日渐成为普世性很强的东亚共通核心价值，英语成了东亚乃至世界的主要交流媒介。对百年前东亚地区曾经共有的汉文文化的认识日渐模糊和被淡忘。作者在后记中认为，现在正应摆脱一国史观的束缚，对过去这一地区曾经共有的汉字汉文所发挥的作用以及异同点进行重新审视和定位，以为东亚各国未来的发展提供一个方向标。

无独有偶，国内学者韩冬育2009年在"东亚的乡愁"一文中也发出了同样的呼声。"即使一个半世纪后回头观望，'唯西方马首是瞻'口号的'过度'处仍然值得讨论。如果允许用一个极端的事例来说明这一点，即假如东亚人当年真的全部听信了前岛密、南部义筹和周树人、瞿秋白等列位的极端式'建言'，那么，中国和日本的现行通用文字，大概早已变成了罗马字母这种曾被日人讥为'蟹文字'的语言符号了。"这段文字讨论的是近代汉字的存废问题，我们不妨扩展理解为，其所隐喻的正是由汉字汉文所代表的近代东亚社会曾经共有的文化语境在一个半世纪之前所面临的巨大威胁下的窘境，读后发人深省。

总之，全书结构宏大，立意高远，行文流畅，提出了不少新观点，但也存在个别值得商榷的地方，如作者将古代的直解也纳入训读范围，虽有创意但恐有失过于宽泛。对此，作者其实也承认当属于"訓読的現象"（164页），可见作者亦有犹豫。出此原因，在行文当中也有前后矛盾的地方，如关于直解，作者一方面认为这与前述回鹘人的训读、朝鲜半岛的谚解以及日本人用假名写抄物一样，属于语义层面上的解释，但又在第二章前半部分区分了谚解与训读。另外，作者认为桂庵等人提出的直读观点与朱子学东渐有着密切的关联，但在逻辑层面上阐述得不

十分清楚。最后，作者认为汉文文化圈应该理解为"漢字で書かれたすべての文体"，因而囊括了"漢字から直接、間接に派生したさまざまな固有文字による文章、さらには固有文字と漢字の混用文"（228页）。以诗歌为例，作者指的是诸如日本的万叶歌、朝鲜乡歌及契丹人用母语创作的诗歌等当中与汉诗有密切关联的那部分。从文化的发生和交流的角度考虑，如此把握自有其深刻道理之所在，但在具体操作上恐有一定难度，究竟要侧重内容上的关联度还是形式上的规整性，须要根据研究目的而定。

尽管如此，瑕不掩瑜。作者高屋建瓴，以人们习焉不察但却带有种种谜团的汉文训读的由来及历史变迁为题，深入浅出，旁征博引，特别是以训读为经纬，运用平实朴素的语言大手笔地描绘了汉文文化圈的形成与概貌，不啻带读者做了一次有关东亚历史文化的巡礼。作者将如此丰厚的内容纳入一册仅含两百多页篇幅的文库本著作里，读起来轻松却又引人入胜，做到这一点委实不易，这恐怕也是该书获奖的一个重要理由吧。真诚希望尽快读到作者的下一部著作。

【参考文献】

[1] 韩冬育. 东亚的乡愁[J]. 读书，2009（5）.

[2] 何华珍. 日本汉字和汉字词研究[M]. 北京：中国社会科学出版社，2004.

[3] 刘晓峰. 扶桑故事汉辞章[J]. 读书，2006（9）.

[4] 陆锡兴. 汉字传播史[M]. 北京：语文出版社，2000.

[5] 汪德迈（法）. 新汉文化圈[M]. 陈彦，译. 南昌：江西人民出版社，2007.

[6] 加藤徹. 漢文の素養——誰が日本文化をつくったのか[M]. 東京：光文社，2006.

[7] 金文京. 漢文と東アジア——訓読の文化圏[M]. 東京：岩波書店，2010.

[8] 小峯和明. 漢文文化圏の説話世界[M]. 東京：竹林舎，2010.

[9] 笹原宏之. 国字の位相と展開[M]. 東京：三省堂，2006.

[10] 齋藤文俊. 漢文訓読と近代日本語の形成[M]. 東京：勉誠出版，2011.

［11］齋藤希史．漢文脈と近代日本——もう一つのことばの世界』［M］．東京：日本放送出版協会，2007．

［12］中村春作．訓読論——東アジア漢文世界と日本語［M］．東京：勉誠出版，2008．

［13］中村春作．続「訓読」論 東アジア漢文世界の形成［M］．東京：勉誠出版，2010．

汉文训读与日语词汇的形成

川口良、角田史幸（2010）曾尖锐指出，和语（词）是在翻译汉语的过程中逐渐产生的，换言之，没有汉语也就没有日语。这句话听了似乎绝对或曰极端，但不无道理。加藤彻（2006）对汉文（汉语）之于日语乃至日本文化的积极作用作出了肯定评价，子安宣邦（2003）对于汉字之于日本的"不可避的他者"作用也有精辟分析和阐述。

古代汉语以汉文书面语的形式对日本产生了重大影响，其影响涵盖了从文字、语音到词汇、语法、文体各个方面，其中一个重要的媒介手段就是汉文训读。汉文训读是古代日本人读解汉文的特有方式，最后竟演变成为一种写作文体，即汉文训读体，因而也是汉文融入日语后形成的一种结果。汉文训读本质上就是读解、吸收汉文并借此重构日语的一种手段，最终带来的是日语书面语及构成日语基本要素的文字、词汇乃至语法、文体的形成与确立。冲森卓也在新著《日本的汉字——1600年的历史》[1]的前言中写道："汉字构成日语文字表记的骨骼。像'愛·服·国際·情報·自然'等由汉字音构成的词也就是汉语词对日语表达来说也是不可欠缺的。并且，历史上汉字通过汉文对日本的文化、社会以及思维方式也给予了极大的影响。不过分地说，描述'日本'绕不过汉字。"这里的关键词之一就是汉字对日语的影响是"通过汉文"。

---

[1] 原著冲森卓也. 日本の漢字——1600年の歴史[M] 東京：ベレ出版，2011.

前述汉文训读既是读解汉文的方式，也是借此产出日语的一种介体形式，这是从文本角度谈的。还有一个与汉字音读相对的"训读"概念，此时的"训读"是指汉字（汉语词）的日本式读法，属于词汇层面的对应。这两种形式均属对汉字的利用，但利用（或曰借用）汉字不是单纯采用译对汉字（词）的方式一蹴而就的，而是通过对汉文这一文本的读解和消化吸收逐步完成的。

一、什么是汉文训读

日语词汇按照来源（读法）大致可分为音读词和训读词。前者多是借词，又称汉语词（包括部分和制汉语词）；后者大多是日本固有的词汇（也包含少部分直接或间接来自汉语的词），只不过是借用汉字表记日语的结果。从共时看，二者的并存是两种语言混合的产物，但从语言接触层面、即从历时角度看，则是古代日本人学习汉文（汉语）乃至中国文化的产物。二者皆是通过汉文训读、具体说是在对汉文这一书面文本的读解和消化吸收过程中获得的。

如前所述，日语中的"训读"其实包含了不同层次。最狭义的就是词汇层面上的汉字读法的一种，日语作"訓読み"；接下来是文章层面的，即指读解汉文的行为手段，日语作"漢文訓読（くんどく）"，形成的文本被称为"書き下し"。这种源自读解汉文的特殊文体，后来逐渐发展成为日本人表达自己思想的汉文训读体。因此，广义的汉文训读应包括前二者，泛指历史上乃至现在支撑日本人阅读或写作包括汉文（汉诗）在内的一切书面语文体的某种背景机制。自古至今，日本人不论撰文用字还是在理解一个新汉字词时，都需要有汉文训读的介质（机制）作支撑。前者如日本古代产生了很多拟汉文体（如变体汉文、候文等）；后者如当遇见一个新汉字词时，可尝试用训读法分别理解每一个字义，然后结合一定的语境，将其拼合在一起予以整体性理解，此时的汉字（语素）的训读就等于回到了原点——即对汉字做的训解（训注）层面上来了。

近世以后，日本人一边尽力排斥中国文化的影响，同时在学习和吸收西方文化时却也运用了汉文训读的方法，如用于翻译西文的欧文直译体其实就是汉文训读体。因此，更广义的汉文训读不妨理解为，它是日本人自古至今吸收外国语言乃至外国文化的一种独特机制。日本学术界最近出现了重估汉文训读意义的新动向，此前对汉文训读的功过，指出其负面作用的居多，现在则多从文化翻译的中介这一大视角来重新审视和评价。笔者十余年来一直关注日本汉字的变异，直到数年前才逐渐领悟到：必须将汉字放在具体的汉文（拟汉文）文体的背景下考察其变异，如此才能更具张力和深度，并深切体悟到汉文训读在其中所起到的关键作用[1]。

以下就日语词汇的产生与汉文训读的关系试做分析。

二、日语词汇的传统分类

按照迄今的传统词汇学，从来源看，日语词汇一般分为和语词（"山""高い""歩く"）、汉语词［"制度""自然（ナ）""心配（スル）"］、外来词和混种词。但这种分类不是绝对的，如音读的词一般称为"汉语词"，这是从词的起源地看，但另有两种情况：（1）来自汉语但却不被当作汉语词看待，如"餃子（ギョーザ）、炒飯（チャーハン）"等词是近世后传入日语的词，一般被视为外来词；（2）日语中的"汉语词"也包含了相当一部分所谓的和制汉语词，即日本人创造的汉语词。由此，有学者提出了"字音词"的说法，也即谋求通过汉字读音上的规律性来界定这类词。再则，和语词也不都是土著的，如后面将要谈及的训读词的若干子类。换言之，和语词与汉语词的关系是相互融合（混合甚至混血）的关系，你中有我，我中有你，错综复杂，不可简单判断。传统的词汇学分类姑且可视为是一种大而化之的分类。

从原理上看，日语书面语的产生是从读解消化和吸收模仿汉文开始

---

[1] 潘钧（2013）。

的，之后逐渐衍生出诸如变体汉文、汉文训读体等各种拟汉文体。在训读汉文的过程中，对于一部分意思较为单纯、明白易懂的汉字词，日本人用与之（近似）对应的和语词予以置换理解，而对于意义抽象或日本本不存在的事物或概念词，就干脆连词带音全部吸收了过来，即采取吸纳外来词的方法，于是便形成了所谓日语中的汉语词。其中一部分今天看来是训读词，但追究词源也不尽然，原本也是来自汉语的借词，如"马、菊、梅、纸、鬼"等。有的虽然训读，但属于用和语语素翻译汉语词汇所形成的所谓翻读词，如"小春"，还有所谓的受汉语字义影响产生的复读词，如"遡"等。此处所说的训读词就是一般意义上的和语词。大多数和语词为日语所固有，它们与汉字之间通过训的媒介产生联系，这种联系只能是近似相等或相近，但却非常重要，它不但构成日本人训读汉文的重要基础，也为日本人对汉字和汉字词的认知以及后来的和制汉语词的产生奠定了基础。日本学者荒川清秀曾指出，日语汉字的意义其依存条件在于音训。在日语中，音能独立使用的有10%，汉语中的汉字能单用的超过三成，所以日语汉字须靠训来作依托。有了训的支撑，日本人才能对音读词的学习和理解更为深入[1]。诚如斯言。

三、从汉文训读角度分类

所谓从汉文训读角度分类，就是要着眼于汉文（汉语）对日语产生影响的维度。换言之，从一个动态（历时）的角度予以分析把握。仔细审视，本文认为仍可以音读、训读这种沿用已久的传统性框架将日语词汇粗分为：A 音读词、B 训读词、C 熟字训。然后，每一小类下再作进一步细化，分出若干子类。

A 音读词分为两类。第一类就是我们一般意义上所说的音读词（A1），也就是用（日本）汉字音来读的日语词，是古代确切说是近世之前传入到日语中的汉语词汇，其性质为外来词，属于外来输入的影

---

[1] 荒川清秀（2007）。

响。第二类指所谓日本人造的和制汉语词（A2），可分为狭义的（产生于中世）和广义的（新汉语词）两类，其性质为利用汉字语素造词，属于构词层面上的影响，虽为音读词，但本质上应视为和语词。

B 训读词的情况较为复杂，大致分为五类。第一类就是一般意义上所说的训读词（B1），是汉字与日语固有语言的对应，也就是和训，性质上是表记上的借用。第二类是另一类训读词（B2），全称为"汉文训读词"，为产生于奈良时代且有别于用于（平安时代）和文体中的"和文词"，又被称为"训点词"。性质上是不同时代的日语固有词汇在共时平面上的交互层叠，虽产生于奈良时代，但由于汉文训读得以保留，客观上丰富了日语词汇和语言表现力。另外三类训读词的数量不多。第三类（B3）指所谓的翻读词，如"小春"等。第四类（B4）指复训词，如"遡"等。第五类为缩约词（B5），如"名前"等。

C 熟字训（词）。近年来，多名日本学者①尝试从书面（文字）语言（书记语言）的角度考察日本汉字以及日本文体的形成。本文作者也认为，日本汉字的一个特色就是产生了包括假借字和熟字训等在内的众多汉字（词）变异体。这些本属文字表记层面上的变异体直接参与了语言表达，虽仅见于书面语，但也不容忽视，它们在很大程度上凸显了日语文字表记的特点②。下面分别稍加详细论述。

（一）音读词一（A1）

音读即指用"日本汉字"的字音来读。这里使用"日本汉字"这个限定词，就是想强调其与汉字固有发音不同。汉字音随汉语词被借入到日本后，长期以来为适应日本人的发音习惯被予以改造，最终形成了自己的语音系统，如古音、吴音、汉音、唐宋音、惯用音等。进入近世以后，来自中国的大量外来词［如"餃子（ギョーザ）"］进入到日语

---

① 如小松英雄、乾善彦等学者提出了"書記言語"的概念，而犬饲隆则提出了"文字言語"的说法。
② 铃木孝夫曾指出，西方语言是广播型语言（ラジオ型言語），包含汉字等文字手段在内的日语是电视型语言（テレビ型言語）。

中。由于人员交流频繁等因素，此时采用了尽量接近原有发音的做法即拟音法，从而突破了原有的传统字音系统，在音节构造上也呈现出不同的特色。这些词主要包括近世以后进入到日语中的汉语词汇，日常生活词汇居多。在一般的词汇学教材中，因与既有的字音系统迥异，故多作为外来词处理，但最近也有学者将见之于此类词中的汉字发音称为"近代音"[1]。

前述音读词有两大类。第一类主要为输入型外来词。汉字具有形音义三位一体的特点。形式上，除了单纯作为名词吸收的词之外，汉语词进入日语中一般要进行适当的改造，如形容词一般加上"たり"或"なり"，使其作为形容动词使用。动词加"す"，使其便于活用。汉文训读中多用サ变动词形式吸收汉语动（名）词的手法在很大程度上丰富了日语的表达手段。副词则加"に、と"，或直接使用。在古代，除了常见的二字及二字以上的词之外，也包括了"愛・服"等不少单字词。

音读词的产生与汉文训读直接相关。奈良时代刚有汉文训读之初，汉文以音读为主。这里需要说明的是，日语的"音读"这个词也有宽窄两个意思。一个是与读汉文层面的"训读"对应，指的是用汉字音来读汉文，日语作"音読（オンドク）"，也称"直读"。还有一个与词汇层面的"訓読み"对应的用法，也就是指用（汉）字音读，日语作"音読み"。当然，在音读（直读）汉文的同时，对词语层面的汉字组合当然也是非音读不可了。最初注重音读汉文的理由主要是：（1）文本多为佛教等经典文献，音读可显示权威（力求不走样）；（2）行文简洁，便于诵读；（3）当遇到日本不存之概念或事物，则只能采取整词借来的方式[2]。平安中期以后，随着遣唐使的废除及训读法的变迁，汉字词训读的比例才逐渐加大。当然，如后所述，对于日本没有的事物或

---

[1] 冲森卓也等編. 図解日本の文字［M］. 東京：三省堂，2011.
[2] 汉译佛经亦然，"涅槃"等词也是整体引进的外来词。

概念，日本人还有一种办法，即通过训读采用所谓"翻读"词的方法将其和语词化。汉文训读这一特殊的语境还促生了一些训读特有的字音读法，如"死（し）す""人間（じんかん）"等。虽然它们仅限于汉文训读文中使用，但在某种意义上，它们与第二类训读词（B2）一样，属于共时平面上的叠加，客观上丰富了日语词汇和表现力。

（二）音读词二（A2）

音读词的第二类为"和制汉语词"，包括狭义和广义的。前者指中世以后首先出现在变体汉文（记录体）等拟汉文体中的词语（"返事""物騒"等）。如在变体汉文中，为了给日语文本披上汉文体外衣，作者们力求用汉字（词）覆盖文本，方法之一是将短语形式的词组（在表记上）凝缩成汉字词，然后用汉字音读便形成了汉语词。如在《吾妻镜》中，本为训读形式的词组在文本中却以音读词形式呈现，其中有按照汉文语序的，如"所従""在廳""造寺"；有按照日语语序的，如"京着""京上"；还有的是训读后形成合成词，然后再按照字音读的，如"造進""参着""寄進"。总之，其特点是通过音读来凝缩音节，且在较短的音节里凝缩词义。另外，将词组作为词来处理亦可使书写形式保持稳定，加之凝缩词义本身也可起到保持语言稳定的作用。如此处理既符合记录体的要求，也由此导致了和汉杂糅现象的产生[①]。并且，这类和制汉语词又通过中世的国语辞典普及开来，如《色叶字类抄》和文明本《节用集》这两部辞书所收录的词，多为公卿日记或记录体文章所使用的词语。

广义的和制汉语词包括近世近代以后大量涌现的所谓新汉语词。相对于近世以前主要从中国输入的汉语词而言，近世特别是近代以后日本人借之于中国近代的汉语词或日本人独力创造的汉语词，一般被称为新汉语词。这是由于汉字语素成熟发达、江户明治时期学者们的汉学背

[①] 松下貞三. 記録体の性格——吾妻鏡を中心として［M］//漢語受容史の研究. 大阪：和泉書院，1987.

景，以及当时东亚同文时代（汉文文化圈）等多个背景因素促成的。特别是到了近世，汉文训读被制度化，形成了训读的高潮，加之佐藤一斋发明的训点"一斋点"的普及，也为音读词的大量产出创造了条件，因为这种训点要求尽量采用音读的形式，客观上促成了音读词的大量融入和增长。

陈力卫（2010）认为，和制汉语词的发达主要归因于和训的发达，由此才会有由训读到音读的转换。不过，和制汉语词事实上是和语词汇。既然与单个汉字对应的和语词称为和训，着眼点是二者间的对应关系，那么，同样应视为和语词的和制汉语词却为何被当作汉语词看待呢？这就提示我们，不能单纯拘泥于语言形式上的相似性看待问题。仔细分析和制汉语词的构词模式可以发现，事实上语素间的构成关系存有很多类型，如：动宾结构（腹が立つ—立腹、式を挙げる—挙式）、宾语前置结构（心を配る—心配する、酒に乱れる—酒乱）。此外，由于训读法的关系，有些副词要与句尾的成分呼应（再读文字），由此形成了"当為""将然"等日语独有的词语。还有一类是由国字和国训形成的，如"労働、甲状腺"/"稼働、降参"等。二字和制汉语词的语素间具有并列构造的有以下三类：1）和语动词（训读）变为音读形式（"推進、受容"①）；2）二字的训为同义关系（"早速、免許"）；3）二字的训为近义关系（"要望、容認"）。和训带来的语义扩大也是导致大量和制汉语词产生的重要原因，这种构词模式至今仍在发挥积极作用，如"婚活（結婚活動）、現認（現場で確認）"等。总之，自古至今日语中产生了大量和制汉语词，促使它们产生的动力因时代差异而不尽相同，但原理上却相差无几，根本的一点在于日语中的汉字早已蜕变成日语中一个有效的造词要素。

在音读词中，中世产生的狭义和制汉语词本为和语词，几乎没有影响到中国。而近代日本产生的新汉语词中，特别是涉及近代科学文化等

---

① 与前述记录体中的"造進"等词相仿。

新学科的词汇较多，传至中国后，中日间词义相差不大。然而，古代传入日本的汉语词由于年代久远，有语义分化变异的较大空间，故比较二者间语义用法异同的研究一直绵绵不断，构成中日同形词研究的重要一环。

（三）训读词一（B1）

训读词（即和语词）是在日语词与汉字（词）间搭起的一座桥梁。表面上看，训读词是利用汉字作表记，与表记背后的词没有太大关系。换言之，词本身是日语固有的，不属于由训读带来的（与A1不同），性质上是表记上的借用，但其作用不能小看。如前所述，训读或者说训的成立是构成汉文训读的基础。然而，经过训读的洗礼，汉字到了日语文体和语境中，其字义用法也不会一成不变，几乎每一个汉字（词）都发生了或大或小的改变，有的丰富了日语语义表达，有的则发生了字义的改变。

山田孝雄（1935）认为，汉文训读给现代日语语法也带来了很大的影响，大概分为两种：一是古代日语语法通过汉文训读流传至今（如"ク语法"和"ミ语法"）；另一个是日本原本没有的词语或语法通过汉文训读产生出来，译成日语，这等于给日语带来了新的语义。山田总结有三类：（1）由于汉文训读，古语得以流传至今（ごとし、いはゆる、しむ、いはく、おもへらく、あるいは）；（2）受到所表记汉字意义性质的感化，词本身没有变化，但词义上产生了原本日语没有的意义性质（かつて、すでに、ゆゑに、いまだ、ために、のみ、以て、ところ、これあり、これなし）；3）训读用来表记的汉字，产生了原本日语没有的新词（および、ならびに、ゆゑん）。如下例[①]：

然れども慈悲いたりて深き故に、(著聞集)

五月十一日にぞ左大将天下及び百官施行といふ宣旨くだりて

---

① 山田孝雄. 漢文訓読によりて伝えられたる語法［M］. 東京：宝文館出版. 復刻版第二刷，1979：33.

（栄花物語）

　　朱雀院<u>ならび</u>に村上のおぼぢにておはします（大鏡）

　　这三个画线部分语句都是原来日语没有的，由于将汉语中的虚词训读（近似翻译）过来，才有了这样的表达形式，如相当于汉语中的"至深""至厚""至高"中的"至"在日语中读作"いたる"。在训读过程中，用其连用形式"いたり"再加上一个"て"，使之成为一个副词。"及"和"並"相当于日语表示并列事项的助词"と"。由于日语中"及"和"並"分别读作"およぶ"和"ならぶ"，故在训读上述文本时用它们的连用形"および"和"ならび"加"に"的形式"ならびに"，从而分别形成了两个表示并列事项意的新词。这些属于上述3）类情况。而"慈悲いたりて"及"国を挙げて"则属于"产生了原本日语没有的意义性质"，故属上述（2）类。再举"すでに"为例。现代日语受到汉文训读的汉字（既/已）的影响，表示过去发生的事情，但古语则不然，表示"全く""ことごとく"之义。古代汉语中的"既"也能表示类似义，如"日有食之所既"中的"既"表示"尽"（春秋），也就是有两个意思，日语选用这个字取的是"尽"的意思。后来，训义扩展，吸收了"既"的表示过去既往之义。镰仓时代前还是两个意思并用，但后来"すでに"的本义作为古义衰退，而另外一个来自汉文训读的表示过去的意思延续至今，作为副词使用。

　　（四）训读词二（B2）

　　训读词至少可分为五类。把上述一般意义上的训读词称为B1，那么接下来还有一些产生于奈良时代、后来专用于汉文训读的一类和语词，这里称为第二类训读词（B2）。如表示"来"的意思，相对于平安时代的和文体一般用"来（く）"，汉文训读体则用"来（きたる）"。

　　汉文训读肇始于奈良时代或更早，最初是大学寮中以博士家为中心展开，以音读为主，也有部分语句用训读，训读时所使用的恐怕就是当时的口语。由于汉文所代表的中国文化的尊贵性和权威性，原本属于奈良时代口语词汇的这些训读词，因用于汉文训读的语境中，反被符号化，蜕变成为一种特殊的词语，专门用于后世的训读中。平安时代特别是前期，是日本举国吸收汉文化的时代，汉文训读获得了空前发展。在表达同一个意思时，汉文训读中所用词语与普通和文体中意思相近的和文词之间形成显著对立，这些在平安时代仅限于汉文训读使用的训读词又被称为训点词。如下所示（右为训读词）：

あく　　　→　　うむ
至る　　　→　　及ぶ
けつ　　　→　　けす
きほふ　　→　　きそふ
く　　　　→　　きたる
しぞく　　→　　しりぞく
やすむ　　→　　いこふ
むつかる　→　　いきどほる

此外，由于上代特有的"ク语法"［即前述山田举出的（1）类］，产生了以下用法：

引用　いはく　のたまはく　いひしく　まうさく　おもへらく
副词　ねがはくは　こひねがはくは　おそるらしく
结句　まくのみ　らくのみ

"あらゆる"和"いはゆる"中的"ゆ"是上代特有的助动词，但由于汉文训读沿袭了前代用法，使得在其他文体中业已消失了的"ゆ"被保留了下来。换言之，如若没有训读语境的特殊性，没有训读行为和训读文本的代代相传，这些奈良时代的口语词恐怕早就消亡了。但至中世以后，二者间的界限逐渐模糊起来，如"ただし、しかも、ならびに"等原本是汉文训读词，至中世纪作为接续词融入了和文体中，特别是和汉混淆文的出现加快了二者的混用，渐渐抹平了表义上的差异。不过，尽管出现了融合趋势，但时至今日我们仍可看到其间曾有区别的痕迹，影响可谓波及至今，如在"友有り遠方より来るまた楽しからずや"等来自汉语的成语、熟语等中仍然保留这种差别。

（五）其他训读词（B3，B4，B5）

训读词除了以上两类外，还有第三类（B3）翻读词。这是因为，在古代和歌中有尽量采用和语词的习惯。在将来自汉语词或佛教词语的意象化入和歌中的时候，日本人不得不采取变通的方法，也就是用和语语素进行翻译，于是便有了诸如"紫の雲、鷲ノ山、跡垂れし"等之类的新词。即便不是和歌，也有不少翻译汉语而形成的和语词，如用"小（こ）"和"春（はる）"这两个语素来翻译汉语的"小春"，由此形成训读词"コハル"。再如《源氏物语》中，作者以"かの岸"翻读"彼岸"。本居宣长曾指出过，"春をむかふる"这种用法也是来自对"迎春"这个汉语词的和译，等等。

第四类（B4）为复训词。有一类复训是在翻译汉语文本中产生的，具体说受到《说文解字》或者汉字字体的影响产生的，如"遡る""娶る""繙く""導く"。

掌　　たな（手）ごころ（心）　　　説文「手中也」

遡　　さか（逆）のぼる（上）　　　説文「逆流而上也」

如上所示，借鉴汉语中汉字字义的构成特点，将与之相对应的和语语素攒和成一个新词。较之于词组或短句，独立的词更具固定化的特点，亦可视之为具有缩略特点的表现形式，这与前述和制汉语词的造词原理不无相通之处。

第五类（B5）也是最后一类为缩约词，也是一种凝缩的形式。这些词受到汉语构词的影响。如"名前""雪国"等。在汉语词中，"雪国"中的"雪"与"国"所形成的定语修饰关系式本为无标形式。日本人受之启发，也将"雪（ゆき）"和"国（くに）"这两个语素连接在一起，从而形成了"ユキグニ"这个词，而不是"ユキノグニ"这样的词组形式。当然，将这类词归之为第三或第四类情况似亦无不可，因为都是在训读汉字（词）的过程中受汉语影响产生的。

(六)熟字训(C1, C2)

日语汉字有一种特殊用法，叫熟字训。如前所述，从文字语言（书记语言）的角度审视，熟字训也应纳入考察范围。可分为两类。第一类(C1)为古代正训字，不过是用两个字以上的汉字对应日语。当后来（单）字训成为主流后，故看起来让人觉得像是假借字。这类词被命名为熟字训，也就是词训。熟字训至今仍有十分强大的生命力，源于长期使用的习惯及其修辞表达上的特殊价值。如"小豆（アズキ)、海女（アマ)、田舍（イナカ)"，虽只是一种文字表记手段，但在书面语言和表达修辞层面上有着不可轻视的作用。

其实，古代汉字多为词，故本来所有的和训都是汉字词与日语词对应的产物，但除了来自汉语的词之外，日本人还创造了不少二字以上的汉字组合。由于也是不以单字、而是以词为单位的整体形式与日语词对应，故也属于熟字训之列，又被称"义训"或"解释训"，即第二类熟字训(C2)。C2是日本人创造的文字序列，如古代的"羲之（てし)""枕石（さすが)"，近代后产生的"天鵞絨（ビロード)""莫大小（メリヤス)"等外来词表记。此类熟字训中有不少容纳了各个历史时代的丰富文化内涵。

前述汉字已成为日语中的一个有效的造词语素。国字虽为国"字"，但"字"的背后是词，很多国字采用的是六书中的会意法，如"畑""鰤"等，也即追求视觉效果，用汉字辅助表达，可谓构成了铃木孝夫所谓日语是电视语言的一个重要方面。C2的造词原理同会意字的造字方式颇为相似，即将汉字作为一种表意符号，创作者为此不惜牺牲读音上的规律性，强制使用某种汉字组合来实现辅助表达的效果，二者原理相通。而前述和制汉语词正好与之相反，将用和语词组成的词组或短语凝缩后用汉字字音读，借此造出了新的汉语词（实为和语词)，但中介仍是汉字。虽然汉语中不存，但在日本人心目中汉字仍然起到了表意的作用，在这一点上与其他汉语词中的汉字无异。可见，日语特殊的文字（表记）结构为日语中丰富多彩的汉字使用提供了条件和基础，即日语中的汉字形义结合，但与读音的关系较为松散，故可一字多音，这导致甚至如明治时期文人在书信中也习惯沿用往来物中的做法，采用诸如"不相变・相不变（相変わらず）""不取敢（とりあえず）"等所谓汉文风式的表记，以突显其受汉文影响的特点。在这里，汉字的表意作用可谓被发挥到了极致。

四、近代汉文训读与新汉语词[①]

由于近世以来汉文训读的铺垫作用，加之近世近代以后文体变迁等因素，促使大量汉语词产生。这与汉文训读仍有着密不可分的关系。新汉语词包括三部分：(1)（中国的）近世汉语词；(2) 被赋予了新概念或新内容的旧汉语词（旧瓶装新酒）；(3) 日本人新造的词。

首先是时代背景使然。近世日本儒学兴盛，中期到后期尤甚。从寺子屋到私塾和藩校，各级教育机构均以中国及日本人所撰汉文典籍为教材学习汉文，汉文训读由此被制度化，素读成为主要方式，如此便于音读词汇的产生。特别是进入明治时代以后，社会上出现了汉语词流行的趋势，推手是当时汉文素养很高的政治家和学者。究其原因，汉语词本身的特点在于：a 标榜知识和权威的公共性（超越方言和地方性）；b 具有难以替代的汉语词特有的（表达上的）紧张感，这种功能在导入吸收西方文化知识和制度时十分重要。外因具体言之，c 还有当时流入日本的大量来自中国的汉文资料中大多配有训点；d 此外还有汉译西书和英华字典的大幅引进和使用；e 最后一点是明治时期出现的移译西文书的风潮以及英和辞典的编纂等等。其根本原因在于，明治时期的洋学家和国学家起初都是汉学家，因而日本洋（西）学的基础是建立在汉学基础之上的。

当时包括白话小说在内的中国汉文资料流入日本后，除翻译外还常采取训点本形式。这些读物多标注旁训，一边是读法，一边用日常语词

[①] 陈力卫（2005）。

进行解释，这也在相当程度上促成了汉字词的日语化。特别是近世以来史书受到极大重视，包括《十八史略》及赖山阳的《日本外史》曾作为庶民学习汉文的教材，普及程度很高。中国出版的介绍西方近代史地知识的用汉文写的诸如《联邦志略》《海国图志》等书籍也以汉文训读方式流入日本。总之，在阅读汉文体史书成为当时一时之潮流的背景下，产生于此的新汉语词又被广泛用于西文书的翻译当中，由此为新汉语词的产生和迅速普及提供了条件。当然，前述训读法的简化也是促使音读词增加的一大原因，这导致很多原可训读的词改为音读形式。包括明治时期的日本人在吸收借鉴英华字典编纂英和辞典时，也是经历了先训读（英华字典）汉字词，然后再用音读方式吸收为汉语词的过程。

五、结语

综上所述，汉文训读与日本人学习外来文化的历史同步。作为读解汉文的行为手段，通过文本的训读，给日语带来了大量的音读词和训读词；在平安时代，由于位相意识，促成训读词与和文词的对立。同时，由于中世和汉混淆文的诞生，二者又逐渐融合；在很多拟汉文体中，为了给日语文本披上汉文体外衣，日本人创造了不少和制汉语词；而到了近世近代，随着汉文训读进入高潮以及阅读汉文体史书成为社会热潮的这一大时代背景下，产生了大量的新汉语词（和制汉语词），佐藤一斋点的出现更是加速了汉语词的融入。因此，可以说，汉文训读在词汇的形成发展过程中起到了不可替代的重要作用，特别是在汉语词（音读词）的形成过程中起到了堪称支撑的作用。

总之，汉文训读给后世带来了长久深远的影响。虽然历史上汉文训读曾经不止一次地受到诟病，其理由包括责难汉文训读后得到的文本与汉文原文相差甚远，但正如野间秀树所指出的"'汉文训读'的本质，并非连接两种语言，而是通过重叠两种语言来表现的。"[①] 在某种意义

---

① 引自中村春作（2013：13）。

上，正是因为汉文训读不是严格意义上的翻译，而是通过"重叠"来扬弃或增添新的语义要素，使得文本在一定意义上脱离原文得到再生，从而发挥其应有的作用。音读词自不待言，训读词的词义变异就与这种扬弃作用密切相关。进言之，自古至今日本在吸收外来文化时也与这种具有重叠而又扬弃作用的汉文训读机制有着密不可分的关系。

【参考文献】

[1] 陈力卫. 日语新汉语词的产生与近代汉文训读的关系 [C] //敦煌学·日本学——石塚晴通教授退职纪念论文集. 上海：上海辞书出版社，2005.

[2] 陈力卫. 漢字の訓と和製漢語について [C] //李运博主编. 汉字文化圈——近代语言文化交流研究. 天津：南开大学出版社，2010.

[3] 潘钧. 日本汉字的确立及其历史演变 [M]. 北京：商务印书馆，2013.

[4] 荒川清秀. 日中両国語における漢字語基の意味と造語力 [C] //彭飛編. 日中対照言語学研究論文集. 大阪：和泉書院，2007.

[5] 加藤徹. 漢文の素養——誰が日本文化をつくったのか [M]. 東京：光文社，2006.

[6] 川口良·角田史幸. 国語から日本語へ [M] //国語という呪縛. [M]. 東京：吉川弘文館，2010.

[7] 金文京. 漢文と東アジア——訓読の文化圏 [M]. 東京：岩波書店，2010.

[8] 子安宣邦. 漢字論——不可避の他者 [M]. 東京：岩波書店，2003.

[9] 佐藤喜代治. 漢語概説 [M] //日本の漢語. 東京：角川書店，1979.

[10] 齋藤文俊. 漢文訓読と近代日本語の形成 [M]. 東京：勉誠出版，2011.

[11] 齋藤希史. 漢文脈と近代日本——もう一つのことばの世界 [M]. 東京：日本放送出版協会，2007.

[12] 笹原宏之. 訓読みのはなし——漢字文化圏の中の日本語 [M]. 東京：光文社，2008.

[13] 築島裕. 平安時代の漢文訓読語につきての研究 [M]. 東京：東京大学出版会，1963.

[14] 東京大学教養学部国文·漢文学部会. 古典日本語の世界——漢字がつくる日本 [M]. 東京：東京大学出版会，2007.

［15］東京大学教養学部国文・漢文学部会．古典日本語の世界（2）——文字とことばのダイナミクス［M］．東京：東京大学出版会，2011．
［16］中村春作．訓読論——東アジア漢文世界と日本語［M］．東京：勉誠出版，2008．
［17］中村春作．続「訓読」論 東アジア漢文世界の形成［M］．東京：勉誠出版，2010．
［18］山田孝雄．漢文訓読と国文法［M］．東京：明治書院，1934．
［19］山田孝雄．漢文訓読によりて伝えられたる語法［M］．東京：宝文館，1935．

汉文训读与日语文体的形成

日本近代第一部国语辞典《言海》的序文是由时任文部省编辑局长的西村茂树用汉文体撰写的，宫内大臣土方久远向辞典编者大槻文彦所作指示的文本用的是候文，而辞典正文用的却是当时学术书普遍使用的汉字片假名混合文。三者分别代表了权威、郑重和学术的符号特征。其后，经过言文一致运动的洗礼，特别是二战以后日本的口语体得到了最大程度的普及和应用，真正实现了言文一致。但在诸如法律条文及官厅文书等个别领域，仍用汉文训读体式的文言体，如日本刑法10多年前才终于改成了口语体。直至2005年4月前的民法还采用"権力ノ行使及ヒ義務ノ履行ハ信義ニ從ヒ誠実ニ之ヲ為スコトヲ要ス"这样的文体，现在则改成了"権力の行使及び義務の履行は、信義に従い誠実に行わなければならない"。

一、何谓文体

在日本传统的国语学当中，"文体"这个词主要指与文字运用相关的书写形式，它不同于文学作品中的文体的概念。在日语特别是书面语（文章）的形成过程中，汉字汉文起到了关键性的作用。文体不同，从词汇、语法乃至修辞手法都不尽相同，表记手段也不会相同。在一定意义上说，表记堪称是文体特征的最显著标志之一，故此文体才以文字使用的样式特征为标准。或许反过来说更为准确，文体就是基于这种表现在文字、表记、词汇乃至语法修辞上的特征归纳起来的。在日语史研究中，文体的演变是一个极为重要的考察领域，究其原因，恐怕是日本书面语（文章）的形成很大程度上是来源于对汉文的吸收和改造；反过来说，汉文及汉文训读要素对现代日语文体的形成具有至关重要的作用。

二、他者的触动

韩裔日本学者金文京在所著《汉文与东亚——训读文化圈》中指出，古代东亚社会存在着训读文化圈，或者说是汉文文化圈。他注意到，连接东亚各国文化共通性的不仅仅是汉字。由于汉文训读这一读解汉文（甚至撰写汉文）的手段在东亚社会曾经普遍存在，因此，他将着眼点放在了更具本质意义的汉文之于日语形成的历史贡献上。加藤彻所著《汉文的滋养——是谁创造了日本文化》也肯定了汉文之于日本语言、文化等方面的这种滋养作用。日本当代思想家子安宣邦在《汉字论——不可避的他者》中说过，汉字之于日本（文化）是不可避的他者。其实，书面语文体的形成未尝不是如此。其中，汉文训读及基于汉文训读形成的各种拟汉文体（如汉文训读体、变体汉文）是构成这种滋养作用的重要组成部分和机制。

概而言之，古代日本人在学习借鉴汉文的过程中，历经汉文、变体汉文（和化汉文）阶段，约在中古时期析出以口语体为特征的和文体，并在此基础上与汉文训读体、记录体等相互融合，在中古末中世初形成了和汉混淆文，初步达成和汉融合。近世以来，在浮世草子、净琉璃、俳文等面向庶民的文学体裁中形成了以和语为主的所谓雅俗折中体，即会话部分是口语，叙述部分用文言。至近代，在兴起于西方的言文一致运动的影响下，特别是在小说家们的推动乃至主导下，出现了力求口语与书面语一致的言文一致运动，直至最终形成今天普遍使用的汉字假名混合文。其间每一个变化环节，汉文或曰训读要素无不参与其间，构成强大的推动作用。

因为，自古至今支撑日本人读解和创作书面文体的汉文训读这一助推日本人汲取汉文滋养的介体形式绵绵不绝；加之，汉文训读体及其他诸如变体汉文、候文（往来物）等拟汉文与和文体等口语要素较强的文体长期并存，在表达需求的推动下，前者对后者产生了显著的影响。故此，日语文体的发展一直呈现这样一种趋势：一方面力图排斥汉文的影响，实现言文合一；另一方面又不断吸收汉文的要素养分，渗入到固有文体中，遂造成这种可谓不即不离、却又呈现对立统一的关系。

总之，汉文之于日语文体形成的作用可分为以下两个方面：（1）在与汉文体的对立统一过程中，逐渐形成和文体等口语要素较强的文体；（2）作为构建汉文滋养作用的重要手段——汉文训读绵绵不断，其结果是，包括汉文训读体在内的各种拟汉文体持续不断地为日语书面语提供养分。所以，从形式上看，对现代日语文体的形成发生助推作用的可分为训读手段和汉文训读体这两种介质。

三、和文体的析出与宿命

考察日语文体的形成固然需要把握细节，但从一个大的宏观视角看，日语文体是在汉文的直接或间接的影响下发展而来的。具体言之，古代日本先民在用汉字（汉文）表达本民族语言时，经历了一系列的摸索和演变过程。如稻荷山古坟铁剑铭等古代金石文所示，最初日本人尝试用汉文体（唯有专有名词用万叶假名）。其后，如法隆寺药师佛像造像记佛像铭文所示，转而用变体汉文，掺入了日语文体要素，即日本人在用汉文这种外来文体"翻译"本民族语言时，特别是随着训的发达，他们注意到汉文与和文的差异。在一定的语境（文体）和表达需求驱动下，遂逐渐刻意表示出和文的语序，书面上呈现敬语，同时还试图明确标示助词助动词。大约在7世纪时出现了大量的和文，也就是口语文体。

诚然，不能说汉文传入日本之前日本就没有固有文体意识（书面语与口语尚未分化，因为没有自源文字），但至少是在他者汉文的触动下，日本人的和文意识才渐渐苏醒，在与汉文的对比乃至对立的过程中，特别是当出现了表音为主的万叶假名后，才有可能逐渐析出和文体。之后，在适应和满足表达需求的前提下，又不断地与汉文体及其他拟汉文体相互融合，而且，这种融合也是在吸收和排异的过程中逐步实现的。在此过程中，和文体也得到了改造，如古代文语推量助动词和表示完了过去（回想）助动词繁多，语义表达细微，但后来逐渐简化，这显然也是受到了汉文语法的影响。

和文体产生于和歌语境，最早男性使用，但后者使用主体转向了女性。和歌属于韵文，需精确记录每一个音节，于是多用万叶假名，遂形成万叶假名文。在用万叶假名文撰写和歌、日记的过程中，日本人的音节意识得到加强，最终促成了平假名和平假名文的诞生。平假名文也用于书信、日记等个人场合。对于和文体，日本人一直都有比较清晰的与其他文体的区别对比意识，尤其表现在词汇、语法等层面上。如在中古时期尤为明显，同样是和语词，来自上代训读文中的词语在平安时代的和文体中不被使用，代之以其他词。前者被称为训读词，后者为和文词。前者虽然在奈良时期就是当时的口语词，但由于用于训读这一特殊语境，从而被赋予了某种符号意义，遂使其脱离了日常性。再如在真名本等当中，在将原有文本改写成真名本时，文本貌似汉文体，但在语言实质上却是和文体，如用"けり"等，这与汉文训读体文章中一般不用"けり"的倾向是相悖的。

但是，和文体之所以没有成为最终适合日本人表达思想的文体形式，是由于其固有缺陷造成的，如其本身原为口语体，是在和歌的基础上发展而来的，虽擅长儿女情长之描写，但缺乏抽象词汇和概括性表现形式，表达空间十分有限。而来自汉文训读的汉字片假名混合文，由于其明晰的逻辑性、最大限度地吸收表意文字和表音文字的长处等特点，最终战胜了和文体。和文体（平假名文）虽然在后世曾被作为拟古文（美文）等使用，但仍没有摆脱作为普通文体被淘汰的命运。换言之，平安末期的和汉混淆文的出现不只是一种权宜之计，和汉两种文体的优劣长短其实蕴含着二者需相互融合、取长补短的某种必然性。

四、和汉混淆文的原理

在平安时代，除了汉文、变体汉文（记录体）外，还有处于两极的和文体和汉文训读体。院政时期出现了新的一种文体即和汉混淆文。日语中的混淆等于"混合"之意，带有记录体、说话体、物语体、合战记性质的文体要素。说话体，其实就是汉字片假名混合体，带有汉文训读体的特点。物语体就是和文体。平安时代四种文体并存，至中世纪逐渐融合溶解，加入俗语后遂形成了和汉混淆文。

和汉混合源自内容、形式以及表达修辞上的需要，不是简单拼接，而是有机地利用各自的长处，可以军记物语的代表作品《平家物语》为例。其为军记物语，描写战争场面和刻画人物内心世界时所使用的文体要素各不相同，由此使得带有不同符号特征的文体、词汇等融入一个文本中。在生成机制上，该文体继承了中古平安时期说话文学的特点。在该文体的形成过程中，说话文学可谓起到了十分关键的作用。受唐朝古文运动影响，平安中期日本的汉文学发生了质的转变，表现为汉诗由生硬模仿中国六朝唯美主义的文体转向记录白描风格，汉文由骈文转向散文。不过，文体上虽一改此前追慕六朝文风的特点，但另一方面，遭否定的骈文由于训读的关系，却以另一种形式在中世得以再生，作为中世讲谈文艺的大动脉。也即在说法现场，汉文体的说话文学、表白愿文等唱导文学被赋予一种灵活的形式进行训读和翻译，由此不断地实现日本化。以诞生于中古的《和汉朗咏集》为例，因为汉文训读在平安时代趋于发达，留下了很多"読み下し文"，其语言及节奏扩散渗透于所有题材的文学中，使得业已衰微的四六骈体获得新生，后来在中世纪采用和汉混淆文形式的军记物语中得以回归，甚至影响到了近世乃至近代。

和汉混淆文为汉字假名混合表记，汉字使用量比和文体明显要多。词汇方面，以汉语词为主，和语词为辅，语法上带有强烈的汉文训读体色彩，后来和文体要素逐渐增强。因为其产生是受到汉文体特征明显的说话（唱导）文的影响，作者在一边说的同时，一边融入包括和语词在内的口语要素，文体逐渐趋软。直至近世，和汉混淆文由于兼有汉文的紧迫感与和文的优雅魅力，被用于读本及启蒙书里。

五、变体汉文（记录体）的定位

"变体汉文"其实是一个比较笼统的称呼，有很多相似的叫法，如汉式和文、东鉴体、记录体、候文等，其实都代表了命名者各自不同的立场和看法，但它们都有一个相同的特征，就是该文体介于典型的汉文体与典型的和文体之间，在这一点上与汉文训读体相仿，但相较后者，它融入了更多的和文要素。不论如何，二者长期并存的事实，在一定程度上象征性地说明了汉文对日语文体的滋养和权威作用，因为古代的记录体和候文等皆是将汉文奉为权威文体的这一固有思想直接作用于书面文体的结果。

在日本，一般所说的汉文是规范汉文，变体汉文受到轻视，但后者其实是一种变异了的汉文，其背后的支撑自然是汉文训读。从最初的金石文、《古事记》直至被称为记录体的变体汉文，以及后来的所谓候文均属于这一类型。特别是候文，从起初的私人文体发展到实用文体，最后甚至发展到了江户时代的公文文体，可谓充分凸显了这一权威作用。候文的产生有一定的必然性，因为早期日本人有通过尺牍文学习汉文的历史习惯。较之汉文训读体，变体汉文包含较多的和文要素，代表了一种语境，因此其用词、用字也有一定的特殊性。记录体还用于公卿日记，所以兼具公文和私密文章两种性质，后者导致汉语词的语义也发生微妙的变化。如果说汉文体的使用是由于政治、外交及权威性使然，那么记录体则有所区别。尽管汉文作为符号仍然起作用，但用于私人日记时，记录体这种文体具有私密性和一定的随意性，这为汉文的日本化奠定了一定的基础，因为记录体多基于自己或子孙备忘目的而写，具有很强的日常生活记录之性质。据称，记录体还包含了唐朝俗语的影响，这也是与其性质有一定的关联。而与之相较，源自说话的汉字片假名混合文则与和文体更为靠近，可以发现，其中汉语词的日本化程度进一步加深。较之前二者，用于更加正式、权威场合的日本汉文体中的汉语词，相对来说发生日本化的语境不如前者。日语狭义上的所谓和制汉语词很多就是来自中世的记录体（如《吾妻镜》），假借字和国字也多起源于该文体。所以，变体汉文堪称是日语汉字汉语词发生变异的温床。前述和汉混淆文吸收了很多记录体的要素，也就是指包括融入了这些变异体，并将它们传至今天。

六、近世的训读与汉文训读体

至近世，作为代替候文的公文文体，汉字片假名混合文、也就是汉文训读体的使用达到了顶峰。同时，这也是其走向实用化、与汉文分道扬镳的开始。明治二十年（1887年）前后，日本出现了普通文，这是融入了汉文训读文、和汉混淆文、候文及和文的一种文体。所谓"普通文"是指用汉字假名混合文撰写的一种文言文，是以所谓的文言文为基调，自由纳入以平实为特征的俗语及日常使用的汉语词写成的文章。这里的"普通"不是相当于一般的意思，而是普遍通用的意思。因此，这种具有文言性质、带有显著的汉文训读体特征的文体在当时还被称为"今体文"。

另一方面，中世以后以说话体为代表的汉字假名混合文成为主流和标准表记样式。前述和汉混淆文及雅俗折中体等也都是汉字假名混合文。在近世，不论是汉文脉、国（和）文脉还是所谓欧文脉文章，从文体上都是文言体，但从表记上看，则都是汉字假名混合文。庆应2年，前岛密向幕府将军提出了"汉字御废止之议"，主张采用假名及言文一致口语体。在发端于欧美的言文一致运动的影响下，特别是在当时占文章主流的小说界所流行的自然主义、写实主义风格思潮等的影响下，言文一致运动虽几经挫折，但终获成功。然而，不可忽视的是，近代的言文一致运动促生的口语文体与平安时代的和文体不可同日而语。首先，近代形成的口语体（白话文）受到千百年来的汉文要素的洗礼

(和汉混淆等)。仅就词汇来说，即便在日常口语中也融入了大量汉语词，而平安时代口语体中汉语词所占比例要小得多。其次，近世特别是在近代，随着汉文训读被制度化以及阅读汉文体史书成为一时热潮的时代大背景下，产生了大量的新汉语词（和制汉语词），促成了明治初期汉语词的流行。后虽然随着言文一致运动的发生，新词产出有所抑制，但已有不少与日常社会生活紧密相关的新词融入了日常口语中，成为与和汉文体无关的普通词汇，这些词汇为日本及日语的近代化做出了贡献。第三，近代日本人用汉文训读体翻译欧美著作，形成了所谓欧文脉文章，也就是欧文直译体，其中的包括词汇、句式乃至语法层面等特征要素也被吸收到了言文一致体中，也就是融入了现代日语文体中，形成现代日语书面语的有机组成部分，此当属于汉文（训读）的间接影响。

七、从语言发展的角度看——日语文体的他者性

文体是由文字、词汇、语法等要素构成的。回到前引子安宣邦的结论，岂止文字（词汇），就连日语书面语形式即日语文体也是不可避的他者。同汉字的变异一样——既要排异，又不断吸收。国内学者严绍璗先生曾指出，日本文化的一个重要特征是在"排异"中实现自身的"变异"，换言之就是在吸收的基础上予以改造，使之融解于本民族文化，由此才形成了其"复合形态的变异体文化"特色，而这种排异的构成机制很大程度上就是通过汉文训读完成的。语法上，近代普通文的基础是汉文训读体，虽说是文言体，但表示过去仅限于使用"き""たり""り"等，与传统和文体有很大不同。时至今日，现代日语表示过去时制的助动词只剩下了"た（たり）"，而这正是汉文对日语影响同化后的产物。

不论在哪一个近代国家，追求言文一致或许都是永恒的主题。古代日本人从汉文体中析出和文体，其实就是追求言文一致的口语体。这是因为日语本没有书面语，在汉文的触动下逐渐萌发和文意识，遂才产生出和文体。这个时代的主流是"言"从属于"文"。和文体的产生正好

相反，欲达到"文"从属于"言"。到了近代，在文言体占据主流的形势下，言文一致体的产生背景与上述和文体的产生有很大的相似之处，也是要向"文"从属于"言"的方向回归。这是为适应近代以来统一民族国家的政治社会生活需求的必然举措，但另一方面却仍然让我们看到前述特色：既要排异，又不断吸收。

综上所述，汉文及其拟汉文体对日语文体的形成产生过重要作用，不容忽视。如子安宣邦所著的副标题"不可避的他者"所示，由外创造内，没有外内则无从谈起。日本著名国语学家佐藤喜代治在《日语的精神》一书中也曾指出，日本具有由外创造内的能力。这一特点不只表现在汉字、词汇或文体上，也表现在其他很多方面，其中起支撑作用的重要机制当为汉文训读。国内学者王晓平认为，日本的汉文训读类似于动物之反刍，也就是不问理解与否，姑且先积极吸收，然后再仔细把玩、消化乃至扬弃，最终为我所用。这样的比喻既生动形象，又精准地勾画出汉文训读的实质特点，十分有新意。笔者以为，从汉文训读角度探讨日语语言、文字乃至语法、文体的形成，当具有广阔的前景和重要的学术价值。

【参考文献】

[1] 潘钧. 训读的起源与汉文文化圈的形成——评金文京著《汉文与东亚——训读文化圈》[J]. 日语教育与日本学. 第3辑. 上海：华东理工大学出版社, 2013a.

[2] 潘钧. 汉文训读与日语语言文字的形成 [J]. 外语学界. 北京：中国对外翻译出版有限公司, 2013b.

[3] 潘钧. 日本汉字的确立及其历史演变 [M]. 北京：商务印书馆, 2013c.

[4] 加藤徹. 漢文の素養——誰が日本文化をつくったのか [M]. 東京：光文社, 2006.

[5] 川口良・角田史幸. 国語から日本語へ [M] //国語という呪縛. 東京：吉川弘文館, 2010.

[6] 金文京. 漢文と東アジア——訓読の文化圏 [M]. 東京：岩波書店, 2010.

[7] 子安宣邦. 漢字論——不可避の他者 [M]. 東京：岩波書店，2003.
[8] 佐藤喜代治. 日本語の精神 [M]. 東京：ゆまに書房，1944.
[9] 齋藤文俊. 漢文訓読と近代日本語の形成 [M]. 東京：勉誠出版，2011.
[10] 齋藤希史. 漢文脈と近代日本——もう一つのことばの世界 [M]. 東京：日本放送出版協会，2007.
[11] 東京大学教養学部国文・漢文学部会. 古典日本語の世界——漢字がつくる日本 [M]. 東京：東京大学出版会，2007.
[12] 東京大学教養学部国文・漢文学部会. 古典日本語の世界（2）——文字とことばのダイナミクス [M]. 東京：東京大学出版会，2011.
[13] 中村春作. 訓読論——東アジア漢文世界と日本語 [M]. 東京：勉誠出版，2008.
[14] 中村春作. 続「訓読」論 東アジア漢文世界の形成 [M]. 東京：勉誠出版，2010.
[15] 山田孝雄. 漢文訓読と国文法 [M]. 東京：明治書院，1934.
[16] 山田孝雄. 漢文訓読によりて伝えられたる語法 [M]. 東京：宝文館，1935.

为什么是"汉文文化圈"?
——试论训读在东亚一体化进程中的作用

问题的缘起

数年前,日本学者提出了"汉文文化圈"的概念,比较鲜明提出这一观点的是京都大学人文科学研究所教授金文京,他在其著《汉文与东亚——训读文化圈》(2010)中,围绕东亚地区曾经普遍存在过的汉文训读现象进行了比较充分的阐发。2011年11月,他凭此书荣获了第9届角川财团学艺奖。

本书缘起于作者早年造访韩国海印寺的一次亲身经历。他目睹了僧人训读佛经的情景,遂猜测日本的汉文训读可能源自古代朝鲜,之后他还了解到古代的契丹、高昌回鹘等曾深度接触过汉文化的非汉人政权地区也有过类似现象。1988年,他发表了"东亚的训读现象"一文,初生了有关汉文文化圈构想的萌芽。岩波书店的著名刊物《文学》在2005年12期出版了题为"东亚——重读汉文文化圈"的专刊,其中收录了日本立教大学佛教说话研究大家小峰和明先生同金文京等三人的座谈记录。2010年4月出版的小峰和明主编《汉文文化圈的说话世界》一书是有关"说话"研究的论集,书的标题更是直接采用了"汉文文化圈"的提法,并且还邀请金文京撰写了有关论文。可见,汉文文化圈的提法在一定程度上已经得到了日本学术界的认可。

一、"训读"的普遍性及意义

1. "汉字文化圈"的由来

迄今为止,学者们一般用"汉字文化圈"来指称东亚地区。这个提法也来自日本,最早见于龟井孝等人主编七卷本《日语的历史》中的第二卷《与文字的邂逅》(1963)中。该书第三章专门讨论"汉字文化圈"的形成及演变。该地区过去受中国文化影响,除汉字外还共有汉文及儒教等文化。起初被称为"汉文化圈",相似的叫法还有"东亚文化(文明)圈""儒教文化圈"等。1984年日本文字学家西田龙雄甚至还提出了"汉字文明圈"的概念。"汉字文化圈"的提法迄今已得到广泛应用。1985年,法国汉学家汪德迈在国内出版了《新汉文化圈》一书,其所谓的"汉文化圈"其实就相当于"汉字文化圈",因为汪德迈对其定位是:"它不同于印度教、伊斯兰教各国,内聚力来自宗教的力量;它又不同于拉丁语系或盎格鲁—撒克逊语系各国,由共同的母语派生出各国的民族语言,这一区域的共同文化根基源自萌生于中国而通用于四邻的汉字。"[①] 显然,他把着眼点放在了东亚地区共有的文字即汉字上。这一说法虽抓住了该地区的主要特征之一,但仍让人有隔靴搔痒之感,与准确把握问题实质的终极目标尚存距离。

2. 东亚地区训读之普遍性

金著的独特之处在于,他敏锐地抓住了汉文训读这一关键词,通过对训读的起源、思想背景以及日本以外地区训读现象等问题的梳理剖析,赋予古代东亚地区汉文文化语境的特殊性和彼此历史文化上的内在关联性,以证明该地区"汉文文化圈"的存在。因为形成和支撑汉文文化圈的基石是汉文文本的理解与产出,承担移植或曰转换文本内容之关键作用的汉文训读势必成为学者们关注的焦点。汉文训读迄今一直被认为诞生于日本、且为日本所独有的现象,但金文京提出了有可能来自

[①] 汪德迈(2007:1)。

古代新罗、且在越南及中国古代非汉人政权如契丹、高昌回鹘等地广泛存在的观点。较之传统的汉文训读的定义，金文京扩展了概念的内涵外延，将朝鲜半岛的"谚解"①及宋以后的"直解"②、甚至连越南的伴以字喃夹注的汉文读解方式等也都看作了训读。并且，在此基础上，作者对"汉文"进行了重新分类和梳理。

二、"汉文文化圈"说的建构

1. 对一国史观的摈弃

进入新世纪后，特别是最近几年日本学界出现了重新审视和评价汉文及汉文训读作用的动向，有不少相关成果面世，如中村春作等编著《训读论——东亚汉文世界与日语》（2008）和《续"训读"论——东亚汉文世界的形成》（2010）。稍早有加藤彻著《汉文的素养——是谁创造了日本文化》（2006）等。此外，东京大学教养学部的学者们编纂出版了《古典日语的世界——汉字创造的日本》（2007）和续编《古典日语的世界（二）——文字与语言的力学》（2011），其主旨也是为了强调：是汉字汉文创造了真正的日本古典，后人臆造出来的所谓"古典"原是不成立的。这股思潮的背后，是随着东亚经济区域合作的一体化，各国学者开始反思近代以来的国家意识，力求摆脱一国史观、超越近代国民国家的框架，最终目的在于尝试构建一个更加广阔的视角与方法，以探求古代东亚地区知识生产的机制和共通的文化价值观的形成。金著的获奖恐怕正是反映了这一大背景。

2. "汉文"的重新定义

金文京认为，所有用汉字撰写的文体都应纳入汉文文体中，它囊括了"由汉字直接或间接派生出来的由各种固有文字写成的文章，甚至

---

① 在古代朝鲜半岛，对汉文先直读、后译成朝鲜语进行释读的方式被称为"谚解"。"谚"指口语。如《朴通事谚解》《老乞大谚解》等。

② 用口语（白话）译释经书的方式即为"直解"。如元许衡《大学直解》、贯云石《孝经直解》等。

是固有文字与汉字混合在一起的文章",如此界定等于为其训读（汉文）文化圈假说的成立奠定了逻辑（学理）基础。

具体而言，在日本的学术语境中，"汉文学"一般包括散文体和韵文体，也就是汉文和汉诗，这里的汉文称谓也包括了此二者。金认为，在日本一般所说的汉文是规范汉文（日本汉文），变体汉文受到轻视，但后者其实是一种变异了的汉文，如日本历史上的变体（和化）汉文、候文，朝鲜半岛历史上的吏吐文和"口诀"文等亦带有变体汉文的性质。此外，诗歌方面，作者认为日本的万叶歌、朝鲜乡歌及契丹人用母语创作的诗歌等当中与汉诗有着密切关联的那部分也应纳入进来。如古代日本人曾流行将中国的汉诗改写为和歌，尽管体裁上仍属于和歌，但从发生学意义上或者内容的关联度方面来看，其当属汉文（诗）。这是迄今见到的对日本汉文所覆盖范围最大的界定和分类。

3. 训读的历史作用

（1）"素读"与训读

近世是汉文训读发展的黄金期，其历史作用可以百姓所受汉文的滋养作用为例。于丹说《论语》若干年前受到国内观众和读者的热捧。如果说这一现象反映了当下中国人对身处浮躁世界中所面临的困惑及对回归古典的某种渴望的话，那么，在日本历史上乃至当下也一直有人将《论语》等中国典籍作为"心灵鸡汤"，从中寻找人生的智慧或慰藉。这种现象的产生似不能简单归为民众的汉文素养使然，时至今天也不能单纯从古代中国文化的强势影响中寻找答案，而应视为以训读为基础形成的东亚汉文文化圈这一大背景下的产物。普通百姓谈不上有多深的汉文素养，从本质或宏观层面上看，受到古代中国文化的强势影响虽也不假，但百姓却是通过训读方式阅读汉文典籍的，读的是训读后的文本；并且，在很大程度上读的人并不意识到他是在读外国的经典，因为凭借自古至今、生生不息的汉文训读方式，《论语》等中国典籍早已被日本人"内在化"，蜕变为日本古典的一部分。事实上，岂止《论语》，在近世乃至今日日本、韩国等地，《水浒传》《三国志》等作品一直受到广泛传播和阅读。对此现象，迄今学界主要是从文学作品的传播影响或比较文学的角度探讨，一般不从经由汉文训读的方式实现融入本国文化的所谓内在化的角度予以深度分析和挖掘。例如，唐诗对欧美等国也有输出和影响，但这种影响与之于日本及朝鲜半岛的影响不可同日而语。前者是通过译本，作为一种单纯的意象内容欣赏把玩，而后者则借助汉文训读的方式进行内在化的消化与吸收，使之无形中融为本国古典文化的一部分。特别是日本近世曾流行"素读"。素读就是训练孩子从小背诵训读后的汉文即汉文训读文，以掌握中国典籍，属于将古代中国文化内化于身的一个重要手段。今天日本人对《论语》等中国经典的熟悉和无障碍阅读很大程度上要归功于近世，因为近世的汉文训读被作为一种制度建立起来，特别是到了江户后期，由于采用了提倡尽量音读、训读法简化至极的佐藤一斋发明的一斋点，使训读文与普通百姓的口语产生了不小距离，从而形成了日本汉文特有的外在形式——（近世）汉文训读文，并使其升格为独特的一种文本类"型"，其特征尤其表现在惟训读体文章才有的韵律和节奏，特别适合素读，并通过素读使"型"有所依。此时的训读早已不是一般的翻译了，它承担了构筑近世日本人基础教养的功能。赖山阳的汉文体著作《日本外史》在近世受到热捧绝非偶然，据说这部著作就连当时生活在穷乡僻壤的普通农民也能读懂，令人愕然。

（2）化外为内的手段

汉文训读自诞生之日起就绵绵不绝，至近世和近代更臻于鼎盛。但纵观历史，对汉文训读的褒贬争议也一直没有间断过。中世以后，汉文训读受批判，如桂庵提出汉文要用原文理解，训读只是辅助手段。特别是进入近世，伊藤东涯提倡直读，态度最为激进的要数荻生徂徕了，他认为应废除训读，用中国本土音读，其弟子太宰春台也持相同论调。时值近代，仍不断有人提出直读论，如汉学家重野安绎和稍后的青木正儿、仓石武四郎等人。对训读持否定看法的以上诸论调各有其合理之处，反映出每一时代大的社会文化背景和学人们对训读的认知与需求，但另一方面也反衬出了训读问题的复杂性，把握起来十分困难。

汉文训读在历史上究竟发挥过什么作用？这当然要放到各个具体时代背景下，同时结合各种相关要素做缜密的考察与分析。但从大的方面来看，作为借鉴和学习外来文化的一个有效机制，汉文训读在日本历史上无疑发挥了非常积极的作用。日本文化具有由外创造内的能力，汉文训读就是实现这种化外为内的重要手段。即便在近世、近代，日本人学习西方语言以及通过西语学习来掌握西方近代文明时，仍充分借助了汉文训读这一工具。尽管历史上不止一次地出现过否定训读正面作用的议论，虽然在训读法上曾有过多次变革，但日本人对训读似乎始终是情有独钟、欲罢不能。事实上，由于对训读的坚守，反而给日本带来了很多益处。

4. "创造"与变异

作为知识输入或产出的重要手段，汉文训读承担了语际代码的转换作用。不过，在读解乃至翻译产出的过程中，难免会产生一些误读或曲解。大致可分两种情况。一种是结构性的，如训读是一种比较僵化的转译，在通过训读转换的过程中必然要损失部分原义；另一种情况则是非结构性的。因为曲解与否是以原文原义作标准的结果。换一个角度看，汉文发生变异即日本化，才有可能获得适应日本文化环境的再生。针对一般认为汉文训读是一种近似翻译的说法，日本朝鲜语学者野间秀树提出了汉文训读的本质不是连接两种语言，而是在一种语言上再叠加上另一种语言的观点。野间认为，作为汉字的自我增殖系统，形音义构成了一个三角形。其中，汉语的文字增殖过程完全是在"形—义"（转注）和"音—义"（假借）这两条边所喻示关系的基础上展开的，而汉文训读实际上是建立在"形—音"这一关系之上，所构筑起来的是全新意义上的用法系统。即，通过在汉字周围施加训点，形式上就等于完成了另一种语言的重叠。叠加后必然会析出语言间诸如句法、词义等方面的某些差异，如送假名就是析出这些差异后的产物。对这种差异，很多时候我们与其理解为误读或曲解，不如超越所谓误读或曲解的是非范畴，视其为是一种滋养型的读解，功能上看相当于译介学中所谓的"创造性的叛逆"。日本汉文学之所以由古至今兴旺发达，不是因为日本人处处模仿和追随中国原典带来的结果，其生命力恰恰在于为适应日本人的实际需要进行了改造或曰再创造。国内学者严绍璗先生曾指出，日本文化的一个重要特征是在"排异"中实现自身的"变异"，换言之就是在吸收的基础上予以改造，使之融解于本民族文化中，由此才形成了其"复合形态的变异体文化"特色，而这种排异的构成机制很大程度上就是通过汉文训读完成的。这便是训读的历史价值之所在。

东京大学教授末木文美士曾举过一个佛教的例子。《大无量寿经》中关于阿弥陀佛第18愿，末木文美士注意到，亲鸾将"至心回向"这段经文训读为"至心に廻向し（たまへり）"。这里由于使用了敬语，"回向"的主语由众生转向了佛陀，由此贯穿了他力的思想。这一解释显然违背了原文，但由于训读的关系，原有汉文被解体，获得新的"自由"。这其实就是在将日语叠加于原文之上的过程中做了变通或转换，在一定意义也属于"和习（和臭）"的范畴。正如日本学者小岛宪之所指出的那样，"和习"概念本身就折射出以中国用法为标准的态度。他认为没必要鄙视和习，作为日本文学史的一个部分，完全可以开辟"和习文学""和习文学史"等新的研究领域。和习的产生与训读的关系或将成为学者们未来要面对的课题。当然，在接受中国文本时所做的翻案或翻译等则属于文化接受层面上的问题，于此处讨论的汉文训读有所不同。

5. "汉文文化圈"说的价值与意义

总之，金文京通过对训读定义的扩展和对其历史作用的分析阐发，并通过对汉文的最大化分类，建构起了他的"汉文文化圈"的假说，试图借此高度概括汉文在东亚地区扩散传播的历史和东亚一体化过程中的作用。"汉文文化圈"说的合理性主要表现在，它凸显了汉文的历史作用，或者说是强调了汉文的功能，这种功能是随着汉文的"扩散"、并通过训读的手段实现的。即汉文承载内容，训读是手段，汉字则是载体。既有的"汉字文化圈"的提法只是着眼于末端、即最后呈现的载体形式予以命名，而凸显手段（转换机制）相通性的"训读文化圈"，或着眼于所载内容（功能）相关性的"汉文文化圈"的提法可能更接近本质，也更具有概括力。

笔者曾考察日本汉字的变异①，认为日语书面文体的形成其实就是借用汉文、逐渐适应日语特点予以改造、演变发展的过程，在此过程中产生了诸多拟汉文体，如变体汉文（候文）、汉文训读体、真名本等。日本汉字的变体正是出现在这些文本中。因此，汉字的变异不是孤立的，而是要通过文体（文本）这一语境才会发生，这个结论也能在一定程度上佐证汉文文化圈提法的合理性。换言之，在我们把握见之于东亚的共通文化现象时，若用汉文文化圈的视角去重新审视，解释力会更强，看问题也会更深入一些。前述《汉文文化圈的说话世界》一书可谓为我们提供了一个用汉文文化圈作关键词，综合全面地考察佛教说话在东亚地区流布变异的轨迹及其原理的范例。

三、重估训读的历史价值与作用

1. 训读的层级性

迄今的训读研究主要就中日单边的影响展开，但若放宽视野，便能看到训读在中国周边的越南和朝鲜半岛，以及古代非汉人政权的契丹、高昌回鹘乃至中原汉人政权内部也都存在过，可谓广泛见于东亚地区。越南语是孤立语，没有相当于日语训读那种形式的训读。但古代越南人将汉字分解，把汉字部首重新组合成"字喃"，并以夹注的形式与汉字配合起来，以此确立了越南语的书面语规范，如同日语的汉字假名混合文一样。岩月纯一在所撰论文"越南的'训读'和日本的'训读'"（收入《训读论》）一文中认为，迄今关于训读的认定标准主要看是否用非汉字词"发音"，即是否置换成母语读（句子层面）。按此标准判

---

① 参看潘钧（2013）。

断,日语可谓高度发达,而越南语不存在此类训读。但在古代越南的汉文文本中,就有用字喃夹注的形式提示字义的现象,故理应存在意识层面上的训读、即理解汉文时援用非汉字词(词层面)的可能性。如把日语的训读看作是"达到极点"的话,那么就有可能将见于越南汉文文本这样的仅限于意识层面援用非汉字词的现象排除掉,而后者在古代朝鲜半岛、高昌回鹘等地均可见到,即在文本中出现音读和训读并列的现象,类似古代日本所谓的"文选读法"。因此,既要看到二者的差异,更要看到它们之间的联系和共通之处。反过来说,既有的训读定义是以典型的甚至可以说达到极点的日本训读为标准制定的。换言之,日本的汉文训读是发展最充分的,回鹘和越南的训读发展不充分。古代朝鲜原有典型的训读形式,后改为"谚解"即不充分的训读形式。因此,对训读概念的把握应持开放性态度,以上所举各训读样式间具有一定的相通性和连续性,只是由于各自条件所限、或各自的具体情况不同才导致处于不同的层级(或曰发展阶段)。

2. 训读的历史作用

如上所示,金著是通过解析汉文训读这个关键词来建构其汉文化圈观点的。中村春作在《续"训读"论》的卷首论文"从'训读'论思考东亚汉文世界的形成"中认为,"东亚文化圈"实际是由训读形成的,对训读应做开放性研究,不仅仅作为一种技法,而应视为近代知识的一种生产机制来对待。

为探求训读的历史作用,亦可反过来设问:东亚地区为何只有日本才保留下了汉文训读?较之朝鲜半岛的半途而废,除了地理阻隔、日本人释读佛典一向以训读方式为优先以及日语的音韵结构较为单纯等诸多外在因素外,训读的绵绵不绝还投射出长期以来汉文训读文所独具的权威性品味及操作上的简便有效性。在日本,古代西方名著用现代日语译,唯有中国和日本的古典作品习惯用训读方式译。究其原因,还是训读所独有的历史作用使然,即前述训读的创造与变异的机制,它塑造了日本人吸收外来文化时排异与变异并重的价值取向。尽管训读在严格意义上不是翻译①，但正因为其有别于翻译的特殊性，才被赋予了独特的历史价值，其历史作用可归纳为，训读"是日本借重中华文化资源的一大创举，它使汉籍在不必翻译成日语的条件下，能够在日本的广大阶层中被接受和运用，对于中国语言文化在日本的普及起到了极大的推动作用。"②

3. 从"比较"到"共有"

如上所示，视野大小宽窄的不同会影响我们看具体问题的视点思路。小峰和明长期致力于《今昔物语集》等说话文学的研究。他曾撰文"东亚日本文学——研究的动向和展望"（载《日语学习与研究》2009年第2期），提出应由"汉字文化圈"向"汉文文化圈"的视野转变，并预测东亚文学研究的发展方向。他认为，应实现从比较文学到共有文学这样一种视点的跨越，也即超越拘囿于日本的视点，寻求能够更加生动、多面地把握与"东亚"关联的方法。他说，只要眼光停留在日语世界中，研究上就容易偏向日本，难以自拔。因此，为了从更广阔的"东亚"视角探究，就要发掘日本与"东亚"共通的文学现象，并找出各自的变异，甚至还必须将视野扩展至与西方的关联中。

可以预见，汉文文化圈的提出绝不是一个简单的名称置换的问题，它从根本上改变了迄今研究东亚历史文化所习惯使用的比较的视野和方法，必将给今后东亚地区的研究带来新的契机和学术亮点。国内对汉文训读的性质作用认知尚浅，对相关动态的了解和把握也还很不够。但作为"汉文"的母国，既然我们生活在同一个文化圈里，又身处东亚各国经贸往来及学术交流日益频繁密集的时代，中国学者是不会也不该置身于外，相信和期待不久的将来会有中国人发出自己的声音。

---

① 国内学者王晓平提出汉文训读是"反刍式的翻译"的观点，颇耐人寻味，这与前述野间秀树关于训读是"重叠"的观点有相似之处。
② 钱婉约. 从汉学到中国学——近代日本的中国研究[M]. 北京：中华书局，2001：63.

【参考文献】

[1] 潘钧. 日本汉字的确立及其历史演变 [M]. 北京：商务印书馆，2013.

[2] 汪德迈（法），新汉文化圈 [M]. 陈彦，译. 南昌：江西人民出版社，2007.

[3] 金文京. 漢文と東アジア——訓読の文化圏 [M]. 東京：岩波書店，2010.

[4] 子安宣邦. 漢字論——不可避の他者 [M]. 東京：岩波書店，2003.

[5] 加藤徹. 漢文の素養——誰が日本文化をつくったのか [M]. 東京：光文社，2006.

[6] 齋藤文俊. 漢文訓読と近代日本語の形成 [M]. 東京：勉誠出版，2011.

[7] 齋藤希史. 漢文脈と近代日本——もう一つのことばの世界 [M]. 東京：日本放送出版協会，2007.

[8] 東京大学教養学部国文・漢文学部会. 古典日本語の世界——漢字がつくる日本 [M]. 東京：東京大学出版会，2007.

[9] 東京大学教養学部国文・漢文学部会. 古典日本語の世界（2）——文字とことばのダイナミクス [M]. 東京：東京大学出版会，2011.

[10] 中村春作. 訓読論——東アジア漢文世界と日本語 [M]. 東京：勉誠出版，2008.

[11] 中村春作. 続「訓読」論 東アジア漢文世界の形成 [M]. 東京：勉誠出版，2010.

试论汉文训读的性质和意义

　　进入新世纪后，日本学术界出现了重新审视汉文训读历史作用的动向。如加藤彻的《漢文の素養——誰が日本文化をつくったのか》（2006）对汉文及汉文训读对日本思想文化形成的贡献做出了正面评价；中村春作等学者先后于2008年和2010年结集出版了关于训读的专题论文集，分别是《訓読論——東アジア漢文世界と日本語》和《続「訓読」論——東アジア漢文世界の形成》。此外，金文京的《漢文と東アジア——訓読の文化圏》（2010）甚而提出了"训读（汉文）文化圈"的概念。东京大学国文和教养学部的学者们也编纂了《古典日本語の世界——漢字がつくる日本》（2007）和《古典日本語の世界（2）——文字とことばのダイナミクス》（2011），旨在重新评价汉字汉文之于古代日本文化建构的重要性。斋藤文俊的《漢文訓読と近代日本語の形成》（2011）对于汉文训读之于现代日语的形成作用进行了具体的个案分析和论证。斋藤希史的新著《漢字世界の地平——私たちにとって文字とは何か》（2013）虽非专门阐述训读，但对近代日本汉文训读体的独特历史作用作了阐释和分析。更早的则有子安宣邦的《漢字論——不可避の他者》（2003），该著专辟一章深刻阐释了汉文训读的价值和意义。以上学术动向的出现绝非偶然，也非日本一国之悄然变化，而是见诸东亚各国学术圈的共同倾向，其正在暗流涌动，日渐汇成一股大的学术潮流，总体上代表了东亚研究范式的一次大转型。

　　国内对汉文训读的研究较晚，最早提及"汉文训读"的恐怕是

1985年孙廷举发表在《日语学习与研究》上的《汉文训读规则简介》，之后成果寥寥，重视度有限。但在前述大潮涌动的背景下，近几年情况有了些许改变，特别是2011年10月16—17日，北京师范大学举办了以"东亚中的日本文学：训读、翻案与翻译"为主题的学术研讨会，并在《日语学习与研究》（2012年第2期）上以专栏的形式选择发表了与"训读"相关的论文，还出版了论文集。上述金文京等学者的相关论著也陆续被介绍到了国内，引发了学界一定程度的关注。

汉文训读之所以受到关注，是由于其在世界文明史上的特殊性以及起源早、持续时间长的历史传承性等特点使然。然而，也正是其特殊性，翻检历史及以上述论著为代表的相关研究可知，对汉文训读在日语乃至日本文化形成发展过程中的历史作用的审视评价，学者们可谓仁者见仁、智者见智，各有其独特观点和精彩的阐发。然而，汉文训读究竟为何物，即在对训读的性质、意义等终极问题的认识上却还不十分统一和清晰。因此，在对训读的价值及历史作用进行合理评价之前，有必要先对汉文训读的性质和意义做一界定和梳理。

一、传统的定义

据佐藤喜代治主编《国语学研究事典》，所谓汉文训读文是"漢文を国語風に訓みくだした文。この文にならって綴ったものも含む。訓読文・書下ろし文・読み下し文とも。"《大辞林》（第二版）将训读定义为"漢文を日本語の語順や読み方に直して読む。"二者相通之处在于，训读是用国语（日语）"訓（読）"汉文。而专业性强的《訓点語辞典》（吉田金彦、筑岛裕、石塚晴通、月本雅幸编）对训读的定义则是："漢文構文の原表記を残したままで其れによりかかりながら自言語で理解するという点で翻訳とは異なる。"较之前者，可谓多了一层界定，即明确指出训读与翻译不同。

汉文训读的"训（訓）"出自"训诂学"，亦即注释意。古代日本人称汉字的日语读法为训，即暗含有借用训诂法之意，故可视为对汉字所做某种注释的意思。最初中国人将梵语译成汉语时也有人视为注释，故称之为训，如晋孙绰。训诂原本仅用于解释儒教经典中的字句，但后被借用到佛典中，其解释对象则就变成了梵文。《日本书纪》中出现的"此云"即是模仿汉译佛经中训注的办法，如"梵云～，此云～"。"此云"在这里俨然就是替代"日本云"了。文本（文字）的背后是日语，但落实在书面上的则是建立在汉文训读基础上的汉文。而翻译佛经时原文是梵语，但译文却是汉文。二者过程相逆，但原理十分相似[1]。

江户儒学家荻生徂徕虽在其著《译文筌蹄》中指出"此方学者以方言读书，号曰和训，取诸训诂之义，其实译也，而人不知其为译矣。"然则其本人也对汉文训读提出质疑，否定汉文训读的价值[2]，成为日本历史上主张直读态度最为激进的学者[3]。时至今日，不论是日本学界还是国内学界，已鲜有人认为训读即为翻译了。

不过，尽管视角和研究动机各不相同，但仅就国内学者对训读的把握态度而言，大多仍联系汉日两种文本间的语码转换是否等值来加以分析评判，也即仍脱不开所谓翻译的框框。如林全庄（1991）认为，训读实际上是一种直译、一种独特的翻译方法；胡山林（2002）认为，虽然训读是一种翻译方法，却是接近直译又不完全与直译相同的翻译方法；辛文（2011）认为训读属于翻译中的"第三种语言——译文文体"。当然，翻译的概念也有宽窄之分，前述"直译"如果算作翻译范畴下小类的话，那么，所谓"独特"则就似乎更有将其看作范畴外另类的言外之意了。此外，也有学者从其他角度对汉文训读的性质进行阐释，如林雪光（1959）视之为"把汉文翻译成日文来阅读的一种变通方法"；马歌东（2002）认为汉文训读是"一种双向处理汉诗文与和文，使二者相互训译转换的语言机制"；杜海怀（2009）则从文化视角

---

[1] 参看金文京（2010）。
[2] 参看吴珺（2015）。
[3] 此前的桂庵、一条兼良、伊藤东涯和近现代的重野安绎、青木正儿、仓石武四郎等都主张直读。

指出其为一种文化译介的手段。提取以上三人观点的关键词，即对训读的"方法""机制""手段"的定位显然已超越狭义上的翻译概念，似更愿意将其视为一种文化符号的转换机制了，恐怕这才是更为接近客观把握日本"翻译"的特色及其本质的看法了。

二、定义的扩展

迄今学界一般认为，训读唯日本所独有，是日本人独自发明的，但近年来的研究表明，在古代东亚地区存在过训读文化圈，训读现象曾经在朝鲜半岛、越南以及契丹、回鹘政权等地广泛存在。因此，有必要对训读的定义及其内涵外延做一下重新地界定。

古代高昌国回鹘人信奉佛教。据《北史》"西域传"记载，高昌国"文字亦同华夏，兼用胡书。有《毛诗》《论语》《孝经》，置学官弟子以相教授。虽习读之，而皆为胡语。"可据此推测，当时回鹘人使用汉字，模仿汉字读音读，即产生了回鹘语化了的汉字音。另一方面，还用胡语即回鹘语习读。当时的回鹘人读汉译佛经时也是混用汉字和回鹘文字，如同日本的汉字假名混合文一般。

岩月纯一（2008）认为，迄今关于训读的认定标准主要看是否用非汉字词"发音"，即是否置换成母语读（句层面）。按此标准判断，日本可谓高度发达，而越南不存在此类训读。但在古代越南汉文文本中就有用字喃夹注的形式提示字义的现象，故理应存在意识层面上的训读、即理解汉文时援用非汉字词（词层面）的可能性。如把日语训读看作是"达到极点"的训读，或视为唯一标准的训读现象，那么，就有可能将见于越南汉文文本这样的仅限于意识层面援用非汉字词的现象排除掉。而后者在古代朝鲜半岛、回鹘政权等地均可见到，即在文本中出现音读和训读并列的现象，类似古代日本的"文选读法"。因此，既要看到二者的差异，更要看到它们之间的联系和共通之处。反过来说，既有的训读定义是以典型的、甚至堪称达到极点的日本训读为标准制定的。换言之，日本的汉文训读是发展最充分、最完善的一种训读形式，而回鹘或越南的训读则发展不甚充分。研究表明，古代朝鲜（新罗）是产生训读最早的地区，原来具备典型的训读形式，后改为谚解即不充分的训读形式，可谓后退了一步。因此，广义的训读理应包括谚解、直解、吏读（吐）、口诀等多种形式①。

上述经拓宽修正了对训读概念的把握方式，一方面可扩展我们的视野，有利于我们更加全面深入和动态地把握古代中国文化扩散至周边邻国的机制原理；同时，也为我们切实转换研究视角和方法提供了前提和可能，即迄今为止的东亚学界多以双边影响或国别研究为主，现今正逐渐转型为在东亚汉字文化圈（书同文）的统一框架下进行综合考察，而汉文训读正是建构这一框架的重要媒介和文化转换机制②。

三、训读的本质

训读究竟为何物？对此问题的探究有利于我们更加准确地把握好训读的价值和历史作用。拟从以下几个角度切入。

（一）读解手段（目的）

训读的本质在于"读"，也就是最终目的在于学习汉文经典，最初仅限于对佛经的解读，之后扩展至所有汉文文本。故此，理解和学习汉文应视为发明训读的基本动机，也构成其最本质性的特点，背景是来自对佛经等以汉文为媒介形态的大陆文化的膜拜尊崇。开始训读只是一种读解手段，但后来发展成为一种文体，对日语的文字、词汇、语法等各方面产生过深远的影响，最终竟至成为一种用以吸收外来文化以滋养和塑造日本本国文化的有效机制。

---

① 金文京（2010）。
② 复旦大学文史研究院推出的"从周边看中国""域外所藏有关中国的图像资料"等五个研究方向，特别是对越南汉文燕行文献、朝鲜汉文燕行文献的整理研究，以及王勇主持的国家社科基金重大项目"东亚笔谈文献整理与研究"都体现了从汉字文化圈整体看东亚这一学术研究范式的转型。

（二）对抗文体（起源）

金文京（2010）认为，训读的发明基于梵和同一思想①。古代中土从梵语译经，接受佛教且很快广为传播的古代日本人自认为梵和同一，故模仿中土汉语译经的方法移译汉文佛经。熟读佛经的僧人对由梵文译成汉文的原理过程了然于心，恐怕由此得到将汉文译成日语的某种启示，遂最终发明了训读。具言之，日本人从汉译佛经的过程、即从"廻文"——按照汉语语序重新排列单词的方法中得到启发。如梵语中是宾语加动词的语序，到了汉译佛经中需颠倒顺序，改为宾语接动词。日本人通过训读，又使其还原回去，这就等于还梵语之本来面目。为了保真佛经原义，需最大限度保留汉语文本中的汉字，遂借鉴"廻文"的方法发明了训读。他们相信，通过训读可还原佛经的本来面目。因此，最初训读文体属于对抗中国文化的文体。但不论怎样，这与上述通过训读学习经典的动机或曰目的不相矛盾。

（三）创造性叛逆（原理）

针对一般认为汉文训读是一种类似翻译（特殊翻译）的说法，日本朝鲜语学者野间秀树（2010）提出了训读是叠加增值的观点，令人耳目一新。他认为，汉文训读的本质不是连接两种语言，而是在一种语言上再叠加上另一种语言。野间认为，作为汉字的自我增殖系统，其形音义构成了一个三角形。其中，汉语的文字增殖过程完全是在"形—义"（转注）和"音—义"（假借）这两条边长所喻示的关系上展开的，而汉文训读实际上是建立在"形—音"这一关系之上，所构筑起来的是全新意义上的用法系统。即，通过在汉字周围施加训点，形式上就等于完成了另一种语言的重叠。二者叠加后必然会析出语言间如句法等方面的差异，送假名就是析出这些差异后的产物。

历史上，汉文训读的价值及正当性一直遭到诟病，特别是江户时代

---

① 所谓梵和同一是指古代日本人认为梵语和日语十分相似，如梵语复音节词居多，有类似日语活用的词形变化（屈折变化），且格关系发达，语序不甚重要，总之诸方面与日语似有相通之处

尤遭到荻生徂徕等人的否定，他们主要是从与原文本的语义吻合度、即语码转换是否等值的翻译角度着眼的。但如前引野间秀树的叠加增值观点所示，本可不拘囿此，或者说不该如此狭隘地看待训读及其价值和历史作用。我们甚至还可援用译介学的观点，尝试建立这样一种认知——通过训读得到的文本（書き下し）原本就不能奢望其与原文本在语义等方面严丝合缝；通过训读实现语码转换，由此所必然产生的对原文本的"歪曲""误会"应视为是一种"创造性叛逆"。译介学不同于一般意义上的翻译学，主要从比较文学的角度考察文化意象的错位、变形和接受等问题。在评价训读的价值和历史作用时，较之单纯追究语码等值的翻译视角，运用译介学（比较文学）的观点方法进行考察分析，恐怕更有可能将训读研究引向全面、客观和深入。

（四）珠宝盒构造（本质）

古代日本人通过汉文训读，在吸收接受大量中国文化的同时，也塑造了自己的语言和文化。至近世近代，日本人同样又借助汉文训读的方法积极有效地吸收了西方文化。汉文训读作为翻译文体产出机制的功能愈加淡化，其形成一种特殊的文体即汉文训读体，一度成为明治政府官方语言的主要代表。历史上，汉文训读塑造了日语中的双重构造，表现在形成了日语独有的汉字与假名、汉语词与和语词、汉文与和文等构成对立统一关系的语言模式，并最终建构了日本文化的二元性。对此现象，柳父章（2011）认为，古代日本人由音读（直读）佛经，后又转而训读佛经，体现了日本人对"形"的重视要高于对"意"的重视，这体现了日本人和日本文化的特点。直读自不待言，训读即是要努力保留原文本模样，然后在习惯之后慢慢领会和掌握，这一模式被其称为珠宝盒构造，也就是将汉文等喻为漂亮的珠宝盒类容器（cassette），里面放了什么其实不重要，重要的是外表漂亮[①]。王晓平先生曾提出过耐人寻味的"反刍说"，意指面对强势的外来文化，日本人先是囫囵吞枣地

---

① 参看柳父章ほか編（2010）。

全盘接受，然后再慢慢"反刍"，视需要取舍和消化。

（五）非典型皮钦语（语言接触）

发生在中日之间的语言接触十分独特，既有以人际往来为媒介的自然接触，也有主要通过文本实施的非自然接触，同时还存在笔谈这样介于二者之间的接触形式，姑且称之为半自然接触，后两者皆主要基于汉文训读的原理进行。笔谈的实质在于，即便面对面也无法通过口语交流，而须以文本提示的形式展开，文本的背后就是汉文训读的支撑作用。

高津孝（2008）认为，汉文训读文类似于皮钦语·克里奥耳语，相似点表现在：第一，语法的简略化。站在和语一方看，训读文中不用推量助动词"らし""らむ""けむ""めり"等，有回避使用敬语形式"たまふ"的倾向，且系助词的用法受限制，和语中有的丰富的助词和助动词的使用减少。站在汉语一方看，表达文章间复杂关系的"则""即""乃""便""辄"一律训读为"すなはち"。"亦""又""复""还"一律训读为"また"，也就是功能词被简单化了。第二，语音的单纯化。汉语词进入日语后声调消失，词头辅音被归并和单纯化。第三，从"高层语"汉语中借入大量词汇。日语中的思想、政治词汇几乎全部来自汉语。江户时代到明治时代，生活词汇全部可用训读词（汉语词），并产生大量的汉诗。通过训读，日本人可将汉语词完全作为皮钦语来使用。但也有与传统的皮钦语界定标准不吻合的地方，如：第一，不存在殖民地状况。第二，一般产生于无文字社会，但日本显然不是。第三，一般产生于社会最下层，但训读是产生于对汉字假名表记系统熟悉的人群。第四，皮钦语至今只有数百年，至多五百年，而训读已逾千年。他认为，不是说要将训读文视为皮钦语的一个子类，但这确属中日语言接触的产物[1]。在笔者看来，在强大的外来文化面前，加之珠宝盒效应，古代日本人主动选择自我"殖民"，此所导致的"倒置"

---

[1] 不妨看作是广义上的皮钦语，或皮钦语的一个子类。

反映在翻译文体的选择上便是采用训读体。柳父章（2010）指出，欧文的翻译皆以本国语文为归属文字，而日本却反之，选择汉文类文体，因为日语是二元文化（双重构造）并存，正式的文体是汉文或汉文训读体。川本皓嗣（2010）也认为，汉文化的强势影响使日本早早就放弃了翻译，一边倒地采用训读这种便捷（好比机器翻译）的手段积极吸收中国文化。

四、汉文训读的意义

汉文训读在日本历史上到底有何价值和意义，对此须做出客观的评价和定位。视角不一，动机各异，但关键一点是不应以狭义的翻译概念作为评判的唯一依据。

（一）日本"翻译"的原型

从学术研究角度来说，孙歌、陈燕谷、李逸津（2000）认为，训读使日本人放弃了把中国文学作为外来文学进行文本翻译的努力，逐渐使其丧失了在学术研究中旁观者的客观立场。从翻译学角度来讲，高宁（2005）认为训读剥夺了译者本人二度再创造的空间和自由。杜海怀（2009）认为其限制或遮蔽了译者的主体性，造成翻译主体性的缺失。同时，训读未顾及中日语言差异，故此吴珺（2015）认为其"造成翻译形式流于字面，甚至造成信息的断裂或缺失，导致最终无法完成翻译所被赋予的功能。"这些看法都各有其道理，但若把翻译概念看得更宽泛、更弹性一些，或从动态角度重新分析的话，那么训读也未必不能看作是翻译。柳父章（2011）认为，训读是日本翻译的原型，或者说日本翻译肇始于训读，但这并不等于说汉文训读就是狭义上的翻译。笔者认为，此处"翻译的原型"的命题宜改作训读是"日本移植外来文化的原型"才更适合。换言之，训读是"大"翻译。

（二）吸收外来文化的重要手段

训读是大翻译，即指训读是日本吸收接受外来文化的重要机制。钱婉约（2007）评价训读"是日人借重中华文化资源的一大创举，它使汉籍在不必翻译成日语的条件下，能够在日本的广大阶层中被接受和运用，对于中国文化在日本的普及起到了极大的推动作用。"王晓平（2014）从文献学角度也对训读给予了较高评价，认为训读使日本学会了无数中国典籍，无意中替中国保存了众多典籍的原貌，也是认识各个时代语言变迁的宝贵数据，在其发展过程中逐渐凝聚了日本人的智慧，称得上是一种文化创造。

　　本文认为，汉文训读在长期的历史中形成、发展，特别是到了江户时代被制度化和体系化，操作简便易行。至近世近代，汉文训读又发展成为一种吸收西洋文化的有效机制，对日本的近代化发挥了不可替代的作用。前引野间秀树的叠加增值的观点及译介学的"创造性的叛逆"的观点，就是要试图阐明，训读是吸收移植外来文化的有效方法，其对原文本的叛逆不仅是一种必然，更是塑造日本文化的重要动力之一。按照译介学的观点，"创造性的叛逆"包含了媒介者的创造性叛逆、接受者和接受环境的创造性叛逆。文化意象的失落和歪曲是必然的，不同文化的误解和误释也是时时发生的①。如何解密叛逆的机制缘由才是摆在我们面前的重大课题。

五、为何唯日本保留了下来

　　如前所述，古代训读作为一种普遍存在的学习汉文的形式，曾在东亚汉文文化圈内广泛存在，但为何日本发展得最完善、保留得最完全呢？其独特性在于何处？这也是评价训读性质和意义的重要参照。笔者认为，特殊的地缘、宗教、政治、语言因素以及珠宝盒效应等要素综合起来，决定了其长期存在的必然性。

　　（一）地缘因素

　　中日之间地理阻隔，在古代交通不便的时代，人员往来不易，直读实属难为，遣唐使停派后困难尤甚。而朝鲜半岛则不同，与中国山水相

---

① 谢天振（1999）。

连，受中国文化影响巨大，特别是蒙元时期大批朝鲜半岛人来到中国。因此，在当时的朝鲜半岛，中国口语相当普及，促使人们意识到纯粹直读的非现实性，这反而使朝鲜人在对待训读的态度上不如日本激进，在各种因素作用下，遂最终采取了谋求折中的谚解形式。

（二）宗教因素

如前所述，训读缘起于佛教。与日本相比，朝鲜半岛虽是佛教东渡的经由地，但进入朝鲜时代后，朱子学被奉为国教，佛教衰退，而佛教在日本却仍保持很大的势力。更重要的是，在15世纪朝鲜半岛形成了具有儒学教养的识字阶层，训读遂失去了现实意义和实用功效。

（三）政治因素

在古代朝鲜和越南，汉文与政治联系密切，科举考试等选官制度的实施离不开汉文。朝鲜时代的世宗大王颁布了训民正音，制定了表音文字谚文，并大力推广，在很大程度上也促进了谚解的普及。而在日本则不然，汉字汉文与政治的关系相对疏离，历史上掌握汉字汉文的人群更像是某种特定的技术（或学术）群体，如五山禅僧等，且日本不施行科举[1]，因此发展汉文训读的环境较为充分。

（四）语言因素

日语和朝鲜语均属阿尔泰语系，但日语音节构造更为简单，原始和语词的音节基本上都是由单辅音和单元音构成。并且，日语中的和语词与外来的汉语词在音节构造方面也有较大的区别，因此训读的留存与日语音节构造简单恐怕不无关系。朝鲜语很早就废除了汉文训读，只引进了汉语音读词，因此对汉语词停留在作为外来词吸收的层面，这一点耐人寻味。越南语亦然。

---

[1] 参看王鑫磊. 绪论 引言："书同文"的东亚与"汉字文化圈"[M]//同文书史. 上海：复旦大学出版社，2015.

（五）珠宝盒效应

小岛毅（2010）认为，西方人用现代语翻译古代名著，唯有日本人对中国的古典和日本的古典用训读，这反映了长期以来汉文训读文所营造出来的特殊权威与品味，换言之，对训读的需要度也是决定其留存的重要因素之一。斋藤希史（2007）认为，近代以后日本社会广泛采用汉文训读体，充分证明了其有效性。笔者认为，近代日本积极吸收西方科学文化，对汉文训读体的选择既是偶然也是必然，因为其在传播现代科学文化知识方面的效率极高，证据之一就是短时间内产生大量表意细腻准确的汉语词（多为译词）。川本皓嗣（2010）也认为，汉文本为外语文章，但日本人阅读时既不用音读，也不用翻译，其原因在于"汉文已经不仅是单纯的外语文章，而被视为一种神圣的经典。人们将汉文看作中国文化这一先进文明、中心文明的精髓，对于汉字以及用汉字写就的文章心怀特别的崇敬之情。"这句话等于为柳父章的珠宝盒理论做了精辟的注脚。

六、结语

如上所示，因视角、研究动机的不同，对汉文训读的评价定位也不尽相同。训读是日本"翻译"的原型，但后来发展成为吸收接受外来文化的有效机制。从原理上说，是在叠加的基础上进行"叛逆"，即在适应日本文化土壤的基础上使外来文化获得新生，此时就不能再以语码转换等值的狭义翻译标准予以苛求了。有充分理由证明，在对日本语言文化的塑造与形成、特别是吸收融入外来中西文化等方面，汉文训读确有着不可磨灭的功绩，对此应持公允、客观的立场进行评判。

近世日本人提出了"和臭"的概念。汉诗的日本化高峰是在近世，日本国学兴盛也是肇始于这个时代，因此，这是日本吸收中国文化，经由上代中古逐渐实现日本化，而至近世日本化的趋势臻于顶峰后，在部分研究者意识层面上的必然呈现，是将中国文化作为参照背景把握的结果。然而，日本学者小岛宪之却肯定和臭，甚至认为和臭的出现本天经地义，有必要开创和臭文学史①。我国学者严绍璗对此也持肯定态度，认为和臭是"排异中的变异"，指出日本文化的一个重要特征是在"排异"中实现自身的"变异"，换言之，就是在吸收的基础上予以改造，使之融解于本民族文化，由此才形成了其"复合形态的变异体文化"特色。而这种排异的构成机制很大程度上就是通过汉文训读完成的。

总之，不论研究和臭还是汉诗等中国文化传入日本后发生变异的机制，或广言之研究日本文化的发展历程和内在规律，汉文训读都是绕不过去的必然课题。因此，深入全面地研究汉文训读及其历史价值和作用，对中国学者来说有着现实紧迫性和重要的学术意义。并且，笔者也相信，在以东亚汉字文化圈为依托的新学术范式已经到来的形势下，汉文训读的价值和历史意义必将受到越来越多学人的关注。

【参考文献】

[1] 川本皓嗣. 作为翻译手段的汉文训读 [M] //川本皓嗣中国讲演录. 北京：北京大学出版社，2010.

[2] 杜海怀. 汉文训读法的翻译学思考 [J]. 绵阳师范学院学报，2009（9）.

[3] 胡山林. 训读：日本汉学翻译古典汉籍独特的方法 [J]. 日本研究，2002（2）.

[4] 高宁. 越界与误读 [M]. 银川：宁夏人民出版社，2005.

[5] 林全庄. 日本的训点符号与中国古文的训读 [J]. 解放军外语学院学报，1991（2）.

[6] 林雪光. 日本的汉语研究（明治维新以前）[M] //王立达编译. 汉语研究小史. 北京：商务印书馆，1959.

[7] 刘齐文. 论狄生徂徕的翻译观 [J]. 长春教育学院学报，2011（2）.

[8] 马歌东. 训读法：日本受容汉诗文之津桥 [J]. 陕西师范大学学报，2002（5）.

[9] 潘钧. 关于日语汉文训读的本质及定位 [J]. 语言学研究. 第六辑. 北京：

---

① 参看小島憲之. 日本文学における漢語表現 [M]. 東京：岩波書店，1988、漢語逍遥 [M]. 東京：岩波書店，1998.

高等教育出版社，2008．

[10] 潘钧．汉文训读与日语词汇的形成［J］．华西语文学刊．第九辑．成都：四川文艺出版社，2013．

[11] 钱婉约．从汉学到中国学：近代日本的中国研究［M］．北京：中华书局，2007．

[12] 孙歌、陈燕谷、李逸津．国外中国古典戏曲研究［M］．南京：江苏教育出版社，2000．

[13] 谢天振．译介学［M］．上海：上海外语教育出版社，1999．

[14] 辛文．日本汉诗训读研究的价值与方法论前瞻［J］．河南师范大学学报，2011（4）．

[15] 王晓平．中日文学经典的传播与翻译［M］．北京：中华书局，2014．

[16] 王志松编．文化移植与方法——东亚的训读·翻案·翻译［C］．桂林：广西师范大学出版社，2013．

[17] 吴珺．青木正儿的"汉文直读论"与"中国之馨香"［J］．中国文化研究，2015．

[18] 岩月純一．ベトナム語の『訓読』と日本の『訓読』［M］//中村春作編．訓読論——東アジア漢文世界と日本語．東京：勉誠出版，2008．

[19] 荻生徂徠．訳文筌蹄［M］．東京：須原尾書店，1908．

[20] 小峯和明．漢文文化圏の説話世界［M］．東京：竹林舎，2010．

[21] 金文京．漢文と東アジア——訓読の文化圏［M］．東京：岩波書店，2010．

[22] 齋藤文俊．漢文訓読と近代日本語の形成［M］．東京：勉誠出版，2011．

[23] 齋藤希史．漢文脈と近代日本——もう一つのことばの世界［M］．東京：日本放送出版協会，2007．

[24] 齋藤希史．漢字世界の地平——私たちにとって文字とは何か［M］．東京：新調社，2013．

[25] 高津孝．ピジン·クレオール語としての『訓読』［M］//中村春作編．訓読論——東アジア漢文世界と日本語．東京：勉誠出版，2008．

[26] 中村春作．訓読論——東アジア漢文世界と日本語［M］．東京：勉誠出版，2008．

[27] 中村春作．続「訓読」論 東アジア漢文世界の形成［M］．東京：勉誠出版，2010．

[28] 森岡健二．欧文訓読の研究——欧文脈の形成［M］．東京：明治書院，1999.

[29] 柳父章．比較日本語論［M］．東京：日本翻訳家養成センター，1979.

[30] 柳父章．近代日本語の思想——翻訳文体成立事情［M］．東京：法政大学出版局，2004.

[31] 柳父章ほか編．第一部 日本における翻訳——歴史的前提［M］//日本の翻訳論．東京：法政大学出版局，2010.

刊登本书所收论文的期刊论集一览

中日同形词词义差异原因浅析
《日语学习与研究》，1995 年第 3 期

关于中日同形词语法差异的一次考察
《日本语言文化论集》2，北京出版社，2000 年 4 月

关于日语汉语词的和化问题——课题与方法
《日语研究》第 1 辑，商务印书馆，2003 年 3 月

重新认识中日两国语言中的"同形词"问题——谈一下方法和问题之所在
《日本语言文化研究》5，学苑出版社，2004 年 3 月

日语中的"层次"现象及渊源
《语言学研究》第三辑，高等教育出版社，2004 年 12 月

浅谈汉字、汉语词汇对日语的再塑造作用
《日语学习与研究》，1998 年第 4 期

日语中"あて字"的定义和性质问题
《日语学习与研究》，2000 年第 4 期

中日两国文字体系的比较——以文字的性质和功能为中心
《日本语言文化论集》3，北京出版社 文津出版社，2002 年 3 月

日本人汉字观之流变——从使用者、意识、内容和技术诸要素谈起
《日本语言与文化——孙宗光先生喜寿纪念论文集》，北京大学出版社，2003 年 12 月

浅论日语文字系统之特殊性——从文字系统与历史的角度看
《季羡林先生与北京大学东方学》（下），黄河出版传媒集团阳光出版社，2011年12月

试论日本汉字的独立性——从历史和现实的角度考察
《日语教育与日本学》第1辑，华东理工大学出版社，2011年5月

关于日语汉文训读的本质及定位
《语言学研究》第六辑，高等教育出版社，2008年1月

训读的起源与汉文文化圈的形成——评金文京著《汉文与东亚——训读文化圈》
《日语教育与日本学》第3辑，华东理工大学出版社，2013年5月

汉文训读与日语词汇的形成
《华西语文学刊》第9辑，四川文艺出版社，2013年12月

汉文训读与日语文体的形成
《日本语言文化研究》10，学苑出版社，2014年7月

为什么是"汉文文化圈"？——试论训读在东亚一体化进程中的作用
《日本学论丛 第一辑——纪念王铁桥教授从教40周年专集》，南开大学出版社，2015年1月

试论汉文训读的性质与意义
《阳明学与东亚文化——纪念北京大学刘金才教授从教四十周年》，贵州人民出版社，2017年4月

后　记

年过五十，知天命。瞬时生发难以平复的沧桑感，于是便有了做一个东西以资纪念的念头。对于多年从事日语教学研究的一名普通教师来说，选一些自以为还有些参考价值的论文结集出版，或许是一个不错的选择。

目的有二。首先，所收入的 17 篇论文中，只有 3 篇载于期刊《日语学习与研究》，其余均散见于各种学术辑刊或论文集，借此机会可以集中起来，反映整体面貌；其次，也想通过按内容与年次相结合的编排方式，把我这二十多年来先后对同形词、日本汉字及汉文训读等方面内容进行思考、探索的轨迹大致勾勒出来。文章有长有短，有的还比较粗糙，但毕竟是自己某阶段的著述，从粗略到精细需要有一个过程，特别是汉字研究部分，细心读的话，其与拙著《日本汉字的确立及其历史演变》（商务印书馆，2013）的联系便可明了。换言之，任何学术都需要积累与扬弃，不会一蹴而就。

我 1992 年撰写的本科毕业论文和硕士论文写的都是同形词。本书第一篇就是硕士论文经修改发表的，也是我人生第一篇正式公开发表的论文。当时研究同形词的人还较少，研究成果不多，没承想现在竟成为引用较高的论文。20 多年后的今天，同形词研究已蔚为大观，研究人数众多，这也是我当初没有想到的。

关于日本汉字的研究，因撰写博士论文《关于明治时期小报纸上的假借字》，接触到了相关的很多材料，之后又陆续写了近 20 篇有关日本汉字研究的论文，在此基础上，终于在2013年出版了专著《日本汉字的确立及其历史演变》。这几篇反映了各个时期、阶段思考的成果。总之，汉字研究历时15年之久，最后成书，也算是有了一点小的成果，略感欣慰。

汉文训读是汉字研究的衍生物。在撰写汉字专著及日常的日语教学研究过程中，越发感到国人对汉文训读的机制、意义等研究不多，深感这是一块值得研究的领域，包括训读词、训读体以及对现代日语的塑造等问题，这也是日本传统国语学中历来都比较重视的一块园地。这些年来，先后写了几篇相关论文，涉及若干方面，但还远远不够，余下的只能等将来有机会再做深入研究了。

总之，以上这些论题大多与汉字、汉语词、汉文等中国语言文化有着密切的联系，反映了我的学术志趣之所在，同时也让我深深感到对自己国家的历史文化了解甚少，十分惭愧。在编选文集的过程中，目睹自己过去写的文章从文字表述、术语使用到学术思想及研究方法上的种种幼稚拙劣，不免汗颜。不过，这反映了时代变化和个人学术阅历能力的成长进步。为此，收入本文集时，仅对个别不通顺字句和明显错讹处做了修改外，其余未动，尽可能保留原貌。内容方面，个别地方彼此有若干重复，为尊重原貌计也未作改动。关于术语，"标记"和"表记""词素"和"语素"并用，此次结集时一仍其旧，未作统一。为规范统一起见，对文中的注释和参考文献的格式等做了一些调整。其中《浅谈汉字、汉语词汇对日语的再塑造作用》一文没有参考文献，是因为写作时恰好是1997年春天刚从日本回来，所购16箱图书资料还在海运中途，当时就闭门造车，凭"空"写出了这篇论文。其实并不凭空，因为经过在早稻田大学一年半的学习与思考，围绕日本汉字，我有了诸多体悟与感受，因此是此前学习累积的结果。

日月如梭，白驹过隙。我1978年来到北京，30岁毕业工作，恰逢北京大学100周年校庆。刚过去不久的2018年我整整50岁了，北大又迎来了120周年校庆。这20年于我个人自不待言，也是国家乃至世界发生了巨变的 20 年。在此时刻，唯有感谢岁月、感谢北大、感谢中国，当然也要感谢父母、感谢家人。

作家迟子建在小说《群山之巅》后记里提起她在 50 岁的秋天里写完这部小说时，有感而发地写道："进入知天命之年，我可纳入笔下的生活，依然丰饶。虽然春色在我面貌上，正别我而去，给我留下越来越多的白发，和越来越深的皱纹，但文学的春色，一直与我水乳交融。"对此我颇有共鸣，因为这也几乎道出了我此刻的心情。

本次出版有幸被列入了光明日报社博士生导师学术文库资助推荐出版项目，实现了本该于 2018 年出版此书的心愿，深感欣慰。本书出版得到了项目负责人和编辑樊仙桃老师的大力帮助，在此特表感谢。

2020 年年底